齐鲁文化

李红艳 齐 健 主编

清华大学出版社
北 京

内容简介

本书以传承和弘扬齐鲁优秀传统文化为宗旨，依据齐鲁文化发生、发展的历史演进脉络，叙述齐鲁文化的起源、齐鲁两国建国以及形成相应的齐文化与鲁文化，进而以世界文化发展的轴心时代视角，进入稷下学宫，介绍百家争鸣的前因后果。全书共分九章，重点介绍了齐鲁文化中的齐鲁传统思想、齐鲁传统文学与艺术、齐鲁传统科学技术、齐鲁传统教育及齐鲁民风民俗等内容，将齐鲁文化置于时空发展的经纬线上，全面阐述了齐鲁优秀传统文化发展的核心内容、精神内涵和当代价值。

本书既尊重学术性和专业性，又注重通俗性和可读性，既适合作为高校人文素养通识课程的教材，也适合喜爱齐鲁传统文化的读者阅读。

本书封面贴有清华大学出版社防伪标签，无标签者不得销售。

版权所有，侵权必究。举报：010-62782989，beiqinquan@tup.tsinghua.edu.cn。

图书在版编目(CIP)数据

齐鲁文化 / 李红艳，齐健主编. —北京：清华大学出版社，2021.2（2024.7重印）
ISBN 978-7-302-57592-4

Ⅰ. ①齐… Ⅱ. ①李… ②齐… Ⅲ. ①文化史—研究—山东 Ⅳ. ①K295.2

中国版本图书馆 CIP 数据核字(2021)第 032979 号

责任编辑：王　定
封面设计：周晓亮
版式设计：孔祥峰
责任校对：马遥遥
责任印制：丛怀宇

出版发行：清华大学出版社
网　　址：https://www.tup.com.cn，https://www.wqxuetang.com
地　　址：北京清华大学学研大厦 A 座　　　　邮　　编：100084
社 总 机：010-83470000　　　　　　　　　　　邮　　购：010-62786544
投稿与读者服务：010-62776969，c-service@tup.tsinghua.edu.cn
质 量 反 馈：010-62772015，zhiliang@tup.tsinghua.edu.cn

印 装 者：三河市人民印务有限公司
经　　销：全国新华书店
开　　本：185mm×260mm　　　印　张：16　　　字　数：350 千字
版　　次：2021 年 3 月第 1 版　　印　次：2024 年 7 月第 7 次印刷
定　　价：59.80 元

产品编号：091830-02

序　言

山东是中华民族文明的最早发祥地之一，这块广袤丰厚的沃土，孕育了早期的山东人，并在漫长的历史进程中，相继诞生了东夷文化和齐鲁文化，成为中国传统文化的重要组成部分。"齐鲁文化"是在一定的历史时期，生活在山东地域的人们所创造的物质文化、精神文化、制度文化和风俗习惯等各种文化的总称。

为全面贯彻党的教育方针，落实立德树人的根本任务，继承和弘扬中华优秀传统文化，培养大学生的人文素养，坚定文化自信，我们以山东地域文化为核心，编写了《齐鲁文化》这部面向大学生的人文素养通识课程教材。

本书坚持将马克思主义同中华优秀传统文化相结合，以传承和弘扬齐鲁优秀传统文化为宗旨，依据齐鲁文化发生、发展的历史演进脉络，叙述齐鲁文化的起源、齐文化、鲁文化以及齐鲁文化的形成，进而从人类文明发展的视角，进入稷下学宫，介绍百家争鸣的前因后果。全书共分九章，重点介绍了齐鲁文化中的齐鲁传统思想、齐鲁传统文学与艺术、齐鲁传统科学技术、齐鲁传统教育及齐鲁民风民俗等内容，将齐鲁文化置于时空发展的经纬线上，全面阐述了齐鲁优秀传统文化发展的核心内容、精神内涵和当代价值。

本书是一部以面向大学生传播和介绍齐鲁优秀传统文化，以培育其人文素养和增强其文化认同与文化自信为目的的普及性通识课程教材，同时也面向社会各界喜爱齐鲁传统文化的一般读者。因此，既强调全书内容的科学性、严谨性和专业性，又尽量做到深入浅出、生动形象，避免枯燥晦涩，即成为我们编写本书所遵循的基本原则。

本书是集体合作完成的成果。整体内容框架由李红艳负责制定，编写体例由齐健负责设计。各章执笔编写者及其分工如下（按章节顺序排列）：绪论李红艳；第一章胡常春；第二章李红艳；第三章第一节王翹，第二节李红艳；第四章第一节侯方峰，第二节王春花；第五章侯方峰；第六章第一节杨峰、姜学科，第二节朱振华、杨三军；第七章韩吉绍、毛俊鑫；第八章齐健；第九章朱振华、刘德龙。另外，陈海军、齐健对个别章节初稿进行了调整和充实工作；颜孟晓参与了部分编务工作。全书由李红艳、齐健负责统稿、审定。

另外，为保证本书内容的科学性和专业性，我们特邀山东师范大学齐鲁文化研究院资深学者、博士生导师仝晰纲教授审阅了全部书稿，并根据其所提意见，对相关部分进行了修订。在此，我们谨向仝晰纲教授表示衷心感谢。

本书是在齐鲁师范学院多年的文化育人办学实践基础上形成的成果，在成书过程中得到了齐鲁师范学院党委书记王玉华教授，党委副书记、校长林松柏教授，副校长刘德增教授的多方支持和指导，在此我们深表谢意。同时，本书的出版也得到了清华大学出版社的鼎力支持，在此亦谨致谢意。

这里需要说明的是，为保证书中各章节内容的科学性、严谨性，我们在编写过程中，参考、借鉴并汲取了学界已有的众多相关研究著述成果，并通过多种途径选取了部分图片资料，其中绝大多数已在书中加以说明，或在各章后面列出了所参考的文献篇目，但也有些没能查找到原始作者。在此，我们谨向有关专家、学者和相关图文资料的原作者、提供者一并表达最诚挚的谢意，并期待能得到各位作者的理解及进一步指教。同时，我们也真诚地期盼大家能与我们取得联系，以便妥善处理好相关事宜。

由于编者水平有限，书中可能会存有这样或那样的不足，诚望各位方家不吝赐教，同时也期盼各位读者提出宝贵意见，以便在今后再版修订时予以完善。谢谢大家。

本书教学课件、教学大纲、教案可扫下列二维码进行下载。教学视频可扫对应章节的二维码进行浏览观看。

教学课件　　　　　教学大纲　　　　　教案

编　者

2023 年 6 月

目 录

绪论 1

第一章 海岱考古 7
   第一节 东夷文化 8
      一、东夷文化概述 8
      二、东夷文化的发展历程 10
   第二节 两周秦汉时期的山东考古 18
      一、鲁国故城与齐国故城 18
      二、战国齐墓与山东汉墓 21
   本章小结 25
   思考与实践 26
   参考文献 26

第二章 齐国和鲁国 27
   第一节 夏商时期的东夷人 28
      一、夏朝与东夷的关系 28
      二、商朝对东夷的统治 28
   第二节 西周时期齐、鲁两国的建立 29
      一、西周建国与建章立制 29
      二、姜太公受封及其治国方略 32
      三、周公受封及其治国方略 34
   第三节 春秋时期的齐国与鲁国 36
      一、春秋时期的齐国 36
      二、春秋时期的鲁国 40
   第四节 战国时期的齐国和鲁国 42
      一、春秋战国时期的社会变革 42

    二、战国初年的形势 43
    三、齐国的兴衰 44
    四、鲁国的衰亡 47
  第五节 齐、鲁文化的特征 48
    一、齐文化的特征 48
    二、鲁文化的特征 49
    三、齐文化与鲁文化的融合 51
 本章小结 53
 思考与实践 54
 参考文献 54

第三章　春秋战国时期的世界文化　55

  第一节 多元发展的世界文化 56
    一、春秋战国时期的中国文化 57
    二、希腊文化与印度文化 59
    三、春秋战国时期世界文化发展的特征 64
  第二节 稷下学宫与百家争鸣 68
    一、稷下学宫 68
    二、稷下百家争鸣的主要内容 70
    三、稷下学术精神 72
    四、稷下学宫的影响 74
 本章小结 76
 思考与实践 77
 参考文献 77

第四章　齐鲁传统思想（上）　79

  第一节 儒家学说 80
    一、孔子与儒学的创立 80
    二、孟子对儒学的发展 84
    三、荀子对儒学的发展 90
  第二节 墨家思想 93
    一、墨子的生平 94
    二、墨家学派及其思想主张 95
 本章小结 98
 思考与实践 99
 参考文献 100

第五章　齐鲁传统思想（下） ... 101

第一节　兵家思想 ... 102
一、司马穰苴与《司马法》 ... 102
二、孙武与《孙子兵法》 ... 106
三、孙膑与《孙膑兵法》 ... 111

第二节　阴阳五行学说 ... 113
一、邹衍的生平 ... 113
二、邹衍的思想 ... 114

第三节　齐国的法治思想 ... 117
一、管仲与《管子》 ... 117
二、晏子与《晏子春秋》 ... 122

本章小结 ... 126
思考与实践 ... 127
参考文献 ... 128

第六章　齐鲁传统文学与艺术 ... 129

第一节　齐鲁古典文学 ... 130
一、诗词 ... 130
二、散文 ... 136
三、小说 ... 141

第二节　齐鲁传统艺术 ... 145
一、书画艺术 ... 145
二、民间音乐 ... 150
三、传统戏剧 ... 151
四、民间舞蹈 ... 155
五、民间美术 ... 157

本章小结 ... 160
思考与实践 ... 160
参考文献 ... 161

第七章　齐鲁传统科学技术 ... 163

第一节　齐鲁中医学 ... 164
一、先秦时期的山东医学 ... 164
二、秦汉时期的山东医学成就 ... 165
三、魏晋南北朝时期的山东医学家代表 ... 166
四、隋唐宋金元时期的山东医学家代表 ... 168

　　　　　五、明清时期山东传统医学的发展 ……………………………………169
　　第二节　齐鲁农学 ……………………………………………………………171
　　　　　一、山东农业经济的发展概貌 ……………………………………………171
　　　　　二、山东农学家及其著作 …………………………………………………174
　　第三节　齐鲁手工技艺 ………………………………………………………177
　　　　　一、古代山东手工业的发展 ………………………………………………177
　　　　　二、古代山东的手工业技艺成就 …………………………………………180
　　第四节　齐鲁数学与天文学 …………………………………………………183
　　　　　一、先秦时期的山东数学与天文学成就 …………………………………183
　　　　　二、两汉时期的山东数学与天文学成就 …………………………………185
　　　　　三、魏晋南北朝时期的山东数学与天文学成就 …………………………187
　　　　　四、明末清初的山东数学与天文学成就 …………………………………189
　本章小结 …………………………………………………………………………190
　思考与实践 ………………………………………………………………………191
　参考文献 …………………………………………………………………………191

第八章　齐鲁传统教育 ……………………………………………………………193
　　第一节　齐鲁传统教育的开端 ………………………………………………194
　　　　　一、齐鲁教育的起源 ………………………………………………………194
　　　　　二、齐鲁原始教育的初步发展 ……………………………………………195
　　　　　三、齐鲁早期学校教育雏形的产生 ………………………………………196
　　第二节　齐鲁官学与私学 ……………………………………………………196
　　　　　一、齐鲁官学的发展与演进 ………………………………………………197
　　　　　二、齐鲁私学的兴起与发展 ………………………………………………202
　　第三节　稷下学宫与山东书院 ………………………………………………207
　　　　　一、稷下学宫的办学特色 …………………………………………………207
　　　　　二、山东书院的教育传统 …………………………………………………209
　　第四节　齐鲁传统家庭教育风尚 ……………………………………………211
　　　　　一、齐鲁家风、家训教育 …………………………………………………211
　　　　　二、齐鲁家学传统 …………………………………………………………213
　　第五节　齐鲁传统教育思想 …………………………………………………214
　　　　　一、孔子的教育思想主张 …………………………………………………214
　　　　　二、墨子的教育思想主张 …………………………………………………217
　　　　　三、孟子的教育思想主张 …………………………………………………218
　　　　　四、郑玄的教育思想主张 …………………………………………………220

　　　　五、颜之推的教育思想主张⋯⋯⋯⋯⋯⋯⋯⋯⋯⋯⋯⋯⋯⋯⋯⋯⋯⋯⋯⋯⋯222
　　　　六、石介的教育思想主张⋯⋯⋯⋯⋯⋯⋯⋯⋯⋯⋯⋯⋯⋯⋯⋯⋯⋯⋯⋯⋯⋯223
　　　　七、王筠的教育思想主张⋯⋯⋯⋯⋯⋯⋯⋯⋯⋯⋯⋯⋯⋯⋯⋯⋯⋯⋯⋯⋯⋯224
　本章小结⋯⋯⋯⋯⋯⋯⋯⋯⋯⋯⋯⋯⋯⋯⋯⋯⋯⋯⋯⋯⋯⋯⋯⋯⋯⋯⋯⋯⋯⋯⋯226
　思考与实践⋯⋯⋯⋯⋯⋯⋯⋯⋯⋯⋯⋯⋯⋯⋯⋯⋯⋯⋯⋯⋯⋯⋯⋯⋯⋯⋯⋯⋯⋯226
　参考文献⋯⋯⋯⋯⋯⋯⋯⋯⋯⋯⋯⋯⋯⋯⋯⋯⋯⋯⋯⋯⋯⋯⋯⋯⋯⋯⋯⋯⋯⋯⋯227

第九章　**齐鲁民风民俗**⋯⋯⋯⋯⋯⋯⋯⋯⋯⋯⋯⋯⋯⋯⋯⋯⋯⋯⋯⋯⋯⋯⋯⋯⋯⋯229
　第一节　齐鲁神话传说与区域社会风俗⋯⋯⋯⋯⋯⋯⋯⋯⋯⋯⋯⋯⋯⋯⋯⋯⋯230
　　　　一、齐鲁民俗的诞生⋯⋯⋯⋯⋯⋯⋯⋯⋯⋯⋯⋯⋯⋯⋯⋯⋯⋯⋯⋯⋯⋯⋯230
　　　　二、齐鲁神话传说⋯⋯⋯⋯⋯⋯⋯⋯⋯⋯⋯⋯⋯⋯⋯⋯⋯⋯⋯⋯⋯⋯⋯⋯232
　第二节　秦汉以降的齐风鲁韵⋯⋯⋯⋯⋯⋯⋯⋯⋯⋯⋯⋯⋯⋯⋯⋯⋯⋯⋯⋯⋯237
　　　　一、齐鲁民俗的历史形态⋯⋯⋯⋯⋯⋯⋯⋯⋯⋯⋯⋯⋯⋯⋯⋯⋯⋯⋯⋯⋯237
　　　　二、近现代以来的齐鲁风俗⋯⋯⋯⋯⋯⋯⋯⋯⋯⋯⋯⋯⋯⋯⋯⋯⋯⋯⋯⋯238
　第三节　山东民俗的空间分布⋯⋯⋯⋯⋯⋯⋯⋯⋯⋯⋯⋯⋯⋯⋯⋯⋯⋯⋯⋯⋯240
　　　　一、山东地方民俗的空间特点⋯⋯⋯⋯⋯⋯⋯⋯⋯⋯⋯⋯⋯⋯⋯⋯⋯⋯⋯240
　　　　二、齐鲁民俗与地方特产⋯⋯⋯⋯⋯⋯⋯⋯⋯⋯⋯⋯⋯⋯⋯⋯⋯⋯⋯⋯⋯241
　本章小结⋯⋯⋯⋯⋯⋯⋯⋯⋯⋯⋯⋯⋯⋯⋯⋯⋯⋯⋯⋯⋯⋯⋯⋯⋯⋯⋯⋯⋯⋯⋯243
　思考与实践⋯⋯⋯⋯⋯⋯⋯⋯⋯⋯⋯⋯⋯⋯⋯⋯⋯⋯⋯⋯⋯⋯⋯⋯⋯⋯⋯⋯⋯⋯243
　参考文献⋯⋯⋯⋯⋯⋯⋯⋯⋯⋯⋯⋯⋯⋯⋯⋯⋯⋯⋯⋯⋯⋯⋯⋯⋯⋯⋯⋯⋯⋯⋯244

绪　论

为全面贯彻党的教育方针，落实立德树人的根本任务，继承和弘扬中华优秀传统文化，培养大学生的人文素养，把握历史主动，坚定文化自信，我们以山东地域文化为核心，编写了《齐鲁文化》这部面向大学生的人文素养通识课程教材。

据不完全统计，关于"文化"一词的概念，学界大约有 200 余种解释，可谓仁者见仁，智者见智。从广义上讲，文化是由一定历史时期的人们所创造的物质文化、精神文化、制度文化和民风民俗等各种文化的总称。因此，英国人类学家爱德华·泰勒曾赋予了它一个经典的定义："文化，或文明，就其广泛的民族学意义来说，是包括全部的知识、信仰、艺术、道德、法律、风俗，以及作为社会成员的人所掌握和接受的任何其他的才能和习惯的复合体。"① 从狭义上讲，文化一般指精神文化或观念文化。本书所使用的文化概念，大体上属于广义的文化，侧重于对观念文化的介绍和阐述，即所谓"齐鲁文化"②，就是在一定的历史时期，生活在山东地域的人们所创造的物质文化、精神文化、制度文化和风俗习惯等各种文化的总称。

一、齐鲁文化的发展历程

齐鲁历史发展
演变的进程

山东是中华民族文明的最早发祥地之一，这块广袤丰厚的沃土，孕育了早期的山东人。1981 年 9 月，文物考古工作者在山东沂源县土门镇骑子鞍山的一处洞隙内，发现了与北京人生活在同一时代，距今大约四五十万年前的猿人遗骨，他们被学界称作沂源人。这是迄今为止考古发现生活在山东境内最早的原始人类。之后，古老的齐鲁先民在漫长的历史进程中，创造了东夷文化，并在此基础上吸收夏、商文化，深入学习周文化，不断交流、融合、创新与发展，经过齐文化和鲁文化的

---

① [英]爱德华·泰勒著，连树声译：《原始文化》，广西师范大学出版社，2005，第 1 页。
② "齐鲁文化的概念有狭义和广义之分。所谓狭义，即指先秦齐国和鲁国创造的文化。所谓广义，即指齐、鲁故地所在区域（大致在今山东省境内）的历史文化，既包括齐、鲁立国之前，也包括齐、鲁灭国之后。"参见安作璋、王志民主编：《齐鲁文化通史·总序》，中华书局，2004，第 4 页。

融合，从而形成了齐鲁文化。齐鲁文化作为中国传统文化的重要组成部分，经过齐文化和鲁文化的融合，从历史的发展进程来看，它们之间有着密不可分的联系。大体来看，齐鲁文化的发展经历了五个历史阶段。

第一个阶段，从远古到夏商时期，这是齐鲁文化的起源时期。在山东地区诞生的东夷文化是齐鲁文化的主要源头，夏商时期所形成的夏文化和商文化，分别与东夷文化产生碰撞与交融，成为齐鲁文化的主要来源。

第二个阶段，从西周立国到春秋时期，这是齐鲁文化形成和发展时期。西周实行分封制，山东封国林立，诸侯众多，其中齐国和鲁国是势力最强大的诸侯国。在夏商的基础上，周文化与土著文化相互融合，分别形成了齐文化和鲁文化。齐文化、鲁文化在国家治理过程中不断完善创新，形成了各具特色的文化体系，并出现了相互交流、相互渗透的现象。

第三个阶段，战国时期，齐文化、鲁文化发展到鼎盛时期，并开始出现大范围、大规模的交流、融合现象，经过广泛而深度的融合，形成了齐鲁文化。稷下学宫作为古代教育史上的丰碑，在促进学术发展、思想争鸣、文化繁荣、人才培养等方面具有开创性的世界意义。

第四个阶段，两汉时期，汉初实行齐黄老之学，在恢复国家经济发展中起到了积极的作用。汉武帝"罢黜百家，独尊儒术"，这是儒家思想作为齐鲁文化的核心，是由地域文化上升为主流文化的肇始。

第五个阶段，魏晋南北朝至明清时期，儒学作为治国理政的指导思想，被历代统治者所继承，虽然经历了玄学、佛学、道教等思想的冲击与融合，但是它作为封建统治思想的地位并没有动摇，相反，经过三教合流、宋明理学的发展，儒家思想更加深入到人们的生活中，先秦儒学思想家孔子、孟子，以及孔子弟子颜回等被尊崇；阴阳五行学说与帝王命运相结合，成为合理解释王朝兴衰的理论依据；为求长生不老，寻找灵丹妙药，神仙方术被历代帝王所信重；泰山作为君权神授的象征，被古代有作为的帝王所封禅，泰山也就成为文化意义上的一座高山。

二、齐鲁文化的历史影响

在漫长的历史发展过程中，齐鲁文化逐步发展成为内容丰富、特色鲜明、影响深远的地域文化，对中国人的思维方式、价值取向、人际关系、人与自然的相处模式等，都产生了极为深远的影响。

齐鲁文化发展的历史阶段

"守正"是齐鲁文化正本清源的定力。"礼"与"仁"是齐鲁文化中出现频率最高的名词，两者都是儒家文化的重要思想，然而并不是儒家的独创。"礼"与"仁"是东夷文化的核心思想，"敬天礼地，志在成仁"是东夷人的文化传统，这与周文化中的"德"在内涵上是相通的，成为儒家思想的源头，虽然经过了朝代的更迭，这些思想后来仍发展成为儒家的核心思想。正因如此，鲁文化具有了温和敦厚的性格特点，具有回溯源头、坚守优良传统的定力。

"创新"是齐鲁文化生生不息的动力。任何一种文化之所以能延绵不绝地被传承下来，一个重要原因就在于它本身具有不断创新的能力。创新从来不是凭空产生的，它是在继承的基础上进行的革新，这在齐文化中表现得非常突出。齐国建国之初，推行"因其俗，简其礼"革新政策，在经济上，更是突破了农耕经济，大力倡导发展鱼盐业，确立工商立国的经济政策，从而形成齐国积极进取的革新精神。创新使得齐国因地制宜，在众多的诸侯国中脱颖而出，从而使齐文化具有了开放、发展的个性。由此，鲁文化持重、传统、守正，齐文化开放、思变、创新，两者交相辉映，成为贯穿齐鲁文化的两条主线，它们既相互独立又相互依存，特色鲜明。

"包容"是齐鲁文化承载万物的胸襟。齐鲁文化是齐文化和鲁文化融合的产物，而齐文化和鲁文化也是在分别吸纳各种文化之后所形成的地域文化。从早期的东夷文化、夏文化、商文化到周文化，就是一个不断融合、不断丰富的过程，从而形成了齐鲁文化的包容性。正如我们所周知的儒家所倡导的"宽以待人""忠恕之道""己所不欲，勿施于人"和"己欲立而立人，己欲达而达人"等，无不体现了儒家文化的包容性。齐国"尊贤尚功"、以德才选人的制度，也体现了齐文化的包容性。齐鲁文化的这种包容性，为其后它能在众多地域文化中脱颖而出，发展成为中华传统文化中的主流文化而奠定了基础。

"和谐"是齐鲁文化孜孜以求的理想。儒家追求和谐的社会关系，个人、家庭、国家，乃至全天下，都应该是一个等级有序的和谐社会。从"君子和而不同""家和万事兴"到"协和万邦"一直是传统文化中最有生命力的观念。《尚书·尧典》中讲到，治理国家要"克明俊德，以亲九族；九族既睦，平章百姓；百姓昭明，协和万邦"。养成美好的品德，为的是爱自己的九族之人，只有九族和睦相处了，才能治理好百姓。百姓明白事理，就可以让天下和平相处。从天下观出发，主张"亲仁善邻，国之宝也"。以仁爱之心对待邻国，这是国家之宝。齐鲁文化以人类和谐相处为最高理想，以仁者爱人的君子品格独立于世，成为历朝历代仁人志士治国平天下的理想追求。

三、齐鲁文化的现实意义

齐鲁文化传承至今，在价值取向、思维逻辑、生活方式等多方面对中国人产生了深远的影响，尤其对大学生的健康成长具有重要的现实意义，主要体现在以下几个方面。

学习齐鲁文化的意义

第一，有助于传承优秀文化，弘扬民族精神，提高人们的人文素养。文化是一个民族的血脉，一旦形成就富有鲜活的生命力。齐鲁文化是中国传统文化中的主流文化，是具有代表性的地域文化，在漫长的历史长河中，齐鲁文化历经不同的时代，代代相传，经久不息。

齐鲁文化中的儒家学说，主张"为政以德""以民为本""以孝治天下""礼乐文化"和"以文化民"等思想，将个人与家族、国家融为一体，富有浓厚的家国情怀。齐鲁文化中的法家思想具有"儒法结合""礼法并用"的特点，更加适宜于依法治国、建设法制社会。

齐鲁文化中的墨家学说"以天下为己任""为天下之民""兴天下之利",提出了"兼相爱,交相利"的"兼爱"天下的思想,充分体现了合作共赢、惠及天下的利益观。同时,墨家在中国古代科技史上还是绕不过去的一座高峰。《墨经》在古代物理学、数学等方面成就显著。在诸子百家中,唯有墨家对自然科学倾注了最多的关注。齐鲁文化中的兵家学说则融合了儒家和墨家的"仁者爱人"和"兼爱非攻"的思想,认为战争的最高境界是不战而胜,研究战略、战术的目的则是消灭战争,这种主张充满了反对战争、追求和平发展的人文思想。齐鲁文化中的道家学说则主张顺应自然规律,人与自然和谐共生,清静无为,无为而治,当国家面对经济残破的社会现实时,它不失为复苏社会经济的一副良药,与我们坚持绿水青山就是金山银山理念一脉相承,等等。另外,屹立在鲁中大地上的泰山一向被人们看作中华文明谱系中的"国山",是一座象征国家的圣地。齐鲁文化中的泰山文化,内容丰富,独具特点,从民间文化到帝王君权,无不涉及。也正因如此,中国大山名山虽多,唯有泰山成为五岳之首,"泰山石敢当"习俗、"泰山挑山工"精神等,都已融入人们的生活之中,成为中华民族勇于担当的精神象征。

齐鲁文化具有丰富的民族精神内涵,从"仁者爱人"到"兼相爱",从"小九州"到"大九州",无不体现人类命运共同体的文化元素和中国人的天下情怀。各家学说所具有的共同特点,就是以爱国主义为核心的、形式各异的"家国情怀""崇尚礼乐""自强不息""厚德载物""协和万邦""兼济天下"等精神追求,这些都是中华民族精神的重要组成部分。

第二,有助于建设新时代中国特色社会主义新文化,提升人们的文化认同感。习近平总书记在党的十九大报告中指出:"中国特色社会主义进入了新时代,这是我国发展新的历史方位。""中国特色社会主义文化,源自于中华民族五千多年文明历史所孕育的中华优秀传统文化,熔铸于党领导人民在革命、建设、改革中创造的革命文化和社会主义先进文化,植根于中国特色社会主义伟大实践。发展中国特色社会主义文化,就是以马克思主义为指导,坚守中华文化立场,立足当代中国现实,结合当今时代条件,发展面向现代化、面向世界、面向未来的,民族的科学的大众的社会主义文化,推动社会主义精神文明和物质文明协调发展。"可见,新时代中国特色社会主义文化与中华民族所创造的优秀传统文化血脉相连。人类历史的发展总是要带着自己的昨天走向明天,人类文明的传承,更多的是在原有的表现方式和内容上,根据现实的需要进行创新或者创造,为过去的文明注入新鲜的生命力。任何一种文化的传承都要接受历史发展的检验和选择,并随时代发展而不断进行创新、发展。

西周封邦建国之时,鲁国、齐国建立,在汲取原始文化、夏商周文化的基础上,形成了齐文化和鲁文化。尽管同属山东之地,一座泰沂山脉将齐国、鲁国天然地分成了不同的文化形态。今天,我们沿着齐长城遗迹仍然可见鲁中、鲁北、鲁东与鲁西、鲁南的不同之处。随着社会的发展,春秋战国时期,各诸侯国间的交流往来十分频繁,除了政治上的出使、会盟、战争等,各种经济、文化的交流不断,促进了文化的融合发展,尤其是齐国创办的稷下学宫,为学术交流提供了平台和便利的条件。因此,齐鲁文化本身就是交流融合的产物。从秦汉到明清,齐鲁文化伴随着时代的发展而更新,每一次的变化无不是对传统文化的继承和发展，正因如此，齐鲁文化具有了一种强大的生命力，开放包容，融合提升，推动着文化的传承与发展，如今已发展成为中国特色社会主义新文化的重要组成部分，是推动现代化强国建设的重要文化力量。

第三，有助于提升中华民族的文化自信，增强国家文化软实力，向世界展示中国形象。文化是一个民族的精神纽带，是区别于他民族的标志，同时，它具有鲜明的育人功能，是促进学生健康成长的精神动力。2014年10月，习近平总书记在主持中共中央政治局第十八次集体学习时强调："中华优秀传统文化是我们最深厚的文化软实力。"2022年10月，习近平总书记在党的二十大报告中又指出："中华优秀传统文化源远流长、博大精深，是中华文明的智慧结晶，其中蕴含的天下为公、民为邦本、为政以德、革故鼎新、任人唯贤、天人合一、自强不息、厚德载物、讲信修睦、亲仁善邻等，是中国人民在长期生产生活中积累的宇宙观、天下观、社会观、道德观的重要体现，同科学社会主义价值观主张具有高度契合性。"这些闪光的思想不仅是齐鲁文化的主要内容，也是我们开展文化育人的宝贵财富。

齐鲁文化内容丰富，博大精深，拥有丰富的文化育人资源。学习齐鲁文化不仅是学习知识，传承文化，更重要的是涵养做人的品格。孔子曾说："学而时习之，不亦说乎？有朋自远方来，不亦乐乎？人不知而不愠，不亦君子乎？"（《论语·学而》）学习与实践是人生的一大快乐，我们主张终身学习，也是因为学习是我们成长不可或缺的内容，学习了就要不断地练习和实践，在将知识转化为实践的过程中，人们收获的是快乐和幸福。2013年10月，习近平总书记在欧美同学会成立100周年庆祝大会上的讲话中鼓励青年"以韦编三绝、悬梁刺股的毅力，以凿壁借光、囊萤映雪的劲头，努力扩大知识半径，……练就过硬本领"，读书学习已然成为我们的一种生活方式。朋友是每个人成长的伙伴，有知己的人生是幸福的人生。孔子十分注重交友，他认为友分两类，一是益友，二是损友。益友又分三种："友直，友谅，友多闻，益矣。"（《论语·季氏》）正直、诚实、见闻广博的人可以是益友，如果能够以这样的人为友，也是人生的乐事。而最重要的是"人不知而不愠"，人与人交往，不可能要求人人都了解你、理解你，别人不理解你，你还可以做到不生气，这就是儒学所讲的君子。"君子"，在儒学经典里是一种不断追求的文化品质和人格形象。要做事，先做人，指的就是努力做具有"君子"修养的人。

齐鲁文化在涵养人们的价值观、人生观和世界观，提升人文素养方面具有得天独厚的优势。世界观、价值观、人生观是我们认识世界、认识人生和判断价值的理论与方法，是认知的尺度，三者相互联系，缺一不可。齐鲁文化在认识世界上具有独到的见解。人们很早就将人与天分离开来，认为人与天有密切的联系，荀子就曾明确宣称："天行有常，不为尧存，不为桀亡。"（《荀子·天论》）如何度过有限的人生？君子的人生是各司其职，自强不息，厚德载物。儒家强调个人后天的努力才是改变人生的关键，这是一种积极有为的人生观。齐鲁文化注重人生价值的追求，体现在名利问题上，即使是主张"兴天下之利"的墨家，也认为应当"先义后利"，而儒家则更是强调"见利思义"，即强调小家要服从大家，集体利益高于个人利益。简言之，追求大义、大道是齐鲁文化所倡导的人生目标。

齐鲁文化对于开阔我们的视野，提升文化自信具有突出的优势。齐鲁文化自诞生之日起，就是多种文化交融并存的，因此，它具有鲜明的包容性。个性鲜明又相互包容，有利于开阔人们的视野，打开封闭的心灵。文化的多样性，使得齐鲁文化具有了融通性，有利于加强文化之间的交流与沟通。齐鲁传统思想家群星荟萃，具有为实现理想勤勉好学、不屈不挠、不畏艰险的精神，开创了众多独具特色的学术流派，深刻地影响着中国与世界。

文化自信是一个国家、一个民族发展中更基本、更深沉、更持久的力量。时至今日，我们在生活中将人们区分为山东人、山西人、浙江人、湖南人等，就是因为不同地域的人们承载着不同的地域文化，他们的社会生活习惯、处世之道、价值取向、思维方式等无不体现出各自的地域特点。为实现中华优秀传统文化创造性转化、创新性发展，习近平总书记倡导"让文物活起来"。如今，当你走进各地的博物院、博物馆、文化馆、文博馆，当你目睹现代化科技与文物、典籍、文化、历史相结合，当你见证我们的祖先留给我们的文化遗产，以及那些流传下来的浩如烟海的文献资料，那些专属于各地的非物质文化遗产，更有星罗棋布分布于各地的古代建筑、石窟、碑刻、历史文化名村等，用它们久远的生命告诉我们：这就是我们文化自信的来源，这就是我们不断创新发展的最大资本和底气。

"青年强，则国家强。"当代青年生逢其时，要"做有理想、敢担当、能吃苦、肯奋斗的新时代好青年"，就要自觉地坚持和发展马克思主义同中华优秀传统文化相结合，承担起中华民族伟大复兴的重任，让青春在全面建设社会主义现代化国家的火热实践中绽放绚丽之花。

四、本书的主要特点

基于以上认识，本书即以传承和弘扬齐鲁优秀传统文化为宗旨，沿着齐鲁文化的源头、发展脉络，全面介绍齐鲁优秀传统文化发展的核心内容、精神内涵和当代价值。概括而言，本书主要有以下三大特点。

一是，本书是面向高校大学生人文素养通识课程的全面介绍齐鲁文化主要内容的专门教材，在内容上注重文化育人，并从世界文化发展的视域解读齐鲁文化，凸显文化认同、身份认同和家国情怀的培育与引导。

二是，本书虽然采取了高校教材常用的章节编写体例，但在具体结构的设计上多有创新，力求做到既专业、严谨又富有吸引力，既满足不同专业的大学生学习之需，也适合更多喜爱齐鲁传统文化的一般读者阅读。

三是，本书坚持问题导向、运用OBE理念，以能力范式为准则评价学生的学习实效，在课后学习环节，设计了启发学生、贴近生活的思考题和实践题，将课程思政融入课堂教学与实践学习中，通过校地双向育人模式的建构，实现立德树人全面发展的人才培养目标。

传承和弘扬包括齐鲁文化在内的中华优秀传统文化，是我们每一位炎黄子孙都应当主动承担的历史责任，让我们共同努力吧！

第一章

海岱考古

本章主要介绍在齐鲁文化形成之前，山东地区远古时期的历史。由于缺乏文字记载，因此了解这一时期的历史主要依靠考古学的发现。所以，本章名为"海岱考古"。其中，"海"原指东海，即今之渤海及黄海，"岱"则是指岱岳，即泰山。本章内容虽以介绍山东地区史前时期的考古发现为主，但众所周知，两周时期的齐、鲁作为两个大的诸侯国，国力强盛，文化发达，直到两汉时期，山东仍然是最为发达的地区之一。因此，本章也选取了两周（主要是东周时期）和汉代的一些重要考古发现，向大家做简要的介绍。

由于本章内容是以介绍相关考古发现为主，所以大家在学习过程中，如果能以其中所提到的考古学文化或考古发现为线索，到相关博物馆或考古遗址等场所参观、学习，将实物资料与文字介绍相结合，则会收到更好的学习效果。现在，就让我们一起来开启以探寻齐鲁传统文化的源头为主旨的考古之旅吧！

第一节　东夷文化

> 什么是东夷？什么是东夷文化？东夷文化与齐鲁文化是什么关系？东夷文化又经历了怎样的发展过程呢？由于东夷文化所处的远古时期尚没有文字记载，所以，需要通过考古工作者的发现、分析与研究，去了解那个时期山东先民们的生活，并找出解开上列问题的钥匙。

今天的山东省，地处中国东部沿海、黄河下游，东临大海，西接内陆，南北长 437.28 千米，东西长 721.03 千米，土地面积 15.58 万平方千米。其中，鲁中南的山地丘陵，是全省地势最高、山地面积最大的地区，中部凸起的泰沂山系多海拔 1 千米以上，泰山主峰海拔 1532 米，为山东省最高点。自西向东逶迤延绵的山脉有五岳之首的泰山，风光秀丽的蒙山、鲁山、沂山，生长着茂密的森林，是采集和狩猎的理想之地。在泰沂山脉之南，静静的沂河、沭河、蜿蜒曲折的汶河、泗水，缓缓南去，带来舟楫之利。鲁西、鲁北则是一望无际的大平原，河湖纵横交错，土壤肥沃，特别适宜于农耕生活。另外，胶东半岛三面环海，绵长的海岸线、优良的港湾为渔、盐业的发展提供了得天独厚的条件。

山东自然环境

史前时期的齐鲁大地，气候温和，雨量充沛，四季分明，自然资源丰富多样，地理环境优越，为先民们的生活提供了良好的空间场所和地理舞台。史前时期，繁衍生息于齐鲁大地的先民们创造了灿烂的东夷文化。

一、东夷文化概述

（一）什么是东夷文化

何为东夷文化

什么是东夷文化？要回答这个问题，我们先从弄清楚什么是"东夷"开始。

我国有确切文字记载的历史是从商代开始的，这归功于河南安阳殷墟发现的商代甲骨文，早于这个时期的历史，我们只能从古代流传下来的神话传说和今天的考古发现来探知。从传说中的黄帝开始，到历史上第一个王朝夏朝的建立，我们把它称作"古史传说时代"，大概距今五千年至四千年。

传说中，这个时期的部族大致可以分为华夏、东夷、苗蛮三大集团。①

---

① 关于远古时期华夏、东夷和苗蛮这三大集团的详细论述，可参考徐旭生著《中国古史的传说时代》（增订本），文物出版社，1985。

华夏集团，地处古代中国的黄河中游地区，著名的黄帝、炎帝都属于这一集团；苗蛮集团，地域以今湖北、湖南、江西等地为中心；东夷集团，包括太皞、少皞、蚩尤等部族，分布在东部沿海，今天我们称之为"齐鲁大地"的山东就属于这一地区。这三大集团有时和平共处，有时互相斗争，最终融合到一起，逐渐形成了后来的汉族。

我们要介绍的东夷文化，就是指在古史传说时代，由东夷各部族所创造的文化。具体到山东地区，就是指在齐鲁文化形成之前，在这一地区产生、发展的古代文化，它一直延续到传说中的夏代。

需要指出的是，由于这一时期缺乏可靠的文字记载，所以我们更多地依据现代考古学的发现去探索、了解这一时期古代先民的历史和社会文化。考古学提供的材料是实物资料，更多地属于物质文化，所以，本书所说的"东夷文化"与"齐鲁文化"中两个"文化"的含义是不同的，后者所涵盖的范围更为广泛一些。

> 人类学家李亦园先生在其所著《田野图像：我的人类学研究生涯》（山东画报出版社，1999）一书中，将"文化"的含义概括为以下三个方面。
>
> 一是物质文化或技术文化：因克服自然并藉以获得生存所需而产生，包括衣食住行所需之工具以至于现代科技。
>
> 二是社群文化或伦理文化：因经营社会生活而产生，包括道德伦理、社会规范、典章制度、律法等等。
>
> 三是精神文化或表达文化：因克服自我心中之"鬼"而产生，包括艺术、音乐、文学、戏剧以及宗教信仰等等。
>
> 我们所讲述的齐鲁文化，包含了以上所有内容，而东夷文化则大约只相当于上述第一个方面。

（二）远古时期山东地区的考古学文化谱系

考古学的文化谱系是指在一定的地域内，考古学文化前后继承发展的序列。

早在远古时期，幅员辽阔的中国大地上就诞生了众多的古代文化，构成了一幅多彩的文化景象。众多不同的文明与诞生于黄河、长江流域的华夏文明共同发展，不断交流、融合，最终形成了今天以汉族创造的华夏文明为主体，融合包容了许多其他文化因素的中华文化。

由于缺乏文字记载，今天的人们对远古时期人类历史的了解主要是通过考古学来完成的。中国考古学的发展已经走过了近百年的历程，考古学者在不同的地区发现了多种考古学文化。随着发现的日益增多以及研究的逐渐深入，考古学者认识到某些时代不同的考古学文化中具有代表性的文化因素有着明显的前后继承的渊源关系，而有一些考古学文化因为时代相近，有着一些共同的文化特征，于是便有了史前考古学文化的"区系类型"说。其中，"区"指的是区域，是空间分布，表现的是横向的关系；"系"指的是系列，是时间的序列，表现的是纵向的关系；"类型"则是指考古学文化的类型或者文化特征。

不同的考古学者对中国史前考古区系类型的划分略有差异，但意见比较一致的是以下几个区域：以黄河中游为主的中原地区、以黄河下游为主的海岱地区、以长江下游和钱塘江流域为主的环太湖地区、以长江中游为主的江汉地区和以燕山南北、辽河上下为主的燕辽地区。其中，海岱地区主要包括今天的山东省全境和江苏、安徽的北部等地，东夷文化、齐鲁文化就是在这一地区蕴育、产生、发展起来的。

山东地区的考古工作开始于20世纪20年代末龙山文化的发现，经过考古学者们多年的不懈努力，山东地区已经建立起了一个相当完整的考古学文化谱系。从目前发现的年代最早的后李文化开始，依次有北辛文化、大汶口文化、龙山文化和岳石文化，山东地区经历了长达数千年的相对独立的发展阶段，直到中原地区的商文化向东扩张，再到武王伐纣，将周公旦、姜尚分封到山东地区建立了鲁、齐两个诸侯国，齐鲁文化开始产生、发展，东夷文化也慢慢地融入了齐鲁文化，最终成为中华文明的一部分。

东夷文化的发展历程可以分为兴起、兴盛与衰落三个阶段，下面以此为线索向大家做简要介绍。

二、东夷文化的发展历程

（一）东夷文化的兴起

东夷文化的兴起

1. 后李文化

后李文化因发现于山东省淄博市临淄区后李官庄遗址而得名。1989年，山东省文物考古研究所为配合济青高速公路建设，对后李官庄遗址进行了正式发掘。发掘过程中，发现了一种呈现出全新面貌的考古学文化遗存，时代比当时已知的山东境内最早的北辛文化更早。随着发现的增多，考古学者们对这一类遗存的认识也逐渐清晰，1991年正式将其命名为"后李文化"。根据碳十四断代法①的测定数据，后李文化的年代大约为距今8300～7400年。

目前发现的后李文化遗址，东起潍河，西至济南长清，主要分布于泰沂山脉北麓。

后李文化时期最具有代表性的陶器是一种圜底的夹砂陶釜（图1-1）。这种陶器使用泥条盘筑法手制而成，因为烧制的温度比较低，因此质地比较疏松，颜色也呈现为斑驳的红褐色或灰褐色。陶釜是一种炊器，由于底部是圜形的，所以使用时需要用支脚架起来，放在灶坑上方。在距离著名的城子崖遗址不远的西河遗址，考古工作者发现了排列整齐的后李文化房址（图1-2），房址内的灶址上就有三个石质的支脚和破碎的陶釜。

图1-1　夹砂陶釜

后李文化时期石器的制作方法略显原始，除了磨制石器以外，还有打制、琢制石器。数量最多的是石斧，它的器身是琢制而成，只有刃部是磨光的。此外，加工谷物用的石磨

---

① 碳十四断代法，又称放射性碳素测年法，是一种利用放射性碳同位素不断衰变的原理进行年代测定的技术方法，目前已成为考古学中应用最为广泛的年代测定技术。

盘和石磨棒（图 1-3）也是具有代表性的石器。

图1-2　后李文化房址

图1-3　后李文化的石磨盘和石磨棒

后李文化的墓葬是简单的长方形土坑竖穴墓，基本上没有随葬的器物。章丘的小荆山遗址发现的墓葬排列整齐，表明当时的人们对墓地进行了一定程度的规划布局。

2. 北辛文化

早在 20 世纪 50 年代，在苏北地区的新石器时代遗址中就曾经发现过北辛文化遗存；20 世纪 60 年代，考古工作者对山东兖州西桑园、滕县（今山东滕州市）北辛两处遗址进行了调查，认识到这是一种与大汶口文化不同的新石器文化。1978－1979 年，考古工作者正式对北辛遗址进行发掘，对这一类遗存有了进一步的认识，于是提出了"北辛文化"的命名。

北辛文化主要分布在鲁中南地区的汶、泗河流域，山东的其他大部分地区及江苏北部（图1-4）也有发现。不同地区发现的北辛文化遗存表现出了比较明显的地域性特征，大致可以划分为四个区域：①以鲁中南汶、泗河流域为中心的济宁、泰安、枣庄等地；②泰沂山脉北侧淄博、济南等地；③胶东半岛的烟台及周围地区；④苏北淮河以北地区。根据碳十四断代法的测定数据，北辛文化的年代大约为距今7400～6200年。

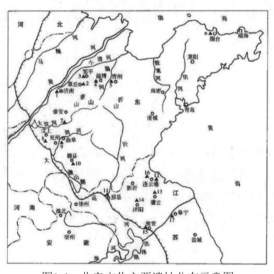
图1-4　北辛文化主要遗址分布示意图

北辛文化时期的陶器制作技术比后李文化时期有所进步，主要还是手制，但使用慢速陶轮进行修整的技术已经出现。陶器的颜色仍然不纯，主要呈现为黄褐色，陶器上比较多见附加堆纹和刻画纹的装饰。有三个足的陶器占多数，陶鼎（图1-5）、双耳罐、陶支座等是具有代表性的器物。

石器有打制和磨制两种，打制的石斧和磨制的石铲数量较多，也有石磨盘和石磨棒（图1-6）。用动物的骨骼、角、牙等制作的工具较多，还发现了少量的蚌壳制成的工具。

图1-5　北辛文化时期的陶鼎　　　　图1-6　北辛文化时期的石磨盘和石磨棒

北辛文化时期的先民们住在半地穴式的房子里，房子平面呈瓢形、椭圆形、圆形等形状，面积不大，室内的地面平滑、坚硬，有台阶状的门道供人出入。

北辛文化的墓葬主要是长方形土坑竖穴墓，埋葬的形式有单人葬，也有多人的合葬。在人骨中发现有拔除侧门齿的习俗，这一习俗一直延续到大汶口文化的早期。

从目前山东地区的考古学发现来看，进入新石器时代的后李文化、北辛文化已经表现出与其他相邻地区不同的文化面貌，表明这一时期是山东地区的东夷文化开始产生、发展的时期。

（二）东夷文化的兴盛

1. 大汶口文化

大汶口文化是以山东泰安市大汶口遗址命名的。早期的大汶口文化主要分布在汶、泗河流域的鲁西南部分地区以及苏北地区，中期开始向山东北部和胶东半岛扩张，到了晚期，大汶口文化发展迅速，势力快速膨胀，分布范围遍及山东全省及相邻的苏北、豫东、皖北地区（图1-7）。根据碳十四断代法的测定数据，大汶口文化的年代大约为距今6200～4600年。

东夷文化的繁荣

大汶口文化可以划分为早、中、晚三个发展阶段，随着时间的推移，各阶段的文化面貌有明显的变化。

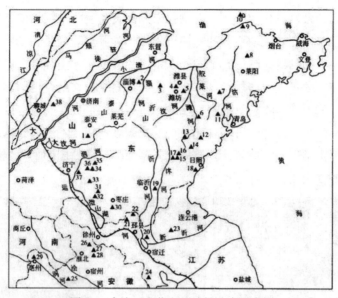

图1-7　大汶口文化主要遗址分布示意图

大汶口文化的早期，陶器以红色为主，并发现了少量的彩陶。制作技术以手制加慢轮修整为主。代表性陶器有陶鼎、觚形杯、陶鬶、背壶等。虽然这一时期石器的磨制技术已经广泛应用，但仍然有不少的打制和琢制石器，骨制工具和动物牙、角制成的装饰品也比较常见。

大汶口文化早期遗址中，人们的居住区和墓葬区是明确分开的，相距并不远。房子基本还是半地穴式的，也开始有了地面建筑。墓葬中，单人墓比较多，还有多人的合葬墓（图1-8）。墓里随葬的器物较少，但是已经有了明显的贫富分化现象。

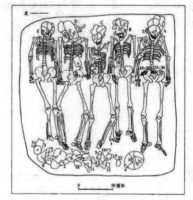

图1-8　大汶口文化早期合葬墓
——兖州王因遗址M2514

大汶口文化中期的陶器仍然以红色为主，但黑陶、灰陶也占了一定的比例。这一时期开始使用陶轮制作陶器，但技术上还不成熟，一般只用于制作一些小型的器物。彩陶一般是用黑、红、白等颜色绘出花瓣纹、菱形纹、三角纹、波浪纹、漩涡纹、连弧纹、网格纹、曲线纹等几何形纹样。陶鼎、觚形杯、镂孔豆、陶鬶、背壶等是代表性器物。这一时期的石器磨制精细，骨雕筒、象牙雕筒、透雕象牙梳（图1-9）等工艺品也制作得相当精美。

图1-9　大汶口文化考古发现的象牙梳

大汶口文化中期的墓葬中，多人合葬墓明显减少了，男女合葬墓的数量增加。一般认为，男女合葬墓代表了一夫一妻制的确立，表明这一时期社会发生了一些变化。墓葬之间的贫富差距继续拉大，出现了大、中、小型不同规模的墓葬，有的大型墓葬开始使用木棺作为葬具。

大汶口文化晚期的陶器（图1-10）中，灰陶、黑陶的比例明显提高，红陶仍然占一定的比例，同时白陶的数量大大增加了。这个时期的陶器制作普遍使用了陶轮，因此陶器的外形更加规整了。代表性器物除了陶鼎、陶鬶、背壶、觚形杯、陶豆等原有的器型以外，还出现了白陶鬶和作为龙山文化蛋壳陶杯前身的黑陶高柄杯。石器、骨器的种类和质量都明显提高，一些加工精细的玉钺等器物明显地不是作为日常使用的工具，而是作为仪仗来使用的，是地位尊崇的一种象征。

图1-10　大汶口文化晚期的陶器

这一时期的墓葬间的差别更加悬殊，在同一处墓地中也明显有按贫富分开埋葬的现象。

大汶口文化晚期已经出现了被围墙或大型的壕沟环绕的中心遗址（图1-11），并且在一些陶器上发现了刻画的图像文字（图1-12），表明这一时期已经开始向文明社会迈进，最初的国家即将出现，山东地区的先民们已经处于文明的前夜。

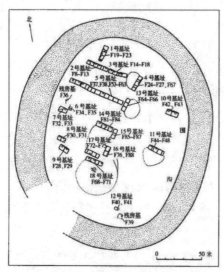 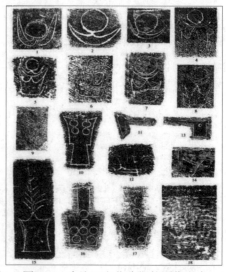

图1-11　大汶口文化晚期聚落平面图（安徽蒙城尉迟寺遗址）　　图1-12　大汶口文化晚期的图像文字

大汶口文化时期是山东地区史前文化开始崛起的时代，从它与周边地区同时代的考古学文化的关系中可以很明显地看出这一点。在大汶口文化早期，很明显受到了中原地区强势的仰韶文化的影响，而到了中期阶段，仰韶文化来自东方的因素明显增多，对东方的影响就不明显了。同一时期，南方长江下游的良渚文化发展迅速，对大汶口文化产生了相当大的影响。大汶口文化晚期是其强势崛起的阶段，分布范围迅速覆盖了河南东部和安徽北部，甚至在原先仰韶文化分布的中心地区也发现了大汶口文化的因素。同时，来自南方良渚文化的影响逐渐减弱，反映出这一时期大汶口文化已经取代了良渚文化的领先地位，山东地区的史前文化开始走向强盛，而繁荣强盛的巅峰时期则是龙山文化时期。

2. 龙山文化

1928年，考古学家吴金鼎在山东历城县龙山镇（今属山东济南市章丘区）的城子崖遗址发现了一种以黑陶为代表的史前文化，龙山文化因此而得名。

龙山文化的分布范围包括山东全境以及江苏、安徽北部和河南东部的部分地区（图1-13）。龙山文化的年代大约为距今4600～4000年。

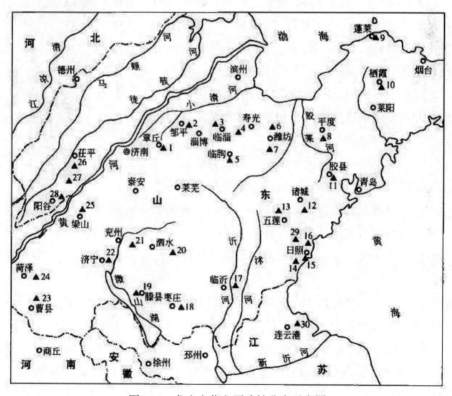

图1-13　龙山文化主要遗址分布示意图

龙山文化时期的陶器制作技术达到了史前制陶业的巅峰。这一时期的陶器主要以黑陶、灰陶为主，烧制之前，陶土淘洗得非常细腻，并且针对不同的器物，对陶土进行有选择性地加工与使用。制作时普遍使用快轮拉坯成形，因此器型更加规范、美观，轮制成型后普遍加以磨光。烧制的温度也极高，已经接近了烧制瓷器的温度，所以龙山文化的陶器以黑、光、亮、薄而闻名，其最具代表性的便是广为人知、薄如蛋壳的薄胎黑陶高柄杯——蛋壳陶杯（图1-14）。

> 瓷器以瓷土为原料，瓷土主要是高岭土和化妆土，含有长石、石英石和莫来石成分，含铁量低。瓷器表面所施的釉，必须是在高温之下与瓷器一道烧成的玻璃质釉；瓷器经过1200℃以上的高温烧成，胎色发白，胎体吸水率不足1%或不吸水。
>
> 龙山文化时期的白陶就是采用高岭土烧制而成，烧成温度在800～900℃，而龙山文化时期部分黑陶的烧成温度超过了1000℃。

龙山文化时期，史前社会发生了质的变化，主要表现在以下几个方面：

第一，从这个时期发现的墓葬可以看出，此时的墓葬制度已形成等级制度，墓葬形制、规模、随葬品的多寡和质量等各方面都表现出巨大的反差。大型墓葬有棺椁等木质葬具，随葬有精美的玉器、陶器等；多数的墓葬为中小型墓，没有葬具，随葬器物很少。

第二，发现了一批城址，这些城址有的有壕沟环绕。有的城墙基槽内发现了完整的人、狗、猪的骨架及能复原的陶器碎片，应当是筑城奠基的遗迹。

第三，在胶州三里河、栖霞杨家圈、日照尧王城等遗址发现了铜制品和铜渣。其中，在三里河遗址发现的两件铜锥，经分析为铸造而成的黄铜，系用含锌量较高的铜矿石冶炼而成，表明龙山文化时期已经开始使用铜器，进入了铜器时代。

图1-14 蛋壳陶杯

第四，在邹平丁公遗址的一件大平底盆底部残片上发现了5行11个文字，属于龙山文化末期。

社会阶级的分化、城的出现、原始礼制的产生、铜器的使用和文字的发现，这些变化所反映的都是一些文明的因素。今天的考古学发现表明，早在龙山文化之前，在距今5000年前后（相当于山东地区大汶口文化晚期），在中华文明的发源地黄河、长江两大流域，这些文明的因素已经在各地有所发现了，表明这些地区都已经或者开始进入初期的文明时代，最初的国家已经产生。山东地区也不例外，并且很显然在很多领域走在了时代前列。

龙山文化时期是山东地区史前文化最为强盛的时期，同时也是山东地区史前文化由盛转衰的开始。与龙山文化同时期的中原地区也经历了同样的社会转变，到了龙山文化的后继者——岳石文化时期，中原地区发展迅速，再一次超越了东方。

（三）东夷文化的衰落

东夷文化的衰落

岳石文化是与龙山文化同时发现的，最早发掘的城子崖遗址的龙山文化，实际上也包含了一部分岳石文化遗存。但由于当时的资料所限，在很长时间内都将其视为龙山文化的一部分。1960年平度东岳石遗址被发掘，虽然发掘者在简报中仍将其称为"龙山文化"，但实际上已经认识到其文化面貌的不同。随着发掘资料的增多，1981年提出了"岳石文化"的命名。

岳石文化的分布范围与龙山文化大体一致，但是从代表性陶器（图1-15）来看，制作工艺明显不如龙山文化精美。岳石文化时期的夹砂陶以褐色为主，陶色斑驳，制法多采用泥条盘筑法，辅以慢轮修整，大多比较厚重，不太规整；泥质陶虽然以轮制为主，器型也比较规整，但以灰色为主，黑陶也不似龙山文化时期那样内外皆黑，而多是一种外表呈黑色、陶胎呈红褐色的"黑皮陶"，陶胎也较厚。

图1-15　岳石文化的陶器

岳石文化时期已进入青铜时代，铜器已普遍出现，多数为青铜。

龙山文化之后的岳石文化，虽然分布范围大体上与龙山文化相同，但是从文化面貌上看，呈现一种衰退之势[①]。岳石文化大约开始于距今4000年左右，这正是传说中的中原夏王朝建立的时间。中原地区的文化开始崛起，呈现出强劲的发展势头，但尽管如此，从考古学的发现来看，岳石文化大体上还能与中原的夏王朝相抗衡。

岳石文化的消亡是与商文化的向东扩张相联系的，所以岳石文化在不同地区的消亡时间是不同的，山东西南部邻近商文化的地区较早，而东部较晚。商文化的向东扩张，大致最终在鲁北地区抵达潍坊一带，鲁南、苏北地区则到沂河、沭河流域。

---

① 关于岳石文化衰落的原因，可参考方辉：《岳石文化衰落原因蠡测》，《文史哲》2003年第3期。

商文化势力没有到达胶东半岛地区,那里的岳石文化一直持续了下去,后来演变成为另一种土著文化——珍珠门文化[①]。

但是,即使是在商人已经占领的地区,东夷文化也没有完全消失。例如,济南的大辛庄遗址是商人在这一地区的一个重要据点,但在这个遗址中,仍然发现了占有相当比例的东夷文化因素,这些因素并不是独立于商文化因素之外存在的,而是与商文化因素一起构成了这一地区的商代文化。这一现象也不是独立存在的,在被商人占领的其他地区,也同样发现了类似的文化遗存。

西周初年,齐、鲁建国,残存的东夷文化因素逐渐融入了齐、鲁文化。地处东部偏远的胶东地区,东夷文化的因素仍然比较浓厚,但进入春秋时期之后便迅速减少,战国时期基本消失,是为东夷文化的尾声,山东地区揭开了以齐、鲁文化为代表的新篇章。

第二节　两周秦汉时期的山东考古

> 远古时期,山东地区的先民们创造了灿烂辉煌的东夷文化。进入两周以至秦汉时期,史料所记载的山东地区同样表现不凡。那么,关于这一历史时期的考古发现情况又如何呢?下面我们就来进行一番考察。

两周秦汉时期,黄河中游地区成为华夏文明的政治中心,位于黄河下游的山东地区依然繁盛。齐、鲁两国是周天子分封在东方的大国,是周王朝在东方的藩篱,齐国疆域广阔,经济发达,鲁国因为是制定礼乐的周公本人的封地,成为中国传统礼乐文化的代表。从西周一直到春秋战国时期,齐、鲁两国的政治、经济、文化都相当发达,在各诸侯国中具有很大的影响力,这种状态一直持续到秦汉时期,不仅在流传下来的文献中多有记载,考古学的发现也证实了这一点。

这一时期的考古发现相当丰富,我们只能挑选其中比较有代表性的部分做简要介绍。

一、鲁国故城与齐国故城

鲁国故城与齐国故城

(一) 曲阜鲁国故城

曲阜鲁国故城[②]位于今山东曲阜市。自周初鲁国建国至公元前249年鲁被楚所灭,曲阜一直是鲁国的都城所在,至汉代为汉鲁王继续使用,但汉

[①] 珍珠门文化:1980年发现于山东长岛县珍珠门遗址,主要分布于胶东沿海地带和部分岛屿,学者们认为其为商代夷人的文化。参见方辉:《胶东半岛地区商代土著文化——珍珠门文化》,《中国文物报》1997年8月10日。

[②] 关于曲阜鲁国故城的详细情况,可以参阅山东省文物考古研究所等编著《曲阜鲁国故城》(齐鲁书社,1982);中国社会科学院考古研究所编著《中国考古学·两周卷》(中国社会科学出版社,2004)等。

代城址比周代鲁国故城的规模要小很多。两汉以后至北宋初成为鲁县或曲阜的县治，现在的曲阜城仍在鲁国故城范围内。

曲阜鲁国故城平面（图1-16）呈长方形，城垣四角为圆角。城墙有若干期夯土叠压堆积的情况，表明城址曾经多次被修筑过。最早的第1期城墙属西周晚期或略早，最晚的第6期属战国至西汉。城墙外侧有护城河，西、北两面利用洙水为城壕，东、南两面城壕与洙水相连。

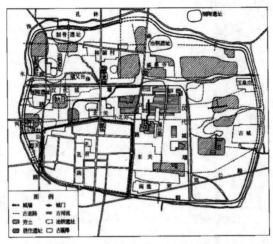

图1-16　曲阜鲁国故城平面示意图

城址发现有城门11座，其中南墙2座，其余三面城墙均有3座。城内发现有东西、南北向干道各5条，大都与城门及大型建筑相连接。城址中部隆起，集中分布了许多大型夯土建筑基址，其中以周公庙高地上最为密集。

城内发现冶铁、铸铜、制骨和制陶等手工作坊遗址10处，东北城外发现张羊制陶作坊1处。

城内发现比较重要的居住遗址11处，分布在东、西、北三面，一般靠近城门和古道路，有些居址则与手工业作坊和墓葬区交错分布。这些居址中，年代最早的可追溯到西周初期。

城内还发现4处墓地，基本分布在城西部。这些墓地的年代自西周初年到春秋战国时期，包括大小、规模不同的墓葬。发掘资料表明，这些墓葬可分为属于当地原居民的甲组墓和属于周人的乙组墓。

（二）临淄齐国故城

临淄齐国故城[①]位于今山东淄博市临淄区齐都镇，东临淄河，西依系水，北为平原，南有鲁山余脉的牛山、稷山等。齐国早期的都城，按文献记载有营丘和薄姑，两者的具体

[①] 关于临淄齐国故城的详细情况，参见：山东省文管会：《山东临淄齐故城试掘简报》，《考古》1961年第6期；群力：《临淄齐故城勘探纪要》，《文物》1972年第5期；中国社会科学院考古研究所编著：《中国考古学·两周卷》，中国社会科学出版社，2004，等。

位置学者意见不一，大致在今山东博兴县一带。约公元前859年齐献公迁都临淄，此后直至公元前221年秦军灭齐，中间经历了公元前386年的田氏代姜，但临淄作为齐国的都城一直没有变化。

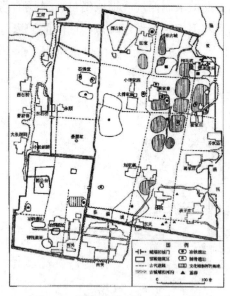

图1-17 临淄齐国故城平面示意图

临淄齐国故城（图1-17）包括大城和小城两部分，小城在大城的西南，其东北部伸进大城的西南隅。大城周长14158米，已经发现的城门有6座，其中东西各1座，南北各2座。小城有城门5座，南墙2座，其余各1座。东门在东墙偏北处，通向大城。城内发现道路10条，其中大城内7条，小城内3条。

大城北墙和南墙外都有护城河，北面的护城河东西分别与淄水、系水相连接，南面的护城河东与淄水相通，西与小城的护城河相连接。小城的四面都有护城河。大城城墙处发现排水道口3处，其中西墙1处，北墙2处，均用未经修整的大石块堆砌。小城西墙上发现排水道口1处。城内发现3条排水系统，其中2条在大城，1条在小城，分别与城墙的排水道口相连接。

小城是临淄齐国故城的政治中心，发现的宫殿建筑基址主要在小城内。小城北部偏西有一座大型的夯土台，被称为桓公台，至今仍高出地面十几米，呈椭圆形。在桓公台的周围有许多夯土基址，这里应该是以桓公台为主体建筑的建筑群。

大、小城内共发现冶铁作坊遗址4处，小城南部发现炼铜遗址2处和齐国刀币铸造遗址1处。

大城内还发现两处墓地。一处在大城的东北部河崖头村一带，另一处在大城南部刘家寨、南墙东门以里大道两侧。河崖头墓地勘探出大中型墓20余座，时代为西周晚期至春秋时期，属于西周至春秋时期姜齐贵族的墓地。在城外，齐国故城周围还分布着大量带有高大封土堆的东周墓葬。战国时期田齐的王陵区位于城东南约11.5千米的牛山一带，俗称二王冢（图1-18）和四王冢（图1-19）。

图1-18 二王冢

图1-19 四王冢

二、战国齐墓与山东汉墓

（一）战国齐墓

战国齐墓与山东汉墓

东周时期，贵族墓葬在规模上较西周时期同等身份、地位的贵族墓葬明显变大，这一变化到了战国时期尤为明显。齐国作为东方的大国，齐桓公是春秋五霸之首，战国时期的齐国是国力最为强盛的诸侯国之一，因此这一时期的齐国贵族墓葬规模惊人，陪葬极其奢侈豪华。考古发现有春秋时期的规模宏大的车马陪葬坑；战国时期的墓葬一般地面上都有高大的封土堆，墓内有积石、积沙、积炭等防盗措施，墓内都有非常丰富的陪葬品。但遗憾的是，这些大型墓葬由于目标明显，两千多年来不断有盗墓者光顾，绝大多数的墓葬都被盗掘一空，留下来的随葬品极少。

1. 临淄郎家庄一号墓

临淄郎家庄一号墓①位于临淄齐国故城南约 500 米的郎家庄村旁，地面上原有高大的封土堆。墓葬为长方形土坑竖穴墓（图1-20），没有墓道，基本上是在当时的地面上夯筑而成。

木椁位于墓室正中略偏南处，周围有积石。椁室周围分布着 17 座陪葬坑，其中 5 号坑有殉人 1 个，15 号坑有殉人 2 个，另外在椁室顶部的填土中有殉人 6 个，墓室北部偏东处有殉狗 8 只。

该墓因多次被盗，仅残存少数的陪葬品（图1-21）。墓的年代为春秋战国之交。

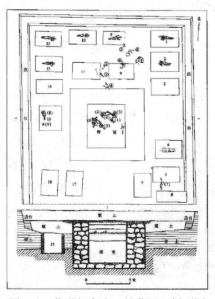

图1-20 临淄郎家庄一号墓平、剖面图

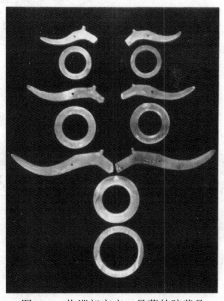

图1-21 临淄郎家庄一号墓的陪葬品

---

① 关于临淄郎家庄一号墓的详细情况，可参阅山东省博物馆：《临淄郎家庄一号东周殉人墓》，《考古学报》1977 年第 1 期。

2. 青州西辛战国墓

青州西辛战国墓①位于山东青州市东高镇西辛村西，北距二王冢 1 千米，地面封土已不存在。墓葬由墓室及南北两条墓道组成，墓道为斜坡状，底部与二层台平齐。在南北墓道的中部又开凿有一条台阶状的小墓道，通向椁室底部（图 1-22）。南墓道的斜坡部分发现有 10 条长短不一的沟槽，北墓道东侧靠近墓室的部分发现较多的铁渣、碎木炭和熔炉的残块等，是建造椁室时熔化铁汁和铅汁时留下的遗迹。

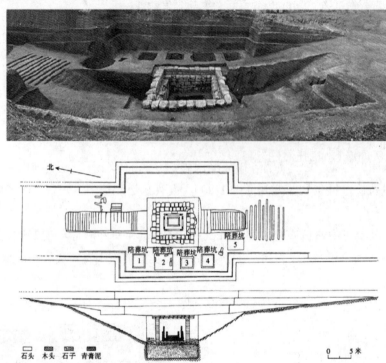

图1-22　青州西辛战国墓

椁室位于墓室的中央，呈正方形。椁有两重，外椁为石椁，以巨石砌成，石缝间用铁汁或铅汁浇灌。石椁顶部有巨石板制成的两层盖板，缝隙间也用铁汁浇灌。石椁底部铺设一层石底板，底板下为 40 厘米厚的河卵石，下面是厚达 3 米的青膏泥。石椁内为长方形木椁，椁内为木棺（图 1-23），棺内髹红漆。

图1-23　青州西辛战国墓的石椁、木椁与木棺

---

① 关于青州西辛战国墓的详细情况，参见山东省文物考古研究所、青州市博物馆：《山东青州西辛战国墓发掘简报》，《文物》2014 年第 9 期。

椁室西侧南北向排列有4个陪葬坑，南墓道西侧与墓室交界处也有一个陪葬坑。

该墓多次被盗，残存的随葬品主要出自棺椁之间的器物箱和陪葬坑中，主要有陶器、玉器、金银器、骨器、漆器等（图1-24）。墓葬的年代为战国末期。

（二）山东汉墓

西汉建国之后，恢复了分封制度，大封诸侯王、列侯。诸侯王墓是规模仅次于皇帝陵的大型墓，目前为止已有相当数量的发现，在山东发现汉代诸侯王墓的主要有昌乐东圈一号墓（西汉中期菑川王后）、临淄窝托村汉墓（汉文帝元年齐哀王刘襄）、章丘洛庄汉墓（汉高后二年吕王吕台）、章丘危山汉墓（汉景帝前

图1-24 青州西辛战国墓出土的器物
（银盒、玉剑首、金刀首、骨骰子）

元三年济南王刘辟光）、长清双乳山一号汉墓（汉武帝后元二年末代济北王刘宽）、巨野红土山汉墓（汉武帝后元二年昌邑哀王刘髆）、曲阜九龙山二至五号墓（西汉中晚期鲁王及王后）、临淄金岭镇一号墓（东汉明帝永平十三年齐炀王刘石）、济宁普育小学汉墓（东汉晚期任城王刘博或刘佗之妻）、济宁肖王庄一号墓（东汉和帝任城孝王刘尚）等。列侯是仅次于诸侯王的第二等爵位，在山东也有列侯一级的墓葬发现。

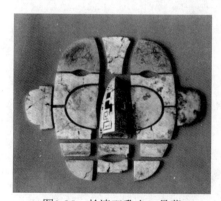

图1-25 长清双乳山一号墓
出土的玉覆面

长清双乳山一号墓[①]是山东地区发现的汉代诸侯墓中保存较好的一座。该墓位于长清归德双乳山村，为竖穴石坑木椁墓，由一条墓道和墓室组成。墓道长60米，深18米，南部靠近墓室的地方放置有陪葬的车马器及马、鹿等动物。墓道与墓室连接处的两侧凿有高十一二米的双阙。墓室基本呈方形，边长25米左右，深5米。椁室位于墓室北部中央，底部低于墓室底17米，总深度达22米。椁室内出土大量铜器、金饼、陶器、玉器、漆器和家畜家禽等，其中的玉覆面（图1-25）与玉枕尤为精美。

除发现的诸侯王墓、列侯墓以外，山东地区还发现了一座特殊的黄肠题凑墓[②]——山东定陶县灵圣湖汉墓[①]（图1-26）。这座墓葬发现于定陶

[①] 有关长清双乳山一号墓的资料，参见山东大学考古系、山东省文物局、长清县文化局：《山东长清县双乳山一号汉墓发掘简报》，《考古》1997年第3期。
[②] 黄肠题凑墓是汉代木椁墓的一种特殊形式。所谓"黄肠"，指用柏树加工成的枋木，其颜色呈淡黄色；"题凑"指黄肠木的顶端向内垒成墓壁，四壁的枋木皆与最近的棺壁垂直，呈现出向墓室中央辐凑的状态。黄肠题凑墓比普通的木椁墓规格要

县马集镇,是一座"甲"字形墓葬。墓圹近方形,墓圹上部、封土之下用青膏泥封护,青膏泥下为封沙层,封沙层内为封砖层。封砖之内为大型木椁,墓室分为前、中、后三室,每室左右均有侧室。墓室外围为一周回廊,之外是一周外藏椁。所有的墓室都有木门。全部木壁均用枋木垒成。该墓是一座大型木结构的黄肠题凑墓,据推测,墓主为西汉末年哀帝之母丁太后。

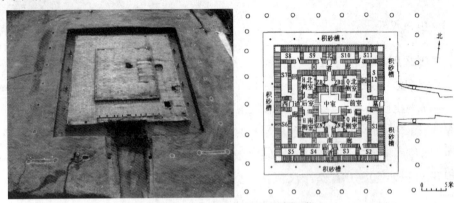

图1-26 山东定陶县灵圣湖汉墓

从西汉中晚期开始,规模比较大的墓葬中经常可以看到附在墓室内壁和建筑材料(砖、石)上的墓室装饰艺术,根据其形式或材料的不同,我们一般将其称为壁画墓、画像砖墓或画像石墓。

壁画墓在山东仅有少量发现,画像砖墓主要分布在西汉时期的中原地区和东汉时期的四川地区,山东地区发现的主要是画像石墓。

画像石是雕刻在墓葬的石椁、石棺或墓壁上的图像,也包括附属于墓葬的地面祠堂和石阙上的画像。画像石出现于西汉晚期,至东汉中晚期开始流行,汉代之后基本消失不见。

从画像石的发现来看,主要集中分布于四个大的区域:鲁南、苏北地区,包括安徽北部、河南东部部分地区;豫南、鄂北区,主要是以河南南阳为中心;陕北、晋西北地区;四川、滇北地区。前两个地区的画像石出现较早,后两个地区的画像石主要集中于东汉中晚期,山东是画像石的一个非常重要的分布区域。

画像石的雕刻技法可归纳为线刻、凹面线刻、减地平面线刻、浅浮雕、高浮雕和透雕6种,以前4种最为常见。题材内容可分为社会生活、历史故事、神鬼祥瑞和花纹图案4大类。不同的时期、不同的地域在雕刻技法与题材内容方面有所差别。

以下为山东各地出土的部分汉画像石(图1-27～图1-30)。

高,以西汉早、中期为多,东汉有以石头替代柏木芯的仿黄肠题凑的黄肠石墓。
① 有关山东定陶县灵圣湖汉墓的资料,参见山东省文物考古研究所、菏泽市文物管理处等:《山东定陶县灵圣湖汉墓》,《考古》2012年第7期。

图1-27　安丘董家庄汉墓的高浮雕、透雕人物

图1-28　微山出土的汉画像石——宴乐图

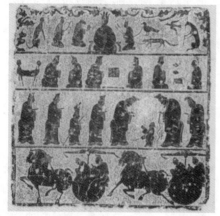

图1-29　嘉祥出土的汉画像石——西王母、宴饮对博、孔子见老子、出行

图1-30　曲阜出土的汉画像石——庄园

本章小结

本章介绍了从新石器时代到秦汉时期山东地区的考古发现，从考古学的视角来展现东夷文化的繁荣以及早期齐鲁文化的盛况。

山东地区在远古时代属于东夷部族，东夷先民创造了灿烂的东夷文化。东夷文化从后李文化时期开始，中间经历了北辛文化、大汶口文化，到大汶口文化晚期开始走向繁荣，龙山文化时期达到鼎盛，岳石文化时期开始衰退。随着中原地区的商、周文化先后进入山东地区，东夷文化逐渐消亡，存留下来的文化因素融入了代之而兴起的齐鲁文化之中。

两周秦汉时期，山东地区仍然是经济、文化最为繁荣的地区之一。从曲阜鲁国故城、临淄齐国故城以及战国时期的齐国墓葬，到两汉时期的王侯墓葬、东汉画像石的流行，考古学的发现让我们从物质文化的角度对这一历史时期山东地区的经济、文化有所了解。虽然仅据考古发现的资料难以展示齐鲁文化的全貌，但管中窥豹，仍可见其大概。

思考与实践

一、思考题

1. 为什么山东地区的远古文化被称为东夷文化？它与齐鲁文化是怎样的关系？
2. 简述东夷文化的发展过程。
3. 东夷文化在什么时期达到繁荣的顶峰？主要表现在哪些方面？

二、实践题

1. 研学活动一：参观山东博物馆。

（1）观看"山东历史文化展"，了解山东地区从旧石器到明清的物质文化发展情况。选择一件或一组最喜欢的展品，查阅相关资料，以图文结合的形式做介绍并说明喜欢的原因及感受。图片必须是自己拍的照片。（注意：在博物馆展室内拍照时，请遵守博物馆的相关规定。）

（2）在汉画像石展厅中选择自己最喜欢的一幅图片，查阅相关资料，写一篇文字说明，并配上自己拍的照片。（注意：在博物馆展室拍照时，请遵守博物馆的相关规定。）

2. 研学活动二：参观龙山文化博物馆。

了解从后李文化（在该博物馆中称为西河文化）到岳石文化的发展脉络。选择一件或一组最喜欢的展品，查阅相关资料，以图文结合的形式做介绍，并说明喜欢的原因及感受。图片必须是自己拍的照片。（注意：在博物馆展室内拍照时，请遵守博物馆的相关规定。）

参考文献

[1] 徐旭生. 中国古史的传说时代：增订本[M]. 北京：文物出版社，1985.

[2] 栾丰实. 东夷考古[M]. 济南：山东大学出版社，1996.

[3] 中国社会科学院考古研究所. 中国考古学：新石器时代卷[M]. 北京：中国社会科学出版社，2010.

[4] 中国社会科学院考古研究所. 中国考古学：夏商卷[M]. 北京：中国社会科学出版社，2003.

[5] 中国社会科学院考古研究所. 中国考古学：两周卷[M]. 北京：中国社会科学出版社，2004.

[6] 中国社会科学院考古研究所. 中国考古学：秦汉卷[M]. 北京：中国社会科学出版社，2010.

[7] 王永波. 长清西汉济北王陵[M]. 北京：生活•读书•新知三联书店，2005.

[8] 蒋英炬，杨爱国. 汉代画像石与画像砖[M]. 北京：文物出版社，2001.

[9] 山东大学考古系. 山东长清县双乳山一号汉墓发掘简报[J]. 考古，1997（3）.

[10] 山东省文物考古研究所. 山东定陶县灵圣湖汉墓[J]. 考古，2012（7）.

第二章

齐国和鲁国

　　山东是中华民族文明的起源地之一。从目前发现山东最早的沂源人起，在这片肥沃的土地上，孕育了以大汶口文化、龙山文化为代表的一系列史前文明，这一系列文明是齐、鲁两国的文脉之源。

　　本章主要介绍夏商时期与东夷人的关系，东夷人是夏商王朝在东部地区统治的隐患。西周建立后，封邦建国，齐国和鲁国分别立国，采取了适合本国国情的治国措施，两国分别进入快速发展的历史时期。春秋战国时期，齐国和鲁国在经历了变法革新、诸侯争霸等历史变迁后，相继由强到弱，由盛转衰，最后被兼并亡国。山东大地见证了齐、鲁两国在前人基础上守正创新、与时俱进的历史进程，创造了丰富多彩的物质文明、制度文明和精神文明，并逐渐形成了各具特色的齐文化、鲁文化，两者相互交流、相互融合，形成了内容丰富、特色鲜明的齐鲁文化。

第一节　夏商时期的东夷人

> 根据海岱考古发现，我们知道东夷人在原始时代创造了辉煌灿烂的东夷文化，那么当历史的车轮行进到公元前21世纪，中华民族迎来文明的曙光之际，夏、商相继崛起，东夷人与夏、商王朝的关系怎样呢？

一、夏朝与东夷的关系

夏朝与东夷的关系（上）

夏朝与东夷的关系（下）

尧舜禹时代，影响最大的部落集团有东夷集团、西夏集团和北夷集团，其中实力最强的是东夷集团，率先建国的是西夏集团。大禹年老后，传位于启，启建立夏朝，标志着家天下的开始。夏朝的统治中心主要在黄河中下游，以山东、河南以及山西一带为中心。所以，夏朝建立后，就建立了对东夷的统治。

启作为国王，不问政事，享乐无度。太康时，社会矛盾进一步激化，引发了人们的不满，首先起来反抗的是东夷人。后羿是东夷有穷氏部落的首领，后羿利用夏民对夏朝的不满，从太康手中夺得政权，即历史上的"太康失国"。后羿夺取政权后，自恃善射，不理民事，整日沉迷于田猎游玩，对贤明的人才不加重用，信用谄媚小人，委政于寒国王室不肖子寒浞。寒浞欺君罔上，愚弄百姓，操控政权，待时机成熟，将后羿杀害。寒浞当政后，追杀太康之孙相，相的妻子逃脱，生下相的遗腹子少康。少康长大后，在东夷有虞氏的帮助下，积极筹划复国，打败寒浞，消灭其势力，夏朝得以重建，即历史上的"少康中兴"。少康中兴后，夏王朝考虑到统治的安全性，决定离开东夷人活动的中心地带，开始西迁中原，在中原安居下来，发展经济，政治稳定，国力逐渐强盛起来。

夏朝西迁后，三百余年间，对东方或征战、或招抚，东夷人与夏形成了"或服或畔"的关系，说明东夷人在融入夏文化的过程中，保留了自身的文化个性。

二、商朝对东夷的统治

商族起源于山东地区，后发展到河南、河北，势力逐渐强大，取代夏朝成为中原最高统治者。关于商族的历史记载，比较早的有"天命玄鸟，降而生商"（《诗经·商颂·玄鸟》）。可见，商族是一个以玄鸟为图腾信仰的东夷民族，从契开始，该部族由母系氏族步入父系氏族时代，契被视为商族的始祖。

经过十四世，传至商汤，商族势力大兴。夏朝末年，夏桀实行暴政，百姓不堪其苦。商汤趁机发展自己的势力，他重用贤臣仲虺和伊尹作为左右相。仲虺是车神奚仲的后人，因其才能出众被商汤重用为左相。汤与东夷有莘氏通婚，伊尹是有莘氏陪嫁的奴隶，因擅长烹饪而得到商汤的赏识，被提拔为右相。经过多次征战，商汤剪除了夏朝的羽翼，瓦解了夏的同盟，大获民心。约公元前1600年，商汤发起对夏朝的总进攻，双方战于鸣条（今河南开封市附近），夏桀大败，死于南巢（今安徽巢湖市）。商汤乘胜追击，扫平了夏朝的残余势力，建立了历史上大一统的奴隶制王朝——商。

商代在历史上多次迁都，最著名的就是盘庚迁殷（今河南安阳市）。盘庚迁都的原因有多种说法，其中之一是由于王族内部经常发生争夺王位的内乱，迁都可以打破旧贵族的特权，重新建立新的权力制衡机制，以巩固商王的权力和统治地位。此外，当时的黄河经常闹水灾，每次发大水，就会把都城淹没，百姓们不得不搬家。

盘庚迁殷后，商朝的统治中心离开了山东范围。学界一般把盘庚迁殷看成商朝前后期的分水岭，前期的统治中心基本在鲁西南附近，后期稳定在河南境内。尽管商朝的政治中心西迁了，山东作为商朝东方的主要统治范围仍旧具有举足轻重的作用。

商朝为了加强对东方的控制，连续几代人对东夷用兵，一直到商纣王仍继续对东夷用兵，耗尽国力才将东夷人击退。商纣王是历史上有名的暴君，加上连年战争，国力亏空，众叛亲离，民怨沸腾。此时，西部崛起的周人以雄厚的实力东进，商王朝在东部耗尽国力，无力抵挡周人的东进。"纣克东夷而陨其身"犹如"桀克有缗以丧其国"（《左传·昭公十一年》），不同的朝代却走了相同的道路，从表面上看夏商都是因为征伐东夷人而丧其国，实际上丧其国的主要原因都是因残暴的统治。这也说明夏商时期，东夷人的势力比较强大，形成了对夏商统治的威胁，所以，夏商国君才会倾全国兵力攻打东夷人，也证明东夷人的文明程度比较高，在当时具有很强的影响力，并具有反抗残暴统治的精神。

第二节　西周时期齐、鲁两国的建立

周人的发展与兴盛并不是偶然的，周人的始祖以擅长农耕著称。取代商以后，周人开创了一系列的政治、经济和文化制度，对中华文明产生了深远的影响。正是由于周实行了分封制，才有了齐、鲁两国的建立，而齐、鲁两国从立国之初就走上了不同的治国道路。下面就让我们来了解一下齐、鲁两国的建立及其基本发展状况。

一、西周建国与建章立制

周人，兴起于陕西西部一带，但其早期的历史与东夷有些关系。周人的始祖弃，在尧舜禹时代担任掌管农耕的官职。"遂好耕农，相地之宜，宜

西周建立及齐鲁立国

谷者稼穑焉，民皆法则之"，教人农耕，百姓效法，深得民心，建立了"天下得其利"（《史记·周本纪》）的功绩，被后人尊祀为农神后稷。夏朝建立后，后稷及其子都做过夏朝的农官，而夏朝早期的活动中心在山东地区，所以，周人的足迹到达过山东地区。

大概在夏太康失国之际，周人失去立足之地，于是西迁戎狄之间。公刘时期，"虽在戎狄之间，复修后稷之业，务耕种，行地宜，……周道之兴自此始，故诗人歌乐思其德"（《史记·周本纪》）。此后，又经过动荡不安的几代人的生活，为了避免与戎狄的矛盾，周人迁居到岐山之南的周原，改变戎狄的习俗，营建城郭房屋，设置官吏，出现了国家组织形态，开始定居生活。

周文王姬昌继承祖先的事业，行仁义之政，有志之士多投奔于周。在他的带领下，周人大力发展农业经济，以德行安民，从岐山之下，迁都到丰（今陕西西安市西南）地。经过半个世纪的治理，周人的势力范围不断扩大，奠定了灭商的基础。周武王姬发即位后，积极谋求灭商，以"太公望为师，周公旦为辅，召公、毕公之徒左右王，师修文王绪业"（《史记·周本纪》）。周武王在其统治的第四年（公元前1046年），举兵伐商。他率领大军抵达商朝的都城朝歌（今河南淇县）城外七十里的牧野，与商纣王的军队进行了大决战，史称牧野之战。因商纣王不得民心，前线军士倒戈，迎接周武王，周军趁势而入，大败商军。纣王见大势已去，登鹿台自焚而死，商亡。同年4月，周武王胜利班师，回到镐京，正式建立了周王朝。

周立国之初，政治形势并不稳定，相继发生了"三监之乱"和"周公东征"。为了增强国家的管理能力，周朝加强了制度建设，这些举措对以后的历史发展产生了深远影响。

周初把殷商王畿划分成几部分，分别封给纣王子武庚，武王的弟弟管叔、蔡叔和霍叔，管叔、蔡叔和霍叔监督武庚，史称"三监"，其目的就是监视东部地区，以稳定对东方的统治。不到两年，武王病逝，其子成王即位，周公辅政。成王年幼，由周公摄政。管叔、蔡叔等对此不满，怀疑周公有不臣之心，就被武庚所利用，联合三监，举兵反叛，史称"三监之乱"。三监叛乱，使得新生的西周政权处于危急之中。

面对空前的政治危机，周公决定亲自率军东征。前后三年时间，平定了叛乱。先后诛灭武庚、管叔，流放了蔡叔，进而东征商朝旧地及其盟国。奄和薄姑，都在海岱之间，周公将势力强大的薄姑灭国，毁其社稷、迁其君主、徙其百姓，实行了最残酷的惩罚。奄国也被迁君、灭国，只保留了社稷。将奄国君迁到蒲姑，分散其遗民归伯禽管辖。徐、淮、郯、邾灭国不迁其君，只迁其民。经过周公东征，彻底打击了东部地方势力，实现了真正意义上的统一，加强了对中原和山东地区的统治。

为了进一步巩固西周政权，总结前人的经验和教训，西周加强了制度建设。夏商时期的王位继承，主要采取"兄终弟及"和"父死子继"的办法。西周立国后，对这些制度进行了改革，实行"嫡长子继承制"，从而避免了兄弟之间的纷争，也避免了诸子之间的矛盾，弊端是将国家的稳定与发展寄托在嫡长子个人的品行和治国才能上，具有很大的不确定性。

为了实现对全国的有效统治，汲取武庚与三监叛乱的教训，周公协助成王继续推行分封制。周初的分封制，早在周文王时就开始实行了，周武王建国后，大行分封制，周成王时，周公继续推行分封制。分封的目的主要是"封建亲戚以藩屏周"（《左传·僖公二十四年》）。分封的主要对象是周王室血缘亲族、有功的大臣和历代先贤圣王的后裔。分封的重点地区在中原和山东地区。

封武王弟康叔于河淇间殷商故墟，是为卫国。封纣王庶兄微子启于商旧都商丘，是为宋国。封周公于商奄故地，是为鲁国。文王的四个儿子被分封到山东，建立了曹（今山东菏泽市定陶区）、郕（今山东成武县）、滕（今山东滕州市西南）、郲（今山东宁阳县东北）等国。分封主要是在周王室内部进行，"立七十一国，姬姓独居五十三人"（《荀子·儒效》）。此外，还分封了不少异姓诸侯国，如封太公吕尚于薄姑旧地，是为齐国。另外，其他小国分别变成了周王室的侯卫之地，由此从根本上解决了商人复辟的问题，巩固了周初的统治。

分封制规定了诸侯国的权利和义务。诸侯服从周天子的命令，有为周天子镇守疆土、随从作战、交纳贡赋、朝觐述职等义务。同时，诸侯在自己的封疆内又对卿大夫实行再分封，卿大夫再将土地和人民分赐给士，卿大夫和士也要向上一级承担作战等义务。这样层层分封下去，形成了贵族统治阶层内部等级有差的统治集团。

从分封的国家来看，齐、鲁无疑是两个最重要的封国。由于山东的稳定与否直接关系到周王室的命运，所以，吕尚和周公被分封到山东，镇守海岱地区，作为周王室在东部地区强有力的支柱。齐国和鲁国作为周天子管制下的东方大国，迈入了自己作为封国的历史时期。

为了维系周王室对天下的统治权，加强周王与封国的联系，维持尊卑有别的等级制度，周实行了以血缘关系为纽带的宗法制度。该制度是将国家权力根据血缘亲疏关系进行分配，并世代承袭。其特点就是将宗族关系和国家管理体制融合为一体，宗法等级和政治权力高度合一。宗法制下，层层分封，形成了家族和国家权力等级分明的社会管理体系。

西周建立后，中国礼乐文明由此进入全盛时期。分封制是以血缘关系为纽带的等级制，维持这种等级制的保障就是礼乐制度。周公主持了制礼作乐的工作，使西周的礼乐制度日趋完备。

上述制度建设，不但稳定和巩固了西周数百年的政治统治，而且对中国古代社会产生了深远影响。

周初，通过分封诸侯，加强了对东夷人的统治。齐（今山东淄博市临淄区）、鲁（今山东曲阜市）、曹（今山东菏泽市定陶区）、郕（今山东成武县）、滕（今山东滕州市西南）、郲（今山东宁阳县东北）、茅（今山东金乡、巨野县之间），以及纪、薛、莒、鄫、杞、邾、小邾、谭等分别受封立国，这些封国分布在泰沂山两侧，其中比较大的诸侯国就是齐国和鲁国。分封不仅巩固了西周的统治，瓦解了东部地区的各种政治力量，而且有效地加强了对地方的管理，开拓了疆域。齐国和鲁国的历史由此拉开帷幕。

二、姜太公受封及其治国方略

西周建立后,面临广阔的疆域和众多的部族,还没有能力对各地进行有效的统治。而相对于起家于关中地区的西周来讲,东部地区偏远不好管理,原本就是文化发达的地方,部族众多,如果不派重臣前去镇守,恐有不测。"于是武王已平商而王天下,封师尚父于齐营丘"(《史记·齐太公世家》)。姜太公因功受封到齐地营丘①(今山东青州市),当时在齐地有薄姑氏和"莱人"比较活跃,"莱人"与周争夺营丘。"莱人,夷也,会纣之乱而周初定,未能集远方,是以与太公争国"(《史记·齐太公世家》)。将文韬武略的姜太公封到齐地,主要是维护东部地区统治的稳定,这标志着齐国的建立。

图2-1 姜太公像

姜太公(图2-1),名尚,字子牙,号飞熊,政治家、军事家。据《博物记》称,姜尚生于东吕乡(今山东日照市东港区)。其祖先曾经辅佐大禹治水有功,被封到吕地或者申地,姓姜。夏商之时,其子孙散乱,沦为庶人,姜尚为其后裔,从其封姓,故曰吕尚。

关于姜尚的生平有多种说法:有人认为姜尚出身贫寒,曾经在朝歌(今河南淇县)城里做杀牛的屠夫,也曾在孟津(今河南孟津县)城里卖过酒;还有人说姜尚因为博学多识,臣事商纣王,因纣王无道,姜尚弃纣而去;也有人说他游说诸侯,没有遇上合适的君主,最后才遇上明主,归顺西伯周文王。流传最广的传说就是"姜太公钓鱼"。这种种说法,无非是讲姜太公不是平常人,因为他不平凡,所以上有传说时期的贵胄血统,下有大半生的贫困窘迫,年老得以施展才华,建立了至功伟业。不论姜尚出身如何,我们至少知道他得到周文王重用之后,与周文王暗中谋划推翻商纣王的统治,对内搞发展,对外积极扩张。在他的辅佐下,周的势力迅速发展起来,"天下三分,其二归周者,太公之谋计居多"(《史记·齐太公世家》)。周文王去世后,姜尚辅佐周武王。周武王伐纣时,姜尚为军师,在周灭商的过程中发挥了重要作用。

姜太公在齐国采取了一系列治国理政的方针政策。"太公至国,修政,因其俗,简其礼,通商工之业,便鱼盐之利,而人民多归齐,齐为大国"(《史记·齐太公世家》)。姜尚采取的主要举措有以下几个方面。

> 牧野洋洋,檀车煌煌。驷騵彭彭,维师尚父,时维鹰扬。凉彼武王,肆伐大商,会朝清明。
> ——《诗经·大雅·大明》

---

① 关于齐国的都城,大体上,齐太公初建国,以营丘为都城,当即今青州西原逄氏故城。西周中期,齐胡公迁都薄姑故城(今山东博兴县一带)。随后,齐献公迁都于临淄(今山东淄博市临淄区)。参见安作璋、王志民主编《齐鲁文化通史·远古至西周卷》,中华书局,2004,第499-500页。

第一，"因其俗，简其礼"。所谓"因其俗，简其礼"，就是因袭齐地原有的习俗，并简化繁文缛节。"因俗立国"是姜太公治国的基本方略。一个地区的民风民俗是在漫长的历史过程中逐渐形成的、方便人们的生产生活习惯，具有长期性和稳定性，对人们的生活产生重大影响，所以人们很看重当地的风俗习惯，中国古代就有"入乡随俗"的礼俗传统，姜太公不仅接受了当地的习俗，还简化了礼仪形式，方便人们的生活，显然，这是顺应齐地百姓的需要而制定的制度。

第二，"通商工之业，便鱼盐之利"。所谓"通商工之业，便鱼盐之利"，就是发展工商业，借助沿海便利条件发展鱼盐业。与土质肥沃的中原地区相比，齐地多沼泽、盐碱地，人口稀少，农业经济发展缓慢。从自然地理环境来看，齐地的东北部、东部濒临大海，有漫长的海岸线和港湾，提供了天然的鱼盐之利。自西向东多低山丘陵，间夹着平原，低山丘陵适宜种植桑麻，平原适宜农作物生产。齐地的交通相对比较便利，向东隔海与辽东半岛、朝鲜半岛相望，向西与中原各诸侯国相连，向南可达东南沿海。姜太公根据齐国的自然地理环境和现有的生活条件，制定了"工商立国"的经济政策，"太公望封于营丘，地泻卤，人民寡，于是太公劝其女功，极技巧，通鱼盐，则人物归之，繦至而辐凑"（《史记·货殖列传》）。"工商立国"的政策使得齐国经济，尤其是手工业、商业迅速发展起来，成为诸侯国中富庶的国家，齐国生产的帽子、带子、衣服、鞋子等畅销天下。"故齐冠带衣履天下，海岱之间敛袂而往朝焉"，齐国的都城临淄则发展成为当时天下的大都会。为此，司马迁曾感叹道："天下熙熙，皆为利来；天下攘攘，皆为利往。"（《史记·货殖列传》）"是以邻国交于齐，财畜货殖，世为强国"（《盐铁论·轻重》）。由此，奠定了齐国强国的基础。

第三，"尊贤尚功"。齐国在用人政策上勇于打破常规，尊贤礼士是齐国选拔人才的基本原则。在如何选拔人才问题上，姜太公与周公曾有这样一段对话："相谓曰：'何以治国？'太公望曰：'尊贤尚功。'周公旦曰：'亲亲尚恩'。"（《吕氏春秋·长见篇》）可见，齐国和鲁国在用人政策上是有很大不同的。姜太公在用人方面不拘泥于出身，启用德行高尚又有才能的人，论功行赏，这种用人政策一直在齐国大行其道。作为选拔官吏的指导思想，这种德才兼备的用人观更加符合历史的发展、更具有先进性。

第四，"治国之道，爱民而已"。姜太公治齐始终将"爱民"与"治国"联系在一起。"初太公治齐，修道术，尊贤智，赏有功。"（《汉书·地理志》）"姜太公认为：'夫天下者，唯有道者理之，唯有道者纪之，唯有道者宜处而久之。……故守天下者，非以道则弗得而长也。故夫道者，万世之宝也'。"（《新书·修正语下》）道是治国的长久之策，"爱民"则是治国之道的核心。姜太公强调："治国之道，爱民而已。""利之而勿害，成之勿败，生之勿杀，与之勿夺，乐之勿苦，喜之勿怒，此治国之道，使民之谊也，爱之而已矣。"（《说苑·政理》）可见，"爱民"是太公治国的重要理念，他所推行的政治、经济等措施，均是以民为本的体现。

齐国经过姜太公的治理，在政治、经济、文化等方面迅速发展起来，成为东方大国。

三、周公受封及其治国方略

周公,名旦,周文王之子,周武王之弟,政治家、思想家。文王时,其食邑在周地,故称周公。武王灭商,周公封于鲁,都奄(今山东曲阜市),又称鲁周公。武王病逝,成王年幼嗣位,周公摄政七年,史称周公辅成王。

周公摄政期间,平定"三监之乱",营造东都雒邑(今河南洛阳市),推行分封制、宗法制,提出"敬德保民""以德配天"的治国方略,"制礼作乐",建立典章制度。其子伯禽代父就封鲁国,推行周制。

图2-2　山东嘉祥县出土的汉画像石"周公辅成王"
(山东省石刻艺术博物馆藏)

周公辅政(图2-2),为了教导年幼的成王,也为了告诫大臣更好地治理国家,写下了多篇训诫文章。据《史记·周本纪》记载:"初,管、蔡畔周,周公讨之,三年而毕定,故初作《大诰》,次作《微子之命》,次《归禾》,次《嘉禾》,次《康诰》《酒诰》《梓材》,其事在周公之篇。"此外,还有《鸱鸮》《多士》《无佚》《周官》《立政》等篇。其中,除了《鸱鸮》外,其他各篇均保留在《尚书·周书》中,流传至今。

周成王即位后,周公辅政,进行制度建设。周公"制礼作乐,颁度量而天下大服"(《礼记正义·明堂位》)。通过制礼作乐的改革,使得西周出现了"兴正礼乐,度制于是改,而民和睦,颂声兴"(《史记·周本纪》)的局面。周公所制定的各种制度为后世所继承,并深受儒家推崇,影响深远。

周公不仅是政治家,还是思想家。殷周革命,给周统治者提出了如何实现长治久安的现实问题。周公在《酒诰》篇中提出了"以殷为鉴"的思想。"我不可不监于有夏,亦不可不监于有殷。"(《尚书·召诰》)这种"鉴于有夏""鉴于有殷"的历史观,为周王室的统治提供了有效的借鉴作用。有鉴于此,周公提出了"敬天保民""以德配天""明德慎罚"等治国思想。"皇天无亲,惟德是辅;民心无常,惟惠之怀。"(《尚书·蔡仲之命》)意思是说:上天是没有亲疏之别的,它只是辅佐保佑有德的人。民众的忠心不是固定不变的,他们只是感念对他们有恩惠的君主。所以要恭敬地对待上天,爱护民众,只有爱护民众的人才是有德的人,这样的人上天才能保佑他长治久安。

治理国家要德法并用,"克明德慎罚"(《尚书·康诰》),能够做到崇尚德教,谨慎地使用刑罚。周人虽然没有摆脱对上天的敬畏和依赖,不过,他们已经逐渐认识到上天选择谁来做国家的最高统治者,主要以是否获得民心为依据。于是,周人将国家政治命运的决定权从上天那里转移到了人的手中,这一思想是中国文化从殷商的神本位向人本位的转折,在中国文化史上具有里程碑的意义。

周公以孝著称，提倡以孝治天下。据《史记·鲁周公世家》称："（姬）旦为子孝，笃仁，异于群子。"周公要求人们："纯其艺黍稷，奔走事厥考厥长。肇牵车牛，远服贾，用孝养厥父母。"（《尚书·酒诰》）周公的孝行后来成为儒家伦理思想中"孝"的重要内容。

唐代文人孔颖达曾这样称赞周公的功业："一年救乱，二年克殷，三年践奄，四年建侯卫，五年营成周，六年制礼作乐，七年致政成王。"（《尚书大传疏证·大诰》）鲁国因是周公封地，在周公去世后，"鲁有天子礼乐者，以襃周公之德也"（《史记·鲁周公世家》）。周成王赏赐给鲁国享用天子礼乐的特权，用来褒奖周公的美德，这是天下诸侯唯一的殊荣。

齐、鲁两国都是西周初年分封的诸侯大国，尽管所封之地相邻，但在治理国家上，所采取的治国方略却大相径庭。周公封鲁后，因需要辅佐周成王，未能到鲁国，而是由其嫡长子伯禽受封鲁地。

伯禽在治理鲁国方面主要遵循周公的治国思想，大力推行周制。伯禽到鲁国就任，三年后回来向周公汇报工作，周公问他为何这么晚才来，伯禽说自己在鲁国推行"变其俗，革其礼"（《史记·鲁周公世家》）的改革，所以来晚了。伯禽所采取的治国措施主要体现在以下两个方面。

第一，"变其俗，革其礼"。变革鲁地原有的风俗，革新原有的礼制，是鲁国的治国方略。人们往往将由自然条件的不同而造成的行为规范差异称为"风"，而将由社会文化的差异所造成的行为规则之不同称为"俗"（《风俗通义校注》序）。由于风俗体现了国家的政治得失，所以统治者十分重视各地的民风民俗。"王者所以观风俗，知得失，自考正也"（《汉书·艺文志》）。改变风俗是齐、鲁两国共同的举措，但两国所采取的方式、方法却很不同。由于鲁地流行的是殷商旧俗和东夷人的礼俗，为了与周朝的风俗习惯相统一，伯禽就要推行周朝的礼乐制度，只有改变当地的风俗和礼制，才能让周制落地生根。通过移风易俗的改革，鲁国逐渐成为遵守礼乐制度的典范，为周礼在鲁国扎根奠定了基础。

第二，"亲亲尚恩"。在国家选拔人才和重用人才方面，以血缘宗亲为原则就是崇尚恩情的表现，实质就是以宗法制度维系国家的等级制度，在国家管理层面达到维护和巩固国家政权的目的。作为血缘关系的家庭成员，只有爱自己的家人才能爱别人，知恩感恩是人之为人的美德。鲁国以尊尊亲亲、以周礼治国，是古代社会家国同构制度下典型的治国模式。

鲁国通过移风易俗的改革，仁孝思想盛行，对维护和稳定社会秩序起到了重要作用。春秋战国时期，鲁国作为东方大国，周旋于各国之间，力图谋求革新，虽然未跻身于强国之列，却因守正文化传统，荟聚礼乐文明，孕育并形成了以儒、墨文化为代表的鲁文化。

第三节　春秋时期的齐国与鲁国

> 春秋时期是中国古代社会发展变革的历史时期，周天子势力衰微，各国诸侯变法图强。周边民族不断进入中原，民族融合得以空前发展。各诸侯国之间的外交活动十分频繁，战争作为解决问题的手段，成为常态。在这场持续三百余年的历史变革中，齐国和鲁国究竟发生了怎样的变化呢？

一、春秋时期的齐国

公元前 770 年，周平王东迁洛邑，从此拉开了春秋历史的序幕。

（一）齐桓公即位

春秋时期的齐鲁历史

春秋初年，诸侯各国之间没有太大的差异，大体上，中原地区的诸侯国如郑、宋、卫、陈、蔡等势均力敌，其四周有齐国、鲁国、楚国、秦国、魏国等大国，对中原各国具有威慑力，外围国家有北方的燕国、东南地区的吴越。从各国的地理空间和经济发展来看，中原诸国的发展空间受到限制，燕国、吴越空间有余但是经济发展相对缓慢。只有齐国、鲁国、楚国、秦国、魏国等经济发展，国力强盛，尤其是齐国，经济文化发展处于领先地位。自姜太公立国以来，实行因地制宜，发展工商业的政策，缓和了社会矛盾，深得百姓拥护，是春秋初年名副其实的大国。

齐僖公晚年荒淫无度，埋下了王室内部权力之争的祸根，进一步激化了统治集团内部争权夺利的斗争。正当齐国为夺得王权内争之时，杰出的政治家齐桓公和管仲登上了历史舞台。

在齐国政治出现内乱之际，齐国公子们为了避祸分别逃亡到其他国家，其中公子小白在鲍叔牙的辅佐下逃到莒国，公子纠在管仲和召忽辅佐下逃到鲁国。公元前 685 年，齐襄公被大臣杀害。齐国权贵国氏和高氏密召公子小白回国即位，鲁国闻讯，迅速发兵护送公子纠回国争夺王位，管仲率兵半路伏击公子小白。小白中埋伏，管仲一箭射中小白衣服上的带钩，小白佯装死去倒在车上。管仲误以为真，派人送信报告鲁国护送公子纠的队伍，说公子小白已死，没有人和公子纠争夺王位了，于是护送公子纠的队伍就放慢了回国的速度。而公子小白与鲍叔牙则日夜兼程，抢在公子纠前回到齐国，被国氏和高氏立为齐王，即齐桓公。汉画像石"管仲射小白"（图 2-3）即反映的是这一历史事件。

鲁国闻讯并不甘心，与齐国大战于乾时（今山东淄博市桓台县南），齐军大败鲁军，鲍叔牙乘胜追击，并设计促使鲁国杀了公子纠，将管仲护送回国。鲍叔牙与管仲是至交的朋友，对管仲的政治才华十分推崇。鲍叔牙说服齐桓公重用管仲，于是齐桓公不记前仇，以管仲为相，在齐国进行了大刀阔斧的改革。

图2-3　山东嘉祥县出土的汉画像石"管仲射小白"拓片（局部）

（二） 管仲治齐

管仲（图2-4），名夷吾，字仲，颍上（今安徽颍上县）人。管仲任齐国辅相期间，实行了一系列政治、经济和军事等改革措施，促使齐国的国力迅速强大起来。

经济上，推行"相地而衰征"的政策。管仲按照土地的肥瘠确定不同的税收标准，调动生产者的积极性。为了促进鱼盐业的发展，实行"官山海"的政策，即对山川之利收归国家所有，铁、鱼、盐实行官营。鱼盐贸易过"关""市"只负责稽查而不征税，设置专门的铁官，由官府组织开矿冶铁，制造各类生产工具。"官山海"政策促使齐国的经济迅猛发展，奠定了齐国富强的基础。

图2-4　管仲像

政治上，推行"叁其国而伍其鄙"（《国语·齐语》）的措施，对行政组织进行改革。管仲将齐国国民分成士、农、工、商"四民"，分置在不同的区域相对集中而居，以加强管理。"国"指国都及其近郊之地；"鄙"指国都近郊周围的田野之地。"叁其国"就是把国都和近郊划分成三部分、二十一乡的管理办法。三部分是指工、商、士。二十一乡是指：工、商设有六乡，不服兵役；士设有十五乡，分成三部分，由国君、高氏、国氏各率其一。"伍其鄙"是指把国都近郊周围的田地划分成五部分，称为"五属"。三十家为邑，十邑为卒，十卒为乡，三乡为县，十县为属。鄙中居民为农。由此，齐国实现了士、农、工、商四民分别安置于不同区域的管理办法。士人专门讲习道艺、进行军事训练，手工业者到官办作坊生产，商人专门从事贸易往来，农民专门从事农耕，各有分工。齐国逐步形成了自下而上的层级管理制度，加强了国家对地方的管理。

军事上，实行"作内政而寄军令"（《国语·齐语》）的制度。管仲对军队进行层级建置管理，一乡二千军士，五乡一万军士，一万军士为一军，共组建三军，国君、高氏、国氏各掌一军。通过军制改革,实现了将个人、家庭与国家利益融为一体的目标,提高了军队的战斗力。"居同乐,行同和,死同哀。是故守则同固,战则同强。"(《国语·齐语》)

> 管仲既任政相齐,以区区之齐在海滨,通货积财,富国强兵,与俗同好恶。故其称曰:仓廪实而知礼节,衣食足而知荣辱,上服度则六亲固。四维不张,国乃灭亡。下令如流水之原,令顺民心。
> ——《史记·管晏列传》

孔子对管仲十分钦佩,曾称赞道:"管仲相桓公,霸诸侯,一匡天下,民到于今受其赐。微管仲,吾将披发左衽矣。""(齐)桓公九合诸侯,不以兵车,管仲之力。如其仁!如其仁!"(《论语·宪问》)齐国通过管仲改革实现了富国强兵的目的,为齐桓公称霸奠定了坚实的基础。

(三) 齐桓公首霸

春秋初年,经过郑庄公小霸之后,没有大国称雄,当时的大国主要有鲁国、宋国、卫国、郑国等,其他诸侯国势力都比较弱小。所以齐国要称霸就要从这些大国入手,树立权威。

齐国称霸首先就要逼迫邻国鲁国承认其霸主地位。齐桓公即位之时,就与鲁国有矛盾,他连续两次进攻鲁国都以战败告终。公元前681年,齐国再次伐鲁国,鲁庄公与齐桓公会盟于柯(今山东聊城市阳谷县东)。会盟中,曹刿突然以匕首挟持齐桓公,逼迫他归还侵占鲁国的土地,齐桓公无奈只得同意。过后,齐桓公想反悔,管仲劝其不可失信于诸侯,齐桓公采纳了他的建议,退还鲁国汶阳之地,在诸侯国中树立了威信。

> (鲁庄公)十年春,齐师伐我。公将战,曹刿请见。其乡人曰:"肉食者谋之,又何间焉。"刿曰:"肉食者鄙,未能远谋。"……遂逐齐师。既克,公问其故,对曰:"夫战,勇气也。一鼓作气,再而衰,三而竭。彼竭我盈,故克之。"
> ——《左传·庄公十年》

宋国是中原地区的大国,本与齐国交好。公元前682年,宋国发生内乱,齐桓公就联合宋、陈、蔡、邾四国国君会盟于北杏(今山东聊城市东阿县),策划平定宋乱。宋桓公不愿意服从齐桓公,于是会盟中途退场,齐桓公就约陈、曹两国伐宋,并请周王出兵,宋国只好屈服。

鲁国和宋国都是礼乐文化发达的国家,鲁国传承周礼,宋国传承殷礼,在诸侯国中很有威望。现在齐国逼迫鲁国和宋国屈服,向诸侯各国初步展示了自己的实力,迈出了称霸的第一步。公元前667年,周惠王封齐桓公为"伯",伯即霸,称齐桓公为"侯伯"或"方伯",为诸侯首领之意。通过攻鲁伐宋,齐桓公立威于诸侯,成为中原霸主。

春秋时期,周王室衰微,周边少数民族不断进入中原,成为诸侯各国的忧患。当时周边少数民族分别为东夷、北狄、西戎、南蛮,在政治、经济、文化等方面与中原相比,这些少数民族的发展比较迟缓,总体上落后于中原华夏族。而华夏族还是一个正在发展中的民族共同体,与周边少数民族集团并没有严格的界限,尤其是山东地区,相邻地带的杂居现象十分明显。①

周边少数民族入侵中原的事情时常发生。北方狄人经常南下，深入中原各诸侯国。南方的楚国被中原各诸侯国视为荆蛮或南蛮，逐渐强大，北上中原。南夷与北狄经常出现在中原，形成了"南夷与北狄交，中国不绝若线"（《公羊传·僖公四年》）的局面，民族关系十分紧张。齐桓公就是在民族矛盾尖锐的情况下，举起"救中国而攘夷狄"（《公羊传·僖公四年》）的大旗，深得诸侯各国的拥护。而"要'攘夷'必先'尊王'，'尊王'的旗帜竖起，然后中原内部才能团结；内部团结，然后才能对外，所以'尊王'与'攘夷'是一致的政策"②。齐国凭借"尊王攘夷"的手段，维护周王室天下共主的地位，带领其他诸侯国共同对抗周边少数民族的入侵，从而赢得各诸侯国的认可。

公元前 661 年，北狄攻掠邢国。管仲劝说齐桓公发兵救邢国。狄人闻风而退。次年，狄人进攻卫国，长驱直入攻进卫都（今河南濮阳市），卫国被灭。齐桓公派公子无亏率兵救援。由于邢国国都被毁坏严重，距离狄人比较近，所以，齐桓公帮助邢国迁都到夷仪（今山东聊城市西），帮助邢国修建新的都城。此后，齐桓公还率领诸侯在楚丘（今河南滑县东）给卫国修建了新都，卫国得以复立，史称"存邢救卫"。

楚国作为新兴大国，实力雄厚，文化发达，在某些方面超过中原地区，因而楚国一直都有争霸中原的雄心。公元前 659 年，楚军伐郑。齐桓公召集诸侯救郑，两年后，齐国联合鲁、宋、陈、卫、郑、许、曹等组成联军，南征楚国。楚成王先是派人交涉谈判，未有成效，只好派勇敢善战的屈完抵挡联军的进攻。因为连年征战，长途远征，齐桓公不敢轻易开战。楚军派人来讲和，齐桓公率联军退至召陵（今河南漯河市），与屈完一起乘车检阅军队，炫耀武力以震慑楚国。最后双方签订了盟约，史称"召陵之盟"。

公元前 651 年，为加强与各诸侯国的同盟关系，稳定各国内政，齐桓公召集诸侯国在葵丘会盟。周襄王派太宰参加会议，将原本分给同姓诸侯的宗庙祭肉赏赐给齐桓公，以示对他的特别尊重，齐桓公则以耄耋之年跪拜受赐，以示"尊王"。葵丘会盟要求不得更易世子，不得以妾为妻，敬老爱幼，可以诛杀不肖子孙。国家在选拔人才的时候，尊崇贤能之士，表彰有德行的人。承认了选士制度的变化，士人不能世代做官，公职不能兼任，不得擅自杀戮大夫。还规定了各诸侯国之间不得到处修筑堤坝，垄断水利，不得阻止邻国来买粮食等。通过盟约规范了家庭伦理行为、选拔人才的标准以及维护诸侯国的利益等，葵丘会盟标志着齐桓公霸业达到了顶点。

（四）齐桓公霸业衰落

齐桓公对自己的霸业十分自信，认为三代君王无人能及，"九合诸侯，一匡天下。昔三代受命，有何以异于此乎？"（《史记·齐太公世家》）不过，大凡功高必骄，齐桓公也逃

---

① 王克奇、王钧林：《山东通史·先秦卷》，山东人民出版社，2009，第 99 页。
② 童书业：《春秋史》，山东大学出版社，1987，第 129 页。

脱不了这样的历史命运。公元前645年管仲病逝，临终前他劝谏齐桓公不要任用小人，然而齐桓公没有采纳他的忠言。公元前643年，齐桓公病重，诸子争权夺利，互相残杀，齐桓公竟被活活饿死。就这样，齐国的霸业在齐桓公诸子争夺王位的过程中衰落下去了。

总之，自进入春秋以后，齐国延续了姜太公治国理政的思想，发扬创新精神，顺应社会发展需求，对内谋求革新，对外尊王攘夷，从而成就了其霸业，形成了积极进取、担当有为的"泱泱大国"风范。

> 司马迁游齐鲁时，称赞齐国说："吾适齐，自泰山属之琅邪，北被于海，膏壤二千里，其民阔达多匿知，其天性也。以太公之圣，建国本，桓公之盛，修善政，以为诸侯会盟，称伯，不亦宜乎？洋洋哉，固大国之风也！"
> ——《史记·齐太公世家》

二、春秋时期的鲁国

鲁国与齐国是春秋时期的大国，春秋中后期鲁国逐渐由强变弱，国力不济，走下坡路。尽管如此，鲁国在春秋后期出现了文化繁荣的景象，并一跃成为中国传统思想文化的中心。

（一）鲁国的由强转弱

春秋时期，鲁国积极参与诸侯国之间的交往和斗争。公元前722年，鲁隐公即位后，首先在外交上有所作为：先后与邾国、宋国结盟；次年，与戎国结盟，与纪国通婚；随后的几年，与郑国、齐国恢复外交关系。鲁国通过这一系列外交活动，逐渐摆脱孤立的局面。

由于齐、鲁两国为邻国，为了稳定两国关系，两国通过联姻以加强联盟。鲁桓公即位后，娶齐僖公的女儿文姜为夫人，以修两国之好。然而齐、鲁两国交好的关系，因为文姜私通其兄长齐襄公事发，很快就破裂了，此后齐、鲁两国的关系基本上处在紧张状态。齐桓公重用管仲改革，齐国迎来了富国强兵的时代，鲁国被迫从属于齐国。

鲁僖公在位期间，任用臧文仲等贤明之士治理国政，鲁国维持了一段安定的政治局面。鲁国谨遵周礼，讲信修睦，社会矛盾相对缓和，但在改革方面比较保守。春秋时期，各诸侯国纷纷变法图强的时候，鲁国改革创新的动力不足，只能凭借祖先留下来的基业，维持局面，对外也是疲于应对而不能主动出击。到春秋中叶，鲁国在大国之间只能委曲求全。

（二）鲁国三桓执政

春秋时期，鲁国较早地出现了礼崩乐坏的现象。虽然鲁国秉承周公立国的制度和文化，依旧不能阻止礼崩乐坏事件的发生。春秋后期，鲁国国君权力下移与大夫专权是其政治生活中最显著的特征。鲁国势力最大、专权时间最长的季孙氏、叔孙氏、孟孙氏三个世家大族，因其皆出于鲁桓公，合称"三桓"。三桓的祖先都是鲁国的公子、公孙，伴随着分封制的推行，他们分别得到封赏，久而久之，他们立族得氏，成为独立的世家大族。

三桓势力得以迅猛发展，是从鲁文公重用季孙氏、叔孙氏开始的。公元前609年，鲁文公去世，公子襄仲杀嫡立庶，"鲁由此公室卑，三桓强"（《史记·鲁周公世家》）。公元前591年，公孙归父以增强公室权力为由，欲去三桓势力，结果反被三桓逐出国门，从此三桓把持了朝政。

鲁襄公十一年（公元前562年），三桓分为三军。根据《周礼》规定：天子六军，诸侯大国三军。鲁国是周公的封地，享受大国待遇，可以有三军，但是因为国力衰弱，实际上只有两军。三桓想平分鲁国权力，只好增加了中军，这样三桓一家掌握一军，而鲁国国君却没有军队。公室失去了对军队的控制权，鲁公室势力更加衰败。及至鲁悼公在位，"三桓胜，鲁如小侯，卑于三桓之家"（《史记·鲁周公世家》）。鲁公室从此沦为三桓政治斗争的工具。

三桓执政初期，勤于政务，提倡节俭，注意树立良好的形象，尤以季氏为最。季文子勤俭执政，家无金玉，辅佐宣公、成公、襄公三君为相，尽管如此，也没有将鲁国发展强大起来。三桓作为公室的小宗，本应辅佐和拱卫公室，相反，三桓削夺了公室的权力，进而一步步瓜分公室。由于季氏的专权，导致了国君势力进一步衰落，激化了两者之间的矛盾，最终以公室退出历史舞台落下帷幕。

（三）陪臣执命与堕三都

"陪臣执命"是指在大夫执政时，他们的家臣逐步掌握各大夫家的实权，进而发生夺权的政治事件。春秋之末，鲁国发生了"陪臣执命"的政治事件，最典型的是"阳虎政变"。鲁定公五年（公元前505年），季氏的家臣阳虎囚禁季桓子等人，引发鲁国内乱。鲁定公八年，季氏的家臣与叔孙氏的家臣都投奔阳虎，阳虎想趁机消灭三桓，他挟持鲁定公迎战三桓，三桓联合起来反攻阳虎，阳虎战败后逃亡，是为"阳虎政变"。

由于家臣争夺权力，极大削弱了三桓权力。鲁定公趁机重用孔子为司寇，打击三桓势力，加强公室的权威。孔子提出了"堕三都"的主张。所谓"三都"，是指三桓所封之地。三桓所在封邑都建有坚固的防御设施，三桓家臣的作乱均是仰仗封邑的坚固而变乱，堕坏城防建筑，防止家臣作乱，以削弱三桓的势力。起初，三桓以为"堕三都"是打击家臣的力量，所以并不反对这一举措，但是，在"堕三都"的过程中，三桓认识到对自己不利，转而反对"堕三都"，孔子因为得不到三桓的支持，逐渐受到排挤，公元前497年，孔子弃官去鲁，带领学生周游列国。三桓执政，鲁国势衰。

第四节　战国时期的齐国和鲁国

> 战国,是一个征战频繁的时代,各诸侯国为了争夺霸权,招揽天下人才,纵横游说之士,奔走四方,兼并战争势不可挡。在群雄逐鹿中原的历史进程中,东、西两个大国——齐与秦,成为影响历史进程的主要力量。"秦王扫六合",天下归秦,那个曾经与秦分庭抗礼的齐国,为何与统一大业失之交臂?坚守礼乐传统的鲁国其命运又会如何呢?

春秋战国之际,各诸侯国先后走上了社会变革的道路。这场变革是由生产力的不断进步而引发的。铁犁牛耕的推广促进了生产力的发展进步,由此使经济、政治、文化以及礼仪习俗等各个方面都发生了深刻的变革。山东地区作为中国古代政治经济文化发展的中心区域,在变革的过程中走在了时代前列。

一、春秋战国时期的社会变革

春秋战国时期是中国古代社会发生重大变革的历史时期,引发这场历时数百年的变革的根本原因就是社会生产力的发展。

战国时期的
齐鲁历史(上)

战国时期的
齐鲁历史(下)

山东地区,以齐国生产力最为发达。春秋初年,齐国就出现了铁器,"美金以铸剑戟,试诸狗马;恶金以铸钽、夷、斤、欘,试诸壤土"(《国语·齐语》)。"美金"指青铜,"恶金"指铁。齐国使用青铜铸剑、戟等兵器,用铁铸造钽、夷等生产工具。齐国的冶铁业十分发达,居于全国领先水平。据公元前566年的《叔夷钟》铭文记载,齐灵公曾赐给叔夷莱"造(铁)徒四千",说明官府的造铁徒数量更为可观。青岛崂山区东古镇出土的铁带钩一件,淄博临淄区郎家庄出土的铁削两件,都属于春秋时期。①

生产力的进步改变了人们的生产方式,过去那种集体协作的劳动方式逐渐被个体劳动方式所取代。这种独立的个体劳动方式,以最大的利益激发人们的劳动生产积极性,从而提高劳动生产率。

公元前685年,齐桓公重用管仲进行了改革,此后齐国在经济发展上处于领先地位。与齐国相比,鲁国则走了一条不同的发展道路。鲁宣公十五年(公元前594年),鲁国颁布了"初税亩"法令,宣布对土地一律按亩征税,取消了公田和私田的差别,开始废除井田制,承认私田的合法性。春秋战国之际,井田制走向瓦解,新的土地占有关系逐步形成,拥有土地的贵族将土地变成了私有土地,成为地主。那些从井田制下解放的奴隶或小农,

---

① 雷从云:《三十年来春秋战国铁器发现述略》,《中国历史博物馆馆刊》1980年第2期。

他们或占有一小块土地，或租种贵族们的土地，成为农民。

伴随着土地私有制的推行，手工业、商业也开始向私人经营转化。春秋初年，手工业和商业基本沿袭了西周时期的"工商食官"官府制，齐国"四民"即士、农、工、商，职业世袭，代代相传，不得杂处。春秋中期以后，出现了"百工居肆以成其事"（《论语·子张》）的局面，手工业者逐步脱离官府的控制，开始出现独立经营的个体手工业者。春秋战国时期商贸发达，名商富贾云集，私商成为贸易的主体，推动了商业经济的发展。

春秋晚期，由于贫富分化加剧，一些宗法贵族由于不善经营而失去财富，开始没落，一些下层平民因为善于经营，才能出众，很快发家致富，于是原有的血缘宗法关系形成的贵贱等级制度开始动摇。衡量贵贱的标准发生变化，那些原来出身宗法贵族的人们面临沦为下层的危机，那些出身社会下层的人们，因为致富而跻身到统治行列，成为新贵。

春秋战国时期，社会变革持续时间长，各阶层都发生了变化，如"学在官府"逐步向"学在民间"转型，社会上游离出来的士成为这个时代最活跃的人物，"学而优则仕"改变了士人的命运，同时，也改变了社会关系，为社会发展注入新生力量。他们奔走在诸侯国之间，领取俸禄，不受封土，与国君合则留，不合则去，形成了非贵族化的官僚群体。

二、战国初年的形势

战国初期，齐国田氏刚刚取得政权，立足未稳，只能把注意力重点放在国内，巩固自己的统治地位。在对外关系上，则慎重处理与各大国的关系，不敢轻易挑起事端。齐国既弱，其他强国就可以放心地向山东地区发展。公元前473年，越王勾践灭吴后，为了进一步称霸，引兵北上，渡过淮水，在徐州（今山东滕州市南）大会诸侯，并把国都迁至琅邪（今山东青岛市黄岛区琅琊台西北），越在琅邪建都近百年，数度扩张疆域。先后灭滕国、郯国，又割莒国东都土地。楚国也乘机向东发展。公元前445年，楚国灭杞，把疆域扩展到泗上。公元前431年，再灭莒，占有山东南部广大土地。

鲁国身处齐、楚、越的包围之中，时常受到齐国侵扰。公元前412年，齐伐取鲁国的莒和安阳（今山东菏泽市曹县东），不久，又攻占叔孙氏的郈邑和孟孙氏的成邑。公元前385年，齐国大举伐鲁，一度攻破鲁都。此后十余年，齐鲁虽无战事，鲁国却被迫屈服于齐国。

山东其余封国，自西周以来见于记载的若干小国，经过春秋时期的兼并，只剩下了莒、邹（即邾）、杞、郯、任、滕、薛等国。

战国时期的战争与春秋时期相比，发生了巨大的变化，出现了一些新特点。

第一，武器材质和种类增多。春秋时期的兵器都是铜制的，主要有戈、矛、戟、剑、弓矢等几种；战国时期的兵器则有相当数量是铁制的，而且发明了弩、云梯、钩拒等新式作战武器和工具。

第二，军队数量和战争规模扩大。春秋时期齐国长期维持约千乘、三万人的兵力，到战国时期则是"带甲数十万"（《战国策·齐一》）。齐魏大战，"齐人伐魏，杀其太子，覆其十万之军"（《战国策·齐五》）。当时各国的军队数量普遍增加，战争的规模因此空前扩大。

第三，作战方式和作战时间不同。春秋时期盛行车阵作战，胜负往往一两天内见分晓；战国时期则改为步兵、骑兵的野战和包围战，一次战役往往旷日持久。

第四，修筑大型的防御性工程。各诸侯国普遍利用险要形胜之地建设防御性工程，主要是关塞和长城。齐长城始建于春秋后期，至战国时期陆续修成。西端起自于今平阴县东北的"防门"，东向入今济南市长清区南境，绕泰山西北麓的长城岭，过今莱芜市与章丘市交界处，进入今淄博市博山区，东南行至沂山山脉，在穆陵山设一重要关隘穆陵关，再南折入五莲山系，东端到达今胶南市小朱山入海，绵延长达千余里（图2-5），是我国保存至今年代最久的长城。

图2-5　齐长城位置走向示意图

三、齐国的兴衰

（一）田氏代齐

春秋战国之际，在齐国发生了"田氏代齐"的重大政治事变。从此，齐国由姜齐过渡到田齐时期。

陈氏又称田氏，原是陈国公族的后裔。公元前672年，陈公子完避难逃到齐国，被齐桓公任用为工正。经过几代人的努力，到齐庄公时期，陈氏家族出现了一位贤大夫陈文子。齐景公时期，齐国发生了卿大夫争权夺利的政变，陈氏参与平定政变，展露政治野心。为了进一步加强权力，巩固其政治地位，一方面，陈氏搞好统治阶层的关系，如以陈氏所得栾氏与高氏的财产献给公室，又将被驱逐出境的栾氏、高氏的诸公子召回，得到上层贵族的拥护。另一方面，救助国人中贫困孤寡之人，不断笼络民心。于是，陈氏成为齐国政治生活中不可忽视的一支政治力量。

齐景公时期，公室腐败，横征暴敛，民不聊生，社会矛盾日益尖锐。为了镇压百姓的反抗，滥用酷刑，"国之诸市，屦贱踊贵"（《左传·昭公三年》），造成齐国市场上鞋贱假足贵的现象。与之相反，陈氏多方收拢民心，不断瓦解公室，为陈氏取代姜齐做准备。陈氏与公室争取民心的途径主要是通过经济手段完成的。齐国公室使用的"公量"计算单位是升、豆、区、釜、钟,从升到釜是四进位制,从釜到钟是十进位制。而陈氏使用的"家量"计算单位从升到釜五进位制,从釜到钟是十进位制。于是,陈氏家量比公室公量要大得多。陈氏用家量借出粮食,却用公量收回。大斗出,小斗进,给下层贫民很多实惠。于是下层贫民"归之如流水,欲无获民,将焉避之"(《左传·昭公三年》),出现"陈氏之施,民歌舞之矣"(《左传·昭公二十六年》)的政治局面。

公元前481年,齐简公欲逐陈氏,田常(陈恒)先发制人,齐简公被迫出逃到徐州(今山东滕州市南),田常追至徐州将其杀死。田常立简公弟骜为国君,是为齐平公,自己为相,掌握了齐国的实权。田常掌握齐国的军政大权后,采取了一系列外交、内政措施,巩固陈氏在齐的政治地位,获得诸侯国的认可。公元前386年,周天子正式封田和为齐侯,完成了田氏代齐的历史过渡。

(二) 齐国的辉煌

战国初期,由于齐国政权的更迭,相较于其他诸侯国而言,缺少了霸主的锐气。但它仍然保持了大国地位,有过一个辉煌的时期。

齐威王继任前,田氏很少主动出击。战国初期魏国率先进行了改革,国力强盛。魏文侯时(公元前445—前396年),三晋联军曾经攻入齐国长城,"东胜齐于长城,虏齐侯,献诸天子"(《吕氏春秋·下贤》)。公元前356年,田因齐即位,是为齐威王。齐威王即位之初,好声色歌舞,不理朝政。稷下先生淳于髡以敢谏著称,他对齐威王说:"国中有大鸟,止王之庭,三年不蜚又不鸣,王知此鸟何也?"齐威王聪慧过人,马上答道:"此鸟不飞则已,一飞冲天;不鸣则已,一鸣惊人。"果然,齐威王一扫旧习,励精图治,整饬官吏,虚心纳谏,广揽人才,齐国为之一变,"奋兵而出。诸侯振惊,皆还齐侵地。威行三十六年"(《史记·滑稽列传》)。

齐威王"奋兵而出",接连打了两大战役,即桂陵之战和马陵之战,堪称军事史上的奇迹,而幕后真正的指挥者是著名的军事家孙膑。

马陵之战使魏国受到重创,公元前340年,齐、秦、赵三国从东、西、北三面夹攻魏国,秦国用计捉住魏公子卬,大破魏军。从此,魏国元气大伤,失去了自魏文侯在位以来的霸主地位。

马陵之战后,齐国实际上取代了魏国的霸主地位,成为东方最强大的国家。秦国自商鞅变法取得成功后,国势蒸蒸日上,一跃成为"七强"中实力最雄厚的国家,形成秦、齐两大强国遥遥对峙的局面。

(三) 齐国的衰亡

齐宣王时(约公元前319—前301年),诸侯各国势力急速分化。齐宣王承袭威王之后,成为东方最强国①。齐宣王陶醉于战功，经常参与各国的征战，对内虽然广兴文化事业，大办稷下学宫，却忽视了政治上的革新。

将齐国推到危亡境地的是北方的燕国。燕王哙将王位禅让给相国子之，引起燕国贵族强烈的反对，"三年，国大乱，百姓恫恐"（《史记·燕召公世家》）。公元前314年，齐宣王派匡章带领"五都之兵"进攻燕国。起初，燕国百姓因为痛恨本国统治者，对齐军表示欢迎，所以齐军仅用30天的时间就攻破了燕都。然而由于齐军过于残暴，数月之内，杀害数万民众，大失民心。加上各国的干涉，齐国被迫撤兵，由此埋下了后来燕国攻打齐国的祸根。

齐湣王时（约公元前300—前284年），齐国势力达到鼎盛。公元前301年，齐约韩、魏大举攻楚，在沘水（名泌水，源出河南泌阳县东白云山）旁的垂沙打败楚军，迫使楚国屈服，派太子为质，向齐国求和。此战使秦国产生畏齐之心，派泾阳君为质，与齐国修好。公元前296年，齐又约韩、魏合纵攻秦，一直攻到函谷关。迫使秦国割地给韩、魏求和。接着，齐、韩、魏三国乘胜伐燕，取得大胜。齐国连续胜楚、秦、燕三国，声威大震。然而反观这一场场战争，齐国并没有获得多少胜利的果实，反而消耗了不少国力。与此同时，秦国却攻取了楚国的汉中，将巴蜀与汉中连接起来，疆域迅速扩大，其他各国所不能及。

公元前288年，秦国为了伐赵，出于连横策略的考虑，与齐相约称帝。秦昭王在宜阳自称西帝，尊齐湣王为东帝。不久，苏秦游说齐湣王说："伐赵不如伐桀宋之利"，请齐湣王自动取消帝号，以使"天下爱齐而憎秦"（《史记·田敬仲完世家》），齐湣王采纳他的建议，取消帝号。后来由赵国约齐、燕、韩、赵、魏五国，合纵伐秦。五国各怀算盘，兵至荥阳、成皋而不进，迫于五国联军的声势，秦昭王废除帝号。公元前286年，齐国灭宋，一时声势大振，引起韩、赵、魏、楚的惶恐不安，秦乘机约各国攻齐。次年，秦军越过韩、魏，开始向齐发动直接进攻，齐国处于十分被动、孤立的地位。

公元前284年，燕昭王为了报齐国武装干涉之仇，联合秦、韩、赵、魏大举攻齐。燕国上将乐毅统领五国联军，在济西大败齐军。乐毅整肃军纪，不准扰民，兵分五路，六个月内连下齐国70余城，攻破齐都临淄，只有莒和即墨未能攻下②。齐国一败涂地，齐湣王被迫出逃到莒（今山东莒县），被楚国大将淖齿杀害，其子法章被莒人立为王，是为齐襄王。

公元前279年，燕昭王死，子惠王立。燕惠王疑忌乐毅。驻守即墨的田单得知这一消息后，马上派人潜入燕都，散布谣言，离间燕惠王和乐毅，燕惠王中了反间计，让骑劫代替了乐毅，乐毅出逃赵国。骑劫一反乐毅的作战方针，放纵燕军残害齐国降兵，甚至掘坟焚尸，激起了齐人的极大愤恨。田单深知士气的重要性，在城中收得千余头牛，"为绛缯衣，

---

① 参见范祥雍：《战国策笺证·齐一》，上海古籍出版社，2006，第538—539页。苏秦说齐宣王说："齐南有太山，东有琅邪，西有清河，北有渤海，此所谓四塞之国也。齐地方二千里，带甲数十万，……临淄之中七万户，……临淄甚富而实，其民无不吹竽鼓瑟，击筑弹琴，斗鸡走犬，六博蹋鞠者。临淄之途，车毂击，人肩摩，连衽成帷，举袂成幕，挥汗成雨，家敦而富，志高而扬。夫以大王之贤，与齐之强，天下不能当。"

② 参见范祥雍：《战国策笺证·齐六》，上海古籍出版社，2006，第709页。

画以五彩龙文,束兵刃于其角,而灌脂束苇于尾"。到了晚上,田单命人点燃牛尾,火牛"怒而奔燕军",田单率5000名壮士随其后。"牛尾炬火明炫燿,燕军视之皆龙文,所触尽死伤。……燕军大骇,败走"(《史记·田单列传》)。齐军乘胜反击,70余城得以光复。

齐国虽然收复了失地,但经过这场战争,损失惨重,自此一蹶不振,终结了秦、齐对峙的局面。

齐襄王时(公元前283—前265年),国势衰弱不振,屡受赵、秦的攻伐,丧失大片土地。到齐王建时(公元前264—前221年),秦国开始进行统一战争。当秦始皇陆续攻灭韩、魏、楚、燕、赵五国时,齐国接受秦的贿赂,既不支持五国的抵抗,自己也不做任何抵抗准备。公元前221年,秦军攻齐,齐王建不战而降,齐亡。秦在齐地建立了齐郡和琅邪郡。至此,齐国的历史结束。

四、鲁国的衰亡

战国时期,鲁国的政权始终掌握在贵族手里,政治上没有什么突破性的作为,也就没有摆脱在大国兼并战争中走上衰亡的历史命运。

从齐、鲁两国的情况来看,山东地区的社会发展和变革是很不平衡的。鲁国和齐国虽然都在东夷之地,但是两国的发展却很不同。因为鲁和周的关系密切,受到特殊优待,不仅分得了"殷民六族",而且还得到大批的珍贵文物和典籍,再加上鲁国优越的自然条件,鲁国应该比齐国发展得快些,其实不然。鲁国的条件虽然优越,同时旧制度对它的影响也较深,一直到春秋时它还较多地保守着西周文物制度的旧传统。鲁闵公元年(公元前661年),齐人仲孙湫就说鲁"犹秉周礼"。鲁昭公二年(公元前540年),晋韩宣子聘鲁,"观书于太(大)史氏,见《易象》与《鲁春秋》,曰:'周礼尽在鲁矣!'"(《左传·昭公二年》)。战国时期改革更加深入,"礼崩乐坏"进程加剧,鲁国虽与齐国为邻,但是两国对传统旧制度的革新不同,相比较,鲁国受旧制度影响较大,而齐国受旧制度影响较小,迅速地发展起来,超越了鲁国,成为东方大国。战国时期,山东大部分地区都在齐国统治范围之内。

战国时期,鲁国依旧是三桓执政,但三桓在经历了家臣变乱后受到打击,而周边诸侯国不断蚕食鲁地,到鲁悼公时,"鲁如小侯,卑于三桓之家"(《史记·鲁周公世家》)。鲁穆公时(公元前410—前377年),开始实行君主集权制,任用公仪休为相,改革内政,企图振兴鲁国。结果收效甚微。此后,鲁国为了图存,在大国间周旋,以求自保。

公元前278年,楚徙都于陈(今河南周口市淮阳区),直接威逼鲁国。公元前249年,楚灭鲁,鲁国历史终结。

第五节 齐、鲁文化的特征

> 西周建立后的数百年间,以周王室为核心的大一统的天下,逐渐形成了以"尊尊亲亲"为核心的家国伦理文化体系。在这种文化体系中,包含了以诸侯国统治地域为中心的独具地方特色的各种文化圈,形成大圈套小圈的文化网络。齐、鲁两国治国方略不同、发展历程不同,所以其文化也呈现出了不同的特征,由此也形成了齐鲁文化的总体特征。下面就让我们来了解一下具体情况吧。

一、齐文化的特征

随着齐国的建立与发展,在西周时期逐渐形成了齐地特色的文化风格,这就是齐文化。所谓齐文化,就是齐人在继承东夷文化、夏商文化的基础上,创造的具有齐人性格特点的物质文化、制度文化和精神文化事项的总和。齐文化有一个形成、发展和成熟的历史过程,姜太公建国到春秋初年是齐文化的形成发展时期,春秋战国时期则是齐文化进一步发展、成熟并走向鼎盛的时期。

齐文化

(一) 治国无定法,以变通为上

姜太公建国后,并没有照搬周朝的制度,而是根据周制结合齐地的实际情况创立了一套礼法并重,变通为上的治国方案。在齐国,以法治国更重于以礼治国,治国没有固定不变的定律,变通才是齐国的治国之道,这些思想对后世产生了深远影响。

(二) 选材不问出身,以尊贤尚功为准绳

德才并重是姜太公的用人理念。"文王在岐周,召太公曰:'争权于天下者,何先?'太公曰:'先人。人与地称,则万物备矣。今君之位尊矣,待天下之贤士,勿臣而友之,则君以得天下矣。'文王曰:'吾地小而民寡,将何以得之?'太公曰:'可。天下有地,贤者得之;天下有粟,贤者食之;天下有民,贤者牧之。天下者,非一人之天下也,莫常有之,唯贤者取之'"(《六韬》)。姜太公的"贤者论"为齐国历代政治家所继承,并对后世产生重要影响。

(三) 因地制宜,以义利为上

在齐国,五谷、桑麻、刍狗、鱼盐、手工、贸易、女工等,多业并兴,只要是能够获利的经济行业,齐人就会经营,不分远近,极尽其力。在追求利益的同时,齐人也十分重

视仁义。姜太公封于齐后，问政于营荡。营荡答道："仁者爱人，义者尊老。"姜太公问："爱人尊老奈何？"营荡答道："爱人者，有子不食其力；尊老者，妻长而夫拜之。"姜太公道："寡人欲以仁义治齐，今子以仁义乱齐，寡人立而诛之，以定齐国。"（《春秋繁露·五行相胜》）姜太公以为，要以仁义治理国家就不能没有长幼尊卑的秩序，这是符合周礼的，但是营荡所倡导的"仁义"却是父子没有长幼之别，夫妇没有尊卑之序。所以，姜太公遂杀死了营荡。可见，齐文化中具有浓厚的"义利并举"思想。

（四）思想自由，兼容并蓄的学风

齐文化形成之初，最鲜明的特征就是兼容性，即能够包容各种思想和学说，由此形成稷下风范。姜太公是齐国兵学的创始人，传说《太公兵法》《六韬》就是他的作品，该书重点阐述了夺取战争胜利的根本之道就是争取民心以及有效的战略和策略。在周灭商的过程中，基本上采取的都是姜太公的军事战略。姜太公的兵学思想运用到治国理政上，就形成了灵活兼容的治国之术，这有利于齐国形成思想自由、兼容并蓄的学风。

正是齐文化在形成之初具有包容各家思想的张力，及至春秋战国稷下学宫各家学派蜂起，这种既互相非难又互相融合的学术生态环境才能够应运而生，促成了中国历史上百家争鸣、文化繁荣的局面。

二、鲁文化的特征

鲁文化是鲁人在继承东夷文化、夏商文化的基础上，将周文化与鲁地文化相融合，创造的具有鲁人性格特点的各种物质文化、制度文化和精神文化事项的总和。

鲁文化

（一）以德行政

鲁国建国之初，伯禽以周公思想为治国理政的指导思想，周公治国的核心思想就是"以德行政"。鲁国的政治文化凸显的就是德政文化。周公曾经叮嘱伯禽说："我文王之子，武王之弟，成王之叔父，我于天下亦不贱矣。然我一沐三握发，一饭三吐哺，起以待士，犹恐失天下之贤人。子之鲁，慎无以国骄人。"（《史记·鲁周公世家》）告诫伯禽要兢兢业业，勤勉工作，治理国家更要谨慎行政，不要傲慢待人。周公认为统治者的个人道德会影响国家的政治，以德为核心的政治文化是以周公"以德配天""敬天保民"哲学思想为根基的，所以，鲁文化的核心思想乃是"德政"伦理思想。

（二）礼乐化民

鲁国有"礼仪之邦"之称，鲁国的礼仪来自周公的制礼作乐。伯禽封鲁后，"变其俗，革其礼"，就是将原来鲁地所流行的商朝的风俗习惯和礼仪制度，以及东夷人的文化习俗依据周制进行改革。对此,也有学者认为,"其实主要不是指改革鲁国商奄遗民原有的生活方式或生活习惯,而是指改革他们的政治制度,不断向他们灌输周朝的政治思想和道德观念"①。其实,这两种说法并不矛盾,只是侧重点不同而已。鲁国的都邑曲阜,在周征服之前一直是东夷文化和夏商文化的核心地带,当周人来此进行统治的时候,就要在东夷文化、夏商文化的根基上重新建立周文化体系。在鲁国实行的"变其俗,革其礼"改革,主要是将周制推行到鲁地,对鲁地原有的民风民俗和国家制度进行改革。同时,要注意周公在教导伯禽和康叔如何治国的时候说:"皆启以商政,疆以周索。"(《左传·鲁定公四年》)就是说居住在殷商故地,要接受当地的风俗,按照殷商的制度办,管理土地要按照周朝的制度办。周公对封到卫国的康叔和鲁国伯禽的治国要求,就是让他们在治理殷民之地的时候,要充分考虑殷商传统的制度,只有将殷商制度与周制结合起来考虑,才能安抚殷商遗民,才能镇服东方。②推行礼乐制度的目的主要是通过教化的方式让人们接受周制。

(三) 尊尊亲亲

鲁国在人才选拔上充分体现了鲁文化的血缘伦理思想。选拔人才看其出身,以血缘亲情为纽带,形成国家行政的官僚体系。家中有国,国中有家。各种血缘关系代入国家管理体系中,对加强家国同构的国家伦理产生了深远影响。鲁国选拔人才制度与齐国的"举贤尚功"形成鲜明对比。齐地农业经济并不发达,要想求得发展,必须多业并举,因才而用。而鲁国适宜于农耕,在生产力低下的历史时期,人力是最好的生产力,人们普遍重视家庭成员在生产中的意义。伯禽是姬姓,相对于鲁国曲阜来说,他们是从西部来的外姓之人,当地人自然要多于周人,这给周人造成心理上的不安。所以,周人必须通过占有统治权,才能维持他们在东方的统治地位。因此,在鲁国形成了"尊尊亲亲"的宗法等级制。然而,这并不意味着鲁国选拔人才只问出身而不问德才,贯穿周制的用人思想就是"德才"观,即使是亲族,如果没有高尚的德行是不能选拔为官的。鲁人对亲族的"尊尊亲亲"之情延伸到个人生活、社会关系的方方面面,构成了以崇尚伦理道德为特征的鲁文化。

(四) 农耕文化

司马迁当年在考察了邹鲁之后,曾说:"沂、泗水以北,宜五谷桑麻六畜,地小人众,数被水旱之害,民好畜藏,故秦、夏、梁、鲁好农而重民。"(《史记·货殖列传》)可见,秦、梁(魏国)、鲁的生活方式是一致的,即都是以农耕经济为本,种植五谷桑麻,"民好畜藏"。他写到邹鲁之地的民风,"邹、鲁滨洙、泗,犹有周公遗风,俗好儒,备于礼,故其民龊龊"(《史记·货殖列传》)。因为受周公遗风、俗好儒、备于礼的影响,鲁地百姓注重个人德行的修养,遵守礼制,说话办事都是谨小慎微的。依赖土地生活的人,由于丰年与饥年不确

---

① 孟祥才、胡新生著:《齐鲁思想文化史》(先秦秦汉卷),山东大学出版社,2003,第71页。
② 20世纪二三十年代,不少学者认为殷商文化对周文化及其后中国文化的影响十分重要。参见傅斯年:《民族与古代中国史》之《周东封与殷遗民》,上海古籍出版社,2012,第91-92页。

定,加上需要缴纳沉重的赋税等原因,农人生活贫苦,因此只能依靠节俭等手段维持生活。"鲁人俗俭啬"(《史记·货殖列传》),充分体现了农耕文化勤劳、节俭的特征。

(五) 仁孝好学

鲁国传承了周公仁孝的传统,周公起自西部岐山、丰地,深受农耕文化的熏陶,个人的道德修为甚高。周公事武王尽忠尽恭,武王病重,周公祈祷神灵让自己代替兄长承受病痛,表示愿意代武王去死。祝文:"以旦代王发之身。旦巧能,多材多艺,能事鬼神。乃王发不如旦多材多艺,不能事鬼神。"(《史记·鲁周公世家》)祝文藏于《金匮》之中,这就是著名的"金匮藏书",在周公去世后,才被发现。周公辅政忠心耿耿,鞠躬尽瘁,死而后已,成为儒家尊崇的典范人物。

鲁国有好学之风,以文化传承为己任。据《汉书·地理志》记载:"周兴,以少昊之虚曲阜封周公子伯禽为鲁侯,以为周公主。其民有圣人之教化。"(《汉书·地理志》)也就是说,在周分封鲁国之前,鲁地有高度发达的文化,并保留了悠久的文化传统。鲁国建立后,崇尚周礼,推行礼乐文化,增进了鲁地的好学风气。

春秋后期,礼崩乐坏,"孔子闵王道将废,乃修六经,以述唐虞三代之道,弟子受业而通者七十有七人。是以其民好学,上礼义,重廉耻"(《汉书·地理志》)。孔子弟子大半以上是鲁人。鲁地好学之风,即使经历了数百年的历史变迁,到东汉时还保留着优良的学风,"今去圣久远,周公遗化销微,孔氏庠序衰坏。……然其好学犹愈于它俗"(《汉书·地理志》)。鲁人的好学之风和以礼乐治国的思想密切相关,无论王室还是民间,好学成风。

总之,随着历史的发展,周天子与诸侯国、诸侯国之间的力量对比日益悬殊,政治格局发生了重大变化,经过数百年的较量,由于齐、鲁两国所处的地理环境和社会环境不同,齐文化和鲁文化形成了不同的特色,表现出不同的特征。但是齐、鲁两国毗邻,分布在泰沂山脉周围,都建立在东夷民族的故地之上,有着共同的文脉和基础。齐、鲁两国都以夏商文化为前提,以周制为共同的政治制度,因此,它们具有众多的共性,由此决定了齐文化与鲁文化发展的最终归宿必定是走向融合,形成内容丰富、独具特色的齐鲁文化。

三、齐文化与鲁文化的融合

齐鲁文化

齐国和鲁国受封后,在东夷文化的基础上,吸收夏商文化,融合周文化,不断交流与创新,经过近三百年的发展,逐步形成了齐文化与鲁文化。齐、鲁两国由于自然环境、文化渊源、历史传统和治国方略的差异,使得两国的文化既有区别又有联系,既具特色又相互交融。春秋战国时期,各国文化呈现繁荣景象,齐、鲁两国文化尤为繁盛。齐国法家、兵家和阴阳五行家等诸家学说纵横发展,特别是稷下学宫诸子思想学说并生;鲁国则保存了周礼,儒家和墨家学说成为显学。同时,由于各国之间的交流不断加强,稷下学宫为诸子学说提供了快速发展的平台,极大地促进了文化的交流与融合。齐文化和鲁文化的融合更加广泛和深入，在此基础上，逐渐形成了先秦时期齐鲁文化的核心和主体。齐鲁文化是以齐文化和鲁文化为核心和主体形成的地域文化，因此，从地理空间、文脉传承以及历史发展来看，齐鲁文化具有鲜明、独特的精神特质。

（一）海纳百川，兼容并蓄

从齐鲁文化的起源、发展和演变的历史过程来看，它不是一种单一的文化，而是多种文化的融合。因此，齐鲁文化在面对不同学派的思想、主张、学说的时候，能够以博大的胸怀包容不同的见地，成就其海纳百川、兼容并蓄的精神特质。

（二）刚健有为，创新发展

在齐、鲁两国的历史发展进程中，无论是政治家、思想家、学者，还是两国百姓，都在制度创新、思想创新、文化创新和社会习俗的创新上迸发出刚健有为的精神力量。春秋战国时期，齐、鲁作为大国各展风采。《周易》作为儒家经典的代表之一，充分地说明了齐鲁文化中"自强不息，厚德载物"的君子品格。

（三）德法并重，礼乐文明

从齐国和鲁国治国方略上看，两者差别明显。不过，齐国重法治并非否认德政，鲁国行仁政并非无法治，两国文化中都有深厚的德治和法治思想，两者相辅相成。礼乐文明是齐鲁文化最具特色的标志，它的核心思想是追求和谐。由此，礼乐文明涵育了齐鲁文化的家国情怀以及"协和万邦"的人类同命运共呼吸的精神追求。

（四）好学善学，人文情怀

好学善学是齐鲁文化的重要体现。《论语》开篇即为"学而"篇，"学而时习之，不亦说乎"，不仅如此，在山东发现的汉画像石中，一个普遍的历史题材就是"孔子问礼"或"孔子见老子"（图2-6）。对于孔子和老子两位思想家的会面，学界有多种解读，但这至少从一个侧面体现出了齐鲁文化中"好学善学"的文化特征。春秋战国时期，礼崩乐坏，百姓生活困苦不堪，于是孕育了齐鲁文化的人文关怀和人道主义精神。孟子提出"制民之产"的主张和"民为贵，社稷次之，君为轻"的思想，充分体现了齐鲁文化以人为本的人文情怀。

图2-6 汉画像石"孔子见老子"

简言之，伴随着秦的统一，齐、鲁两国作为独立的政权已不复存在，但是以齐、鲁文化为核心和主体所形成的齐鲁文化却不断地发展并深刻影响着中国传统文化。汉初实行"黄老之学",汉武帝"罢黜百家,独尊儒术",以及秦皇汉武对泰山的尊崇等等,足见其影响力。齐鲁文化作为地域文化成为山东文化的标识,并借助经学的发展步入一个新阶段。其中儒学上升为国家统治思想,从一定意义上说,这也是齐鲁文化成为中国传统主流文化的标志,对此后中国历史文化产生了深远的影响。

本章小结

　　山东地区自夏商之后,东夷文化逐渐衰落,西周兴起,封邦建国,诸侯崛起,齐、鲁两大诸侯国随之登上了历史舞台。在齐、鲁建国和建章立制的过程中,逐步形成了不同的文化风格,并给后世留下了丰富的历史文化遗产。其中,我们应该注意到,在特定的历史时期,治国理政需要结合本国的实际,制定具体的治国方略。虽然齐国和鲁国同属山东地区,但泰沂山脉将其一分为二,不同的地理环境,不同的风土人情,不同的文化传统,就会产生不同的治国对策。齐国和鲁国的建立者分别是西周的重臣姜太公和周公,他们必定要以周制为准绳治理国家。然而,在实践层面上,他们并没有完全照搬周制,都在不同程度上进行了因地制宜的创新,走出了一条适合本国的治国道路。

　　王朝的兴衰,原因有别,结果各异。齐国和鲁国本为东方大国,在历史发展的洪流之中,也曾奋力拼搏,虎视群雄,称霸天下。两国在政治、经济、文化上开风气之先,其富庶令人艳羡,礼乐文化更是遥遥领先,百家争鸣空前繁荣。当繁华落尽,最终还是一统于秦。

　　继承与创新、交流与融合是文化形成的前提,也是文化发展的必然结果。无论是齐文化还是鲁文化,都是在东夷文化的基础上,在吸收夏文化、商文化和周文化的前提下,根据本国的实际需要,进行了理论创新、制度创新、实践创新,形成了独具特色的齐文化和鲁文化。没有对传统的继承也就没有创新,没有创新也就没有发展。齐鲁文化正是齐文化和鲁文化在长期的交流与融合中,逐渐形成的一种新的文化体系,它囊括了山东地域以齐文化和鲁文化为主流的全部文化内容,包罗万象,特色鲜明,独具风格,深刻地影响着中国传统文化发展的走向。

　　包容与开放赋予齐文化和鲁文化以生命的厚度和广度。齐文化和鲁文化是多种文化的交流与融合,以鲁文化为例,从严格意义上讲,鲁文化是鲁国的文化,鲁国之外,在泰沂山脉以西之地还有众多小国,各小国也有自己的文化,如邾国、小邾国、滕国、任国、莒国等;齐国亦然。区域之中有区域,文化之中有文化,彼此相异又相同,在一定的范围之内,它们之间的同中有别,别中存异,形成了齐文化和鲁文化的特征。基于此,才赋予齐鲁文化以强大的生命力,使之与时俱进,海纳百川。

　　从治家到治国,从小我到大我,齐文化和鲁文化建构起家国一体化的伦理体系。"礼法并重""尊贤尚功""因地制宜""思想自由"等构成了齐文化的核心内容,"以德行政""礼乐化民""尊尊亲亲""以农为本""仁孝好学"等构成了鲁文化的核心内容,由此熔铸了齐鲁文化,乃至中华文化绵延深远的家国情怀。

简言之,齐国与鲁国,从创建、发展到衰亡,历时 800 余年,它们创造的辉煌历史,留下的丰厚文化遗产,值得我们不断地学习、研究和思索。

思考与实践

一、思考题

1. 结合所学,简析西周制度建设及其对齐鲁历史的影响。
2. 根据史实,比较并分析齐、鲁两国治国理政的措施。
3. 结合所学,分析齐国霸业兴衰的历史原因。
4. 结合所学,谈谈齐国、鲁国衰亡的历史教训。

二、实践题

1. 结合孔子"微管仲,吾其披发左衽矣"和"周监于二代,郁郁乎文哉,吾从周"的观点,分组讨论孔子对齐文化和周文化的认知,并谈谈自己从中所获得的启示。
2. 查阅关于齐国著名历史人物的出身背景及其作为的文献资料,谈谈"尊贤尚功"用人政策的历史意义。
3. 查阅关于鲁国著名历史人物的出身背景及其作为的文献资料,谈谈"尊尊亲亲"用人政策的历史意义。

参考文献

[1] 王克奇,王钧林. 山东通史:先秦卷[M]. 济南:山东人民出版社,2009.
[2] 孟祥才,胡新生. 齐鲁思想文化史:先秦秦汉卷[M]. 济南:山东大学出版社,2003.
[3] 安作璋,王志民. 齐鲁文化通史:远古到西周卷[M]. 北京:中华书局,2004.
[4] 安作璋,王志民. 齐鲁文化通史:春秋战国卷[M]. 北京:中华书局,2004.
[5] 胡厚宣,胡振宇. 殷商史[M]. 上海:上海人民出版社,2019.
[6] 杨宽. 战国史[M]. 上海:上海人民出版社,2016.
[7] 童书业. 春秋史[M]. 济南:山东大学出版社,1987.
[8] 杨伯峻. 春秋左传注[M]. 北京:中华书局,1995.
[9] 仝晰纲,李梅训. 齐鲁文化通俗读本[M]. 济南:山东人民出版社,2011.

第三章

春秋战国时期的世界文化

春秋战国时期，齐国、鲁国在思想文化上繁荣发展，产生了儒家、墨家、黄老之学、阴阳五行等重要思想学说，它们不但对中国产生了深远的影响，从世界文明发展的角度来看也具有重要意义，这一时期以齐鲁思想文化为主的中国传统文化作为世界多样性文化的组成部分，不仅为世界文明多元化作出了卓越贡献，也与世界其他地区的文化共育"和羹之美"的盛况，共同推动了人类文明的发展进步。

本章站在世界文化发展的高度，对同处于这一时期的希腊文化、印度文化及中国文化进行了简要分析，力求在对比和比较中更全面地阐明这时期齐鲁文化的重要意义。从某种意义上来看，在齐国稷下学宫出现的百家争鸣局面，代表了春秋战国时期中国思想文化的高峰，因此本章专门对稷下学宫的诞生、发展和消亡的历史，以及稷下学宫在历史上的地位和影响做了简要介绍。

第一节　多元发展的世界文化

> 公元前8世纪至公元前3世纪之间，亚欧大陆上的各大文明都经历了一个思想文化发展的飞跃阶段。这一时期，东西方各大文明的舞台上涌现出孔子、释迦牟尼、苏格拉底等一大批伟大的思想家。人们的思维方式发生了突破性的发展，开始以一种理性、道德的方式来认识和解释自身与世界。这一时期，各大文明都发生了"终极关怀的觉醒"，学术思想活跃、文化成就斐然。下面我们就来了解一下这个在人类思想文化史上令人赞叹的伟大时代。

梁启超在论及春秋战国时期的思想文化时，曾称"孔北老南，对垒互峙；九流十家，继轨并作。如春雷一声，万绿齐茁于广野；如火山乍裂，热石竞飞于天外。壮哉盛哉！"[1] 他将春秋战国时期视为中国思想文化发展史中的第一个全盛阶段。不仅如此，他还表明这一文化全盛阶段"非特中华学界之大观，抑亦世界学史之伟迹也。"[2] 事实上，伴随着近代西学东渐的浪潮，许多中国学人也同梁氏一般敏锐地注意到，春秋战国时期的中国文化与同时期世界其他地区的文化共同经历了人类文化发展史上的一次重大的变革。他们不仅认识到"当春秋战国之交，岂特中国民智为全盛时代而已，盖徵诸全球，莫不尔焉"[3]，且指出"人类在进化的途程中蹒跚了多少万年，忽然这对近世文明影响最大最深的四个古老民族——中国、印度、以色列、希腊——都在差不多同时猛抬头，迈开了大步。"[4] 而这一思想文化的突飞猛进，则得益于"中土则孔、墨、老、庄、孟、荀，以及战国诸子，尚论者或谓其皆有圣人之才。而泰西则有希腊诸智者，印度则有佛"[5]，且这些思想家的"至美之文章、至精之政论、至深之哲理，并在其中，百世之后，研究终不能尽"[6]，他们"持论思理范围后世，至于今二千年不衰"。[7]

而国外学者关于此时期世界文化发展的观念也与中国学人遥相呼应。拉索尔克斯、维克多·冯·施特劳斯都关注到这一时期世界各古代文明的文化同时出现突破性发展的现象，塔尔科特·帕森斯则将这一时期人类思想精神的发展称为"哲学的突破"，即人类对自身所处世界的本质、人类自身及其价值意义形成了一种理性的认识。德国哲学家雅斯贝斯更是在他的《历史的起源与目标》一书中将公元前800年到公元前200年这一时段称为"轴

---

[1] 梁启超：《论中国学术思想变迁之大势》，上海古籍出版社，2001，第18页。
[2] 梁启超：《论中国学术思想变迁之大势》，上海古籍出版社，2001，第18页。
[3] 梁启超《论中国学术思想变迁之大势》，第40页。
[4] 闻一多：《文学的历史动向》，引自孙党伯、袁謇正主编：《闻一多全集》第10卷，湖北人民出版社，1993，第16页。
[5] 王栻著《严复集》，北京：中华书局，1986年版，第365页。
[6] 夏曾佑：《中国古代史》，北京，生活·读书·新知三联书店，1955年版，第175页。
[7] 王栻著《严复集》，北京：中华书局，1986年版，第365页。

心时代"。雅斯贝斯认为这一时期，在中国、印度、希腊几乎同时出现了许多伟大的思想家，他们对上述三个文明的文化传统产生了根本而又悠久的影响。此后的中国文化、印度文化、西方文化都是围绕这些思想家的思想成果展开的。

（"什么是轴心时代"？）

可见，公元前 800 年至公元前 200 年之间人类精神文化的发展盛况，很早就进入东西方学人的视野。这一发展被认为是人类思想文化发展进程中的一次重大突破。这种突破式的发展体现为同时期的中国、印度和西方几乎同时出现了一批先贤哲人，如孔子、老子、释迦牟尼、苏格拉底、柏拉图等。他们用理性与伦理的思维方式来认识和理解世界、人类自身，形成了各自的思想体系。这种思维方式的变化标志着人类精神上的觉醒，同时也带来人类对自身存在与世界的终极关怀。这一时期形成的思想文化成果及思维方式搭建起人类文明的精神基础，发展为各自所处文明的特有的文化传统，塑造了直至今日仍在指引人类的精神文化原则与世界观。

一、春秋战国时期的中国文化

春秋战国时期的中国处于王权衰微、诸侯争霸、战乱频繁、社会动荡的局面。西周时期的"井田制"逐步瓦解，传统的奴隶制生产方式发生变化，私田大量出现。随着齐国、晋国、楚国、秦国等大国的兴起，春秋五霸局面的形成，天子之位更是形同虚设，诸侯僭越礼制的现象层出不穷。宗法制度逐渐解体，周王仅有"天下共主"的虚名，礼崩乐坏的程度极为严重，可谓"百川沸腾，山冢崒崩。高岸为谷，深谷为陵"（《诗经·小雅·十月之交》）。

礼乐制度的瓦解，社会结构的巨变，改变了殷商西周时"学在官府"的局面，私学兴盛起来。此外，这一时期士作为独立的知识分子阶层崛起。这一系列的变化促使知识的讲授下移，扩展了思想文化的传播，推动了文化的大发展。政局的分裂多变也为当时各种思想的出现与繁荣提供契机。为了争夺霸权，各国诸侯都积极招揽人才、变法图强。这些知识分子的治国理念、改革思想以及社会理想形成了独立的思想，进一步推动了文化的发展与繁荣。中国的思想文化开始从尊崇巫筮的、神本的迷信文化，向人本的理性文化转型。

殷商时期，在原始思维的支配下，商人尊神重巫，其文化体现出强烈的神本文化色彩。"殷人尊神，率民以事神"（《礼记·表记》），生活中事无巨细都要先卜卦而后行。殷墟出土的甲骨文几乎全为祭祀占卜记录。西周时期，人们基本继承了殷商以来的思想，仍旧视"天"为至高无上的主宰者。但周取代商的事实，使人们开始怀疑殷商时期天命恒常不变的观念。人们意识到天命不可信。于是，周公提出了"以德配天"的天命观，认为天命以天子是否有德而转移，指出殷商正是因为"惟不敬厥德，乃早坠厥命"（《尚书·召诰》）。那么如何才能做到有德呢？周公进一步提出"敬德"，只有推行德政才可保住天命，才能维持统治。"天不可信。我道惟宁王德延，天不庸释于文王受命"（《尚书·君奭》），"肆惟王其疾敬德？王其德之用，祈天永命"（《尚书·召诰》）。而天意是民心的集中表现，"天视自我民视，天听自我民听"，"天矜于民，民之所欲，天必从之"（《尚书·泰誓上》）。于是，统治者是否有德就要看其施政行为是否符合民心。因此，周初统治者将"保民"作为"敬德"的核心内容，只有保民、爱民才能得保天命。这种以民意、民心作为判断君王是否有德的标准，在一定程度上蕴含了重视人的作用的思想。西周的统治者已经意识到不可轻民、应重视人事。"天在周代虽然是至上神，但已经伦理化，并且和'民'建立紧密的关联，为人文思想的发展准备了空间。"①因此，与殷商文化相比，西周文化中的神本色彩逐渐褪去，人的地位开始上升，人文理性精神逐渐浮现，正如《礼记·表记》中对周文化的评价，"周人尊礼尚施，事鬼敬神而远之"。

进入春秋战国，文化上基于神灵信仰的思维方式趋于没落，人文理性的精神及思维方式逐渐形成。这种转换体现在人们有关天人关系思想的发展中。首先，传统的天人关系思想中出现了天人之分的理念。昭公二十六年，齐国上空出现彗星，景公想要祭祀消灾，晏婴劝谏道："无益也，只取诬焉。"（《左传·昭公二十六年》）晏婴指出国之安定与君主德行一致，与天象天道无关。春秋末年，郑国大夫子产也提出过"天道远，人道迩，非所及也，何以知之"（《左传·昭公十八年》）的观点。尽管这些观点并未明确天人之分，但却表现出天道与人事之间相距甚远，人事不再受天道操控而具有独立发展的趋势。在孔子的思想体系中，天不仅仅是有意志、人格化的主宰之天，同时也是自然的天。"天何言哉？四时行焉，百物生焉，天何言哉？"（《论语·阳货》）孔子在承认天命的同时，也强调"务民之义，敬鬼神而远之"（《论语·雍也》），主张尽人事听天命，承认人的自主能动性，否认人毫无自我主宰能力。而荀子则认为天是客观存在的自然的天，不受人的愿望的影响，也不为人的意志而转移，"天不为人之恶寒也辍冬，地不为人之恶辽远也辍广"（《荀子·天论》）。天是按照自身规律不断运动变化着的自然，与人事无关，即"天行有常，不为尧存，不为桀亡"（《荀子·天论》），从而形成了独具特色的天人之分的思想。在这一思想体系中，人与天各司其职，各有其运行规律，又能相互作用，为进一步承认人的价值准备了理论基础。

其次，随着天人之分观念的浮现，天人关系中人的地位得到了提升，社会中开始滋生了重民、重人的思想意识。司马子鱼反对宋襄公用人做祭，称"祭祀以为人也。民，神之主也。用人，其谁飨之"（《左传·僖公十九年》）。此事体现出当时社会对人的重视。"国将兴，听于民；将亡，听于神。神，聪明正直而壹者也，依人而行"（《左传·庄公三十二年》）则肯定了民众在国家兴亡中的重要地位和政治价值。当然，从本质上而言，这种重民、重人是为了维护统治者的政治统治。在之后的思想文化发展中，人的地位更是被提高到与天、地并列。老子曾言："故道大，天大，地大，人亦大。域中有四大，而人居其一焉。"（《老子·二十五章》）荀子也明言："水火有气而无生，草木有生而无知，禽兽有知而无义，人有气、有生、有知，亦且有义，故最为天下贵也。"（《荀子·王制》）人甚至能够发挥主观

---

① 陈来：《古代思想文化的世界——春秋时代的宗教、伦理与社会思想》，生活·读书·新知三联书店，2002，第7页。

能动性掌握知识，从而达到"制天命而用之"（《荀子·天论》）。这种重人思想的发展体现在春秋战国时期政治理性思维的发展上，即形成了"民为贵，社稷次之，君为轻"（《孟子·尽心下》）的民本主义政治思想。

再次，在重人倾向加强的同时，天的神秘性逐渐淡化。这一时期，天的概念不断丰富，逐渐分化出自然之天、宗教之天等含义。在孔子与孟子的思想中，天是一种可内化于人的宗教之天。人与天不是隔绝对立的，人的本性中蕴含着天道。孔子提出"仁"的思想，即是主张人们通过道德实践达到"践仁以知天"，从而开启了人能够认知天的契机。在此基础上，孟子将仁看作人的本心，"尽其心者，知其性也。知其性，则知天矣。存其心，养其性，所以事天也"（《孟子·尽心上》）。如此，通过人的主观能动性，使心、性、天合一，达到天人相通。

这一时期，中国的思想文化具有突出的人文性或以人文为主题的发展趋势。诸子百家学说的基点更多关注的是民事与社会，是对人文与社会现象进行的实用理性的思考。而百家之中的许多思想更是得到了当时各诸侯国君的采纳，体现了这一时期思想文化经世致用的特点。

二、希腊文化与印度文化

（一）希腊文化

公元前8世纪，荷马时代结束，古希腊社会经济开始复苏，贸易开始恢复，城市重新出现，文明再次获得活力。一种全新的蕴含着理性精神与人文精神的新文化脱茧而出。古希腊文化呈现出空前繁荣的局面，为后来西方文化的发展留下了宝贵的财富和源泉。

这一时期古希腊文化繁荣发展的局面与其所处社会经济政治的发展息息相关。在经济上，铁器开始广泛应用于农业，手工业和商业成为独立的经济部门，城邦经济进入繁荣时期，社会财富和人口都得到了大幅增长。

春秋战国时期东西方文化的发展

经济的发展加速了社会的阶级分化。古希腊城邦的阶级结构包括奴隶主、奴隶和小生产者。公元前5世纪，城邦经济进入繁荣时期，社会财富和人口都得到了大幅增长。在经济发达的城邦中，奴隶制发展进入繁荣期，奴隶劳动普遍应用于各个生产部门中，这使得一部分希腊人能够脱离直接的生产劳动，从事精神劳动。

公元前5世纪，以雅典为代表的城邦民主政治进入繁荣发展时期。在民主政治下，对政治主张的自由辩论使得社会能够包容各种理论的存在，为文化的发展提供了宽松的政治环境。

殖民城邦的广泛建立，开阔了人们的知识视野，使人拥有独立的思维，能够超越社会、种族与身份的束缚来思索自然世界与人类社会。

随着古希腊城邦的勃兴，优越的物质生活、广泛的精神自由和政治自由，使天性善于思考的古希腊人发挥所长,探究世界万物的本源与真理,诘问人生的目的与价值。在这个过程中,古希腊人的思维方式发生变化。理性成为思考的基础,是古希腊思想文化的重要特征,贯穿在整个文化生活中。

1. 对世界本原的思考

理性的思维方式在古希腊的哲学中得到充分的体现。公元前 6 世纪初,古希腊出现了人类历史上第一批哲学家。他们不再满足于用神话来解释自然界各种现象。他们摆脱了神话传说,开创了一种新的思维方式,用已知的事物来解释未知的事物,探寻世界背后的本原和普遍规律。古希腊的哲学家们从这里迈出了理性思维的第一步。

公元前 6 世纪,在小亚细亚西部沿海的希腊殖民城邦米利都,产生了最早的哲学派别——米利都学派,代表人物有泰勒斯、阿那克西曼德和阿那克西美尼。泰勒斯(Thales,约公元前 624—前 547 年)结合他对自然界中水滋养万物现象的观察,提出了他的哲学命题——"水是万物的始基"。在此之前,人们都是用神话来解释世界的万事万物。诸如生老病死、自然灾害、战争甚至世界起源等都被解释为神的意志安排。而泰勒斯根据自己对自然现象的观察,以常识知识为基础,利用归纳、概括等方法形成具有普遍意义的命题,对世界万物进行说明与解释。这正是泰勒斯的命题最具突破性之处,是人类认知方式的一次飞跃。它突破了古代人们普遍认为世界由神创造的思想,宣扬了人类能够依据经验和理性思考认识世界万物与各种现象的观念。可以说,泰勒斯是第一个用理性思考来研究世界本原的人。

在高度抽象的思维层次上对世界整体进行认知的哲学派别则是毕达哥拉斯派和以巴门尼德为代表的爱利亚学派。毕达哥拉斯(Pythagoras,公元前 580 至前 570 之间—约前 500 年)将抽象的"数"作为万物的本原,为古希腊早期自然哲学开辟了一条由抽象原则说明感性经验的理性主义道路。彻底抛弃感性的是爱利亚学派的巴门尼德(Parmenides,约公元前 515—前 445 年)。他认为关于存在的理性认识才是真理,存在只能由理性思辨和逻辑来把握,不能由感性直观来把握。这种认为世界的本质不是物质而是一些抽象的原则的思考,是思维方式上的又一大进步。

2. 对人与社会的思考

古典时代,希腊哲学的中心从爱奥尼亚和南意大利转移到以雅典为首的希腊本土。随着城邦民主制的发展,城邦内批评辩论之风盛行。出现了一批以教授辩论术为职业的思想家,他们被称为"智者"。他们开始对人及人类社会政治伦理问题进行理性探索。政治、道德、人性成为哲学家关注的重心,古希腊哲学的研究对象从自然转向人与社会。这一变化标志着古希腊理性时代的真正到来。

苏格拉底(Socrates,约公元前 469—前 399 年)致力于哲学和道德讨论。德尔菲神庙石柱上有一句古希腊格言"认识你自己"。苏格拉底把它作为自己的哲学观点。在苏格拉底看来,认识人自己即认识人自己的本性,也就是人灵魂中的理性部分。人们可以通过反省回忆或通过教育引导,来认知自己的理性。在苏格拉底的思想中,善是合乎理性的,也就是说，由理性所做的安排必然是合理的，是最完善的。因此，认识了自身理性的人，就能够依据理性知道自己适合做什么，能分辨出自己能做什么和不能做什么，从而达到完善的状态。这在认识论层面提高了理性的意义。

苏格拉底还提出了"美德即知识"的命题。美德是指人的美好本性，表现为勇敢、正义、智慧、节制等品质。这种美德要在人们对它的理性认知的指引下，才能以最合理的形式实现。而命题中的知识则是指通过理性获得的对人的本性的认识才是具有真理性的知识。因此人只有在理性的指导下，掌握有关人的美好本性即美德的知识，才能明辨是非，才能合理地实现美德。对美好本性的理性认识，是能够实现人理性本性的前提。如此，人便会自觉把理性当成指导自己行为的唯一准则，凭借理性提高个人修养、完善个人品质，不断追求真理和智慧，让一切行为和信仰服从于理性。

此外，苏格拉底还继承了他的老师阿那克萨哥拉提出的"努斯"（智慧）概念。以此为基础，他提出人的理性是万物的尺度，蕴含着将普遍逻辑性或普遍理性视作世界本质的思想，奠定了西方理性主义传统的基础。

柏拉图（Platon，公元前427—前347年）出身于雅典贵族之家，是苏格拉底的学生。他继承了苏格拉底的哲学思想，同时吸收了爱利亚学派和毕达哥拉斯学派的思想，构建起一个客观唯心主义哲学体系。在柏拉图的哲学体系中，核心思想为理念论。他认为人们感知到的身边的事物都是不断变化的，不具有真实性。真正存在的事物是永恒不变的，这就是理念。理念独立存在于人的感觉之外，是真实的世界。人们感知到的物质世界是由这个理念派生出来的。人只能通过理性灵魂才能认识理念。在认知和把握理念世界时，不能依靠任何感性事物，而只应该凭借理性的逻辑规范和推演，从一个理念推及另一个理念，其最终结果亦为理念。这一思想奠定了西方理性主义哲学的基本方法。

亚里士多德（Aristoteles，公元前384—前322年）将古希腊理性主义推向巅峰。他的理性概念包含了两个层次：一方面，理性是人拥有的进行概括、推理、逻辑分析的能力，这种能力能让人进行思辨、控制欲望、规范言行，是人类区别于其他动物的根本特质，正是基于此，亚里士多德提出了"人是理性的动物"的命题。人只有通过这种理性才能把握现实世界，形成系统的知识。另一方面，他认为理性也是世界的真实存在。他的思辨哲学体系把理性主义对事物确定性的追寻提高到哲学本体论的高度，把精神和自然的个别事物的本质高度概括为一系列理性原理。

作为古希腊哲学乃至古希腊文化的集大成者，亚里士多德的思想体系对西方文化的发展起到了极其重要的推动作用，不仅对中世纪西欧经院哲学的形成产生重大影响，更为之后每个时代的文化发展提供了知识养料，推动后来者在这一思想体系的基础上继续寻求真理。

（二）印度文化

印度得名于印度河，在古代意指整个南亚次大陆。中国史书将其称为"身毒"或"天竺"，包括今天的印度、巴基斯坦、孟加拉、不丹、尼泊尔等国的领土在内。公元前6世纪，南亚次大陆进入列国时代（公元前6—前4世纪）。列国时代是古代印度文化思想史上的黄金时期，出现了百家争鸣的文化现象。这一特殊现象与列国时代的社会政治经济变化有关。

列国时代，南亚次大陆的社会经济有了重大变化。铁器的普遍使用，使得农业生产有了较大的提高，水稻种植相当普及。农业经济的发展促进了手工业的发展，分工更加专门化，商业较之前更加活跃。公元前6世纪，在恒河的中下游地区，出现了大批城市。商业在各城市的市场进行，对外贸易也有发展。

列国时代的南亚次大陆西北部被波斯帝国所占领。古印度政治经济中心东移到恒河流域。公元前6世纪初，在恒河流域与印度河上游地区存在着诸多邦国，各国之间为争夺领土与霸权而争战不断。混战中，位于恒河中游的摩揭陀异军突起，公元前4世纪晚期，摩揭陀把整个恒河流域及邻近地区收入自己囊中，迁都华氏城，成为印度史上第一个幅员辽阔的大国。

列国时代社会政治经济的发展，使得古代印度社会的阶级关系发生了新的变化。原有的种姓制度受到破坏。种姓制度是印度历史上形成的一种独特的等级制度，全体社会成员被划分为四个种姓——婆罗门、刹帝利、吠舍和首陀罗。各种姓之间有严格的界限，不能通婚，不得一起饮食，政治、经济地位非常不平等，教俗贵族为了维护他们的特权地位，利用婆罗门教的业报轮回思想来证明种姓制度的合理性。

列国时代的社会现实极大地冲击着婆罗门教的教义思想。经济的发展引起四大种姓实力的变化以及种姓内部的分化。各种姓等级便利用宗教形式来表达自己的权利要求，于是各种宗教哲学思想应运而生，形成南亚次大陆上百家争鸣的局面。这些宗教哲学思想构成了古印度文化的核心内容。

1. 《奥义书》

在吠陀晚期（约公元前900—前600年），出现了印度最古老的哲学著作《奥义书》。《奥义书》译自梵语Upanisad，原意为"师生对坐所传的秘密教义"，后专指《吠陀》经典的最后一部分，也叫"吠檀多"（Vedanta），意即"吠陀的终结"。其中多数是晚出的宗教、哲学著作。《奥义书》开始以理性的、哲学式的而非宗教的冥想对宇宙的本原、人生真理、人的命运、生死价值等哲学问题进行了阐述，显现出其对人与世界的终极关怀。《奥义书》中的哲学思想，如"梵我同一""业报轮回""精神解脱"和"智慧瑜伽"，对印度文化产生了深远的影响，突出的是提出了"梵"（宇宙本原、宇宙精神）和"我"（个人精神、个体灵魂）的问题。个别部分也有以元素论为中心的朴素唯物主义自然观与乐生的社会伦理思想。其唯心主义和神秘主义的世界观为后来吠檀多派哲学的来源，是吠檀多派的重要经典。《奥义书》的思想对之后轴心时代的耆那教、佛教等新思想流派都产生了重要影响。

2. 耆那教

耆那教（Jainism）是产生和流传于南亚次大陆的一种宗教。"耆那"（Jaina）是该教创始人筏驮摩那（Vardhamana，约公元前599—前527年）的称号，原意为"胜利者"。公元前6世纪左右与佛教同时兴起，是反对婆罗门教的一个新宗教。传说耆那教有二十四祖，奉《十二支》为经典。耆那教反对吠陀权威和祭祀；主张五戒：不杀生、不妄语、不偷盗、不淫、无所得；实行苦行主义。关于世界本质或本原，耆那教认为不存在一个作为世界万事万物本原的实体，肯定物质世界和无数灵魂的存在，认为信徒可以摆脱物质世界的束缚而达到灵魂的解脱。在同外教的辩论中发展了印度的逻辑理论，提出了作为逻辑判断形式的"或然论"，即以主观的方式证明事物在一定条件下存在而在另一条件下不存在，因而有和无可以统一。在耆那教的思想中，反对神为世间主宰，强调人可决定自身命运，认为可通过主动修行战胜情欲，求得自我解脱。这些思想不仅否认了种姓差别的宗教基础，反映了当时下层民众的要求，也透露着耆那教哲人对人生与世界的理性思考。

3. 佛教

在列国时代印度的诸多思潮中，佛教是理论最完整、最具社会影响力的宗教。佛教相传兴起于公元前6世纪左右，由古印度迦毗罗卫国（今尼泊尔境内）王子悉达多·乔达摩（即释迦牟尼，Śākyamuni，公元前565—前486年）所创。

佛教是当时反婆罗门的思潮之一。关于世界万物的本原与产生，早期佛教提出了缘起论，主张"无我""无常"，以反对婆罗门的梵天创世说。佛教的缘起论认为世间万物不是由一个本体或实体产生的，事物是由众多因缘合和而成的。也就是说，事物是由多个成分依据一定的条件相互结合或相互作用而形成的，世界的本原是多元的。缘就是条件，万物依赖一定条件而存在。由于事物是因缘而生，任何缘都不能永恒存在，所以万事万物都是变化无常的。具备条件，事物就产生；没有条件，事物则消失。因此缘起论带有辩证思维的色彩，是早期佛教否定婆罗门教种姓地位至上不变思想，提高刹帝利种姓和吠舍种姓上层政治宗教地位的理论基础。同时，佛教以众生平等思想反对婆罗门的种姓制度，早期佛教的修行解脱论不承认种姓差别，认为所有种姓的人都可以凭借努力修行而求得精神解脱，蕴含着众生平等的理念。这是人类自我认识的一个巨大进步。佛教的基本教理有四谛、五蕴、十二因缘等，主张依经、律、论三藏，修持戒、定、慧三学，以断除烦恼而成佛为最终目的。早期佛教因教义通俗易懂、不排斥低种姓人入教，得到刹帝利种姓的支持而得以快速发展，成为列国时代影响最大的新兴宗教。

公元前3世纪，由于阿育王的信奉，佛教在印度内外得到广泛流传。佛教在两汉之际传入中国，目前主要有两说，一说为西汉哀帝元寿元年（公元前2年），一说为东汉明帝永平十年（公元67年）。佛教传入中国后，走上了本土化的道路，逐渐与中国传统文化相融合，形成了中国佛教。

4. 印度宗教思想的意义

尽管列国时代印度思想家们的宗教哲学带有浓厚的厌世观，但他们用作哲学立论的基调却是理智的。古印度宗教哲学家们以一种理智的态度来冥思审视"苦"及如何解脱的问题。首先，他们认为所谓"苦"即是人生的艰难感、挫折感。人们意识到自身精神能力的有限，意识到外在世界对人的限制，于是人处在世界中体悟到无从主宰自身命运的挫折感。其次，他们认为无限轮回的人生虽然充满苦难，但并不是不可逆转的宿命，一旦人的精神与世界本质合一，就能摆脱轮回苦厄，安宁圆满。再次，他们认为苦并非由外在因素导致，而是来自人自身精神方面的内在局限性。因此，他们不乞求作为绝对精神存在的最高人格神的救赎，也不推诿于独立于人的超自然力量或精神性外在力量的庇护。他们反求诸己，力求精神上的自我超越，打破精神意识或外在的限制，将精神提升为一个理性的、和世界本质相统一的存在，从而达到一种至善圆满的状态，摆脱苦难。这种自觉的不诉求于超自然的神秘权威，而从人的内在精神局限中追寻问题的原因，并凭借精神的自我超越来探索生命解脱之道的方式，闪耀着理性精神之光。

三、春秋战国时期世界文化发展的特征

通览春秋战国时期中国思想文化与同时期世界其他地区思想文化的内容，不难发现，它们经历了人类思想文化史上的第一次思想大变革。这不仅是中国文化发展的一个鼎盛时期，也是世界文化发展的黄金时代。这场同时发生在东西方的思想文化变革，既具有共通性，又由于历史背景与具体环境的差异而各具特色，有着多样的表现形式，呈现出"百花齐放春满园"的文化盛况。

（一）世界文化发展的共通性

公元前 800 年至公元前 200 年的人类思想文化发展呈现出空前繁荣的景象，先秦诸子的百家学说与古代印度、古代希腊异彩纷呈的宗教哲学思想交相辉映，呈现出某些共同的发展特征，形成了雅斯贝斯笔下的"轴心期的文化创造"，构成了帕森斯所说的"哲学的突破"。

这一时期，中国有以老子、孔子为代表的诸子百家；印度则出现了哲学经典《奥义书》，形成了佛教、耆那教等宗教哲学思想；希腊更是贤哲辈出，泰勒斯、巴门尼德、赫拉克利特、苏格拉底、柏拉图、亚里士多德等思想巨匠相继在历史舞台上涌现。

在先哲们哲理思考的引领下，各古代文化都产生了对终极关怀的觉醒。那么何为终极关怀呢？与其他自然生命一样，人类的生命是有限的，生死是人类必须面对的问题。面对由生存和死亡的对立带来的困惑与恐慌，人类会探寻自身存在的意义以及生命的终极价值，以此来寻求精神寄托，克服人对于生死的焦虑。因此，所谓终极关怀，即是人类对于自身的存在意义和价值的探究，是人对有限生命的超越性价值的渴求。在轴心时代，东西方的思想家们都提出了一系列的终极问题：人生从何来，死往何处？生命的意义是什么？何为世界的本质？世界如何而来又将通往何处？

在追问和探寻这些终极问题的同时，人类开始拥有了觉醒的主体意识与思维。人们意识到自身作为整体的存在，意识到自身的局限，同时也意识到自我生长的力量和自我存在的价值。人自身的能力、智慧和价值得到承认，人在整个世界的主体性地位得到提高。人类开始摆脱对神的盲目崇拜和迷信，不再被动地想象世界，不再盲目地理解自我。人类开始依靠已知经验来探索与认知自我和未知世界，来把握事物的本质和规律。理性思维就此觉醒，人类实现了思维方式上的重大超越。

随着人类精神意识的觉醒，先哲们对终极问题的思考，最终对各自所处文明原有的宗教、伦理、价值观等文化的核心内容进行了划时代的改革。他们的思想奠定了各大古代文明价值体系和文化传统的基础，确立了当今世界各大文化的基本模式，也决定了它们彼此之间的不同。"人类一直靠轴心时期所产生、思考和创造的一切而生存。每一次新的飞跃都回顾这一时期，并被它重燃火焰。"[①]

（二）世界文化发展的多样性

在探寻人类自身价值与生命的终极意义等问题时，中国、印度与希腊的古代先贤们无一例外地从人与世界的相互关系入手来思考。他们反思各大文明之初天（神）处于绝对的支配地位、人完全屈从于天（神）的观点，在对天（神）敬拜的同时也对其产生怀疑。然而在对人与世界的关系、人的价值等问题的认知上，思想家们又分道而行。

早在西周确立"以德配天"天命观以及"敬德""保民"的施政思想时，周人便已开始重新审视天人之间的关系。通过对民心与天意一致性的阐释，周初的天命观在本质上将人与天紧密相连，人包容于天，也是天之表达。春秋战国时期的思想家则延续了这种对天人关系的认知，并逐渐将其发展为天人合一的思想。老子认为"道"为天地之本、万物起源，"有物混成，先天地生，……吾不知其名，强字之曰道"（《道德经》）。"天"即为"道"的产物，自然褪下神的权威光环，成为独立于人的精神意识之外的、客观自然的"天"，与作为具有精神意识主体的"人"有着同一的本原与存在依据——道。因而天、人之间相互参照，都要效法自然，统一于自然之中，即"人法地、地法天、天法道、道法自然"（《道德经》）。庄子亦云："天地与我并生，而万物与我为一。"（《庄子·齐物论》）即"人"和"天"同是自然的一部分，同遵循宇宙的客观规律，人与自然之间本为相互依存、和谐统一的相应关系。在孔子的天人关系中，"天"虽然具有意志之天的属性，"获罪于天，无所祷也"（《论语·八佾》），但其神格色彩已被淡化。孔子虚天而实人，"人能弘道，非道弘人"（《论语·卫灵公》），强调人的主观能动性在天人关系中的作用，改变了传统的人对天毫无影响、无能为力的认识。"君子有三畏，畏天命，畏大人，畏圣人之言"（《论语·季氏》），并非强调人对于天命的服从，而是意在指出人在尊重世界客观规律的前提下，要尽人事，即充分发挥人的主观能动性来更好地理解"天"，并据此正确地践行天道，即"君

[①] [德]卡尔·雅斯贝斯著，魏楚雄、俞新天译：《历史的起源与目标》，华夏出版社，1989，第14页。

子之仕，行其义也；道之不行，已知之矣"（《论语·微子》），超脱名利、不假外物、无论得失弘道于人间。如此便"可以赞天地之化育，则可以与天地参矣"（《中庸》），达到天人合一的境界。孟子则在孔子的基础上进一步将天与人的心性相联，提出"尽其心者，知其性也。知其性，则知天矣"（《孟子·尽心上》）。孟子认为人性乃"天之所与我者"（《孟子·告子上》），是一种天赋的本性，因此在本质上与天相通，以道德性为纽带与天合为一体。人们只要能够"尽心"，充分实现心的思考潜能，就能够把握了解本性，从而能够通过知性而知天，达到天人合一。此外荀子的天人观念虽然带有"明于天人之分"（《荀子·天论》）的色彩，但其并未否定天人合一。事实上，荀子力图通过天人之分，来明确天人之间的关系。即天不具有神格，是客观的自然存在，人并不与天直接相通也不是天的附属物，两者既不互相干涉又未完全隔离，而是能够在一定条件下相互影响。"制天命而用之"（《荀子·天论》）正是将两者统合起来，实现这种辩证的天人合一关系的有效途径。这种天人合一的思想，使得中国文化更倾向于对现世的人生价值的追求，而不热衷于彼岸来生的精神解脱，呈现出鲜明的的实用理性。春秋战国诸子从当时的社会现实出发，探索解决现实问题的途径。无论是儒家的仁与礼，抑或墨家的兼爱非攻无一不体现出这种实用理性的特点，深刻影响了此后中国文化的思维方式，塑造了中国人的文化心理。

公元前6世纪，印度兴起反婆罗门教的新兴宗教与思想流派，它们对于人与神关系的认知发生了变化。人不再是绝对顺从于神的人，而是成为在精神上与世界本质能够合一的存在。与婆罗门教不尽相同，是人类精神的觉醒。然而，由于古印度宗教文化影响至深，这种对人神关系的变化仅仅淡化了人们对于神的具象的敬仰崇拜，在探索人自身存在的意义时仍然走向了忽视现世、寻求精神自我解脱的宗教之路。无论是耆那教还是佛教，都强调人要通过自我修行与冥想使精神达到至善圆满的境界，从而能够摆脱轮回苦难。这种带有厌世色彩的宗教哲学塑造了印度文化的基本特征，使印度人更关注对个人永恒精神和彼岸世界的追求，对现实社会的问题则报以淡化甚至忽视的态度。

古希腊人最初也在宗教神话的范畴内思考人与世界的关系。在敬拜神祇的同时，希腊人对神也充满着疑惑。在希腊人的宗教神话中，能力卓越的神与英雄逃不过命运的枷锁，凡人更无法摆脱命运的掌控。这种无能为力的状态促使古希腊人蒙胧地感觉到在众神的背后，有一种不可控制的必然力量在支配着神与人的命运、支配着社会、支配着世界。希腊人因此不断追问命运表象背后的必然性、追问世事变化的终极规律，形而上的东西成为希腊文化关注的焦点，古希腊人的精神觉醒朝着哲学的方向发展，人与世界的关系也成为哲学范畴内的问题。

早期希腊自然哲学主要关注的是人对于自然世界的认识。普罗泰戈拉的"人是一切事物的尺度，既是'是的东西'之'是'的尺度，也是'不是的东西'之'不是'的尺度"[①]，则认为世界万物的性质必须在与人的感观发生联系时才能产生。万物存在与否、事物的形

---

① [古希腊]柏拉图著，詹文杰译注：《泰阿泰德》，商务印书馆，2018年，第24页。

态与性质都是基于人的认知而存在的，因此人是最重要的。这肯定和强调了人的价值，将人置于世界和社会的中心，是古希腊文化中人类自我意识的第一次觉醒。苏格拉底的"认识你自己"强调人要认识自己的本性，也就是人灵魂中的理性，这是人类共同的本质，它与世界本原相一致。因此，通过后天的教育认识自己的理性、认识人类的本质，人即能依据理性来把握外部的世界。可见苏格拉底将人看作是能够理性思考、把握世界的主体，认为哲学的研究对象是人自己而不是自然世界，构建了以人为中心的可把握的世界，从而更加突出了人在世界中的主体地位。柏拉图和亚里士多德继承和发扬了苏格拉底的理论，确立了人在自然、社会中的主体地位的哲学传统。

与此相应，古希腊先哲们更关注于人的价值与自由意志。他们主张人类具有理性和意志的力量，可以通过自己的思考和选择来决定自己的行为，强调个体在世界中的主动性。在希腊的宗教神话故事中，诸神与英雄面对命运不屈不挠地进行自我抗争，便展示出古希腊文化对于个体价值尊严和精神自由的追求。注重"自我"、强调人在社会与自然中的主观能动性、重视人的价值实现成为古希腊文化的特点。于是人要如何实现自身价值便成为先哲思考的首要问题。普罗泰戈拉认为人可以通过学习具有知识与道德，凭借知识与道德就能够从人的角度来理解世界，并支配自己的活动以实现人的价值。而苏格拉底的"知识即美德"则明确地指出，人通过学习实践，重新回忆起灵魂中先天既有的关于美德的知识。这种人内在的、理性的、必然的美德需要通过指引才能最终转化为现实，从而实现人的价值，而指引这种转化的要素就是人的理智。因此古希腊文化中将追求知识和真理、追求理性思考视为人的最高价值。这种注重人的价值的人文精神、注重知识与理性思考的理性主义，对此后西方的思维方式与价值理念产生了深远的影响。

总之，公元前 800 年至公元前 200 年之间的中国、印度和希腊文化都有了突破性的发展，它们对人与世界、人生价值等终极问题给出了不同的解答。"多样性是世界的基本特征，也是人类文明的魅力所在"[①]，"也是人类进步的源泉"[②]。各大文明对终极问题的解答既塑造了各自文化的独特基因，又包含有人类发展进步所积淀的共同理念、共同追求。正是人类文化这种多样性和共通性的包容并存、和合共生，才在推动各自社会的进步与发展的同时，也成就了这一时期人类文化多元发展的繁荣盛景，正所谓"一花独放不是春，百花齐放春满园"。春秋战国时期中国文化的发展为人类文明进步、世界文明多元作出了卓越贡献，是世界文化不可或缺的组成部分。而这一历史时期的思想文化大多数是在齐国的稷下学宫发展成熟起来的。因此可以说，稷下学宫代表了春秋战国时期中国思想文化的高峰。

---

① 习近平：《同舟共济克时艰，命运与共创未来——在博鳌亚洲论坛 2021 年年会开幕式上的视频主旨演讲》，新华网，2021 年 4 月 20 日。
② 习近平：《共同构建人类命运共同体——在联合国日内瓦总部的演讲》，新华网，2017 年 1 月 18 日。

第二节 稷下学宫与百家争鸣

> 齐国为何营建稷下学宫？稷下学士关注什么问题？稷下学宫与百家争鸣有什么关系？稷下学宫对中国文化有什么影响？带着这些问题，让我们走进春秋战国时期，探究稷下学宫百家争鸣的盛况。

一、稷下学宫

稷下学宫

（一）营建稷下学宫

稷下学宫营建于齐桓公时期，齐威王时进一步繁荣，齐宣王时达到鼎盛，齐缗王后走向衰落，秦灭齐，稷下学宫随之而亡，前后经历了150余年。

稷下学宫因位于齐国临淄稷门附近而得名。齐国临淄故城位于今山东淄博市临淄区齐都镇，东临淄河，西依系水（俗名泥河），南望牛山、稷山，东、北两面是辽阔的平原。公元前9世纪50年代，齐国第七代国君齐献公将都城由薄姑迁都于此，直到公元前221年秦灭齐。临淄作为姜齐和田齐的都城长达630余年，是我国古代历史上规模最大的早期城市之一。[①]

稷下学宫的兴建与齐国具有较强的国力分不开。从地理环境来讲，齐国地处东部，其北部的燕国国力不足，其西南的鲁国也没有实力与之抗衡。诸侯各国争霸的主要战场在中原，所以，齐国与其他国家相比少受战乱之苦。从经济发展来看，齐国自太公确立"工商立国"和管仲发展四民之业以来，就形成了发展工商业的历史传统和基础，农业、手工业和商业都比较发达。《晏子春秋·内篇杂下》记载："临淄三百闾，张袂成阴，挥汗成雨，比肩继踵而在。"临淄城人口众多，经济发达，是流动人口汇聚之地。齐文化具有自由开放、兼容并蓄的特征，为稷下学宫的修建提供了良好的文化生态。

当田氏代齐完成了政权的交替之后，需要通过霸业来稳定和巩固自己的政治地位，广招天下贤士就成为田齐的一个重要举措。田齐凭借国力助推养士之风，由私人养士转为国家政府养士，士人为国家所用。修建稷下学宫就是为了广招人才，为齐国富国强兵出谋划策，为齐国培养人才，这是稷下学宫修建在齐国的直接原因。

（二）稷下学宫的盛况

齐桓公时期，招揽天下文学、游说之士到稷下学宫传道授业，著述论辩，命名为"大夫"。齐威王为了革新政治、整顿吏治、选贤任能，广开言路，需要贤能之士，进一步扩建

[①] 群力：《临淄齐国故城勘探纪要》，《文物》第5期，1972年5月，第45页。

稷下学宫，此后，稷下学宫进入繁荣发展时期。

公元前319年，齐宣王即位，重用人才，威震诸侯。他实行开明政策，大力发展稷下学宫，采取了"趋士""贵士""好士"等众多礼贤下士的措施，封赏稷下学士，任命为"上大夫"，允许他们参与国事、匡正官吏乃至国君的过失等等。同时，还为稷下学士提供优厚的物质待遇，"自如淳于髡以下，皆命曰列大夫，为开第康庄之衢，高门大屋，尊宠之"（《史记·孟子荀卿列传》）。天下贤士闻风而来，齐聚稷下学宫，齐宣王"喜文学游说之士，自如邹衍、淳于髡、田骈、接予、慎到、环渊至徒七十六人，皆赐列第，为上大夫，不治而议论。是以齐稷下学士复盛，且数百千人"（《史记·田敬仲完世家》）。

稷下学士们主张不同，通过著书立说、讲习议论，相互展开学术争鸣。当时，黄老之学、阴阳五行思想、儒家思想、法家思想、兵家学说、纵横学说等汇聚一堂，这在中国文化史上是十分罕见的文化盛况。《汉书·艺文志》记载，稷下学宫时期诸子有《管子》《晏子春秋》《司马法》《荀子》《荀卿赋》《黄帝四经》《尹文子》《慎子》《田子》《宋子》《邹子》《邹子终始》《邹奭子》《鲁仲连子》《捷子》《内业》《弟子职》《公梼生终始》等著作传世。这些文献后来大多遗失，及至宋代出现了一个研究稷下学的高潮，才使得稷下学得以延续下来。

齐湣王前期，稷下学士一度多达数万人；齐湣王后期，由于他穷兵黩武，并拒绝稷下学士们的劝谏，导致学士们纷纷离去。同时，学宫的供给也入不敷出，状况日下，及至燕国大将乐毅率兵攻入临淄，稷下学宫遂被迫停办。

齐襄王即位后，田单收复被燕国占据的失地，齐国复国。齐襄王努力复兴稷下学宫，但稷下学宫已经元气大伤，无法恢复到往日的繁荣。公元前221年，秦灭齐，历时150余年的稷下学宫随之灭亡。

稷下学宫遗址位于齐故城西南，其范围北起今临淄区齐都镇长胡同村南，南至西关村西、刘家庄村南，西至遄台左右，东至齐故城小城西门和南西门。2003年，临淄区政府在此区域内树立遗址标志碑一座（图3-1），以为纪念。

图3-1 稷下学宫遗址

（三）稷下黄老之学

稷下学派众多，其中黄老之学是稷下学宫的主流学说之一，田齐政权为了证明自身的合法性，宣称黄帝是田氏祖先，姜氏是炎帝后裔，田氏的祖先又与老子同为陈国苦县人，所以田齐政权就选择了黄老之学作为自己的官方思想。

黄老之学将黄帝与老子相结合，呈现出不同于原始道家的思想特征。大体来看，黄老之学是积极为现实服务的，它综合吸收了各家思想，儒、墨、道、法等思想都在这一学派中有所体现。

慎到、田骈、接予、环渊等是黄老学派鼎盛时期的学者，其中影响力最大的是慎到、田骈，他们的思想特色是道法融合，从"道"引申出刑名法术之学，其特色是"以虚无为本，以因循为用"（《史记·太史公自序》），他们认为，"道"是世界万物的本体，是空虚的、无形的、无为的，无倾向性、预定性，一切都顺其自然，万物按照无为之理自行运转，就是"德"；道的本性是无为，由于没有前定的倾向，所以它是普遍的、公平的，又是有规律的、必然的，而礼义法度生于道、合乎道，是自然生成又不可抗拒的，由此，黄老学派区别于鄙弃礼法的老庄学派，而高度肯定"法"与"礼""义"；由于道是虚而无形的，是无为的，因此领悟道需要虚静专一、弃知去己，抛弃师心自用、主观臆想，应顺应事物自然之理，而不是将主观思想强加于事物本身，这就是"道贵因"，因应、因循都是"不与万物异理"，也就是真正的"无为"；因循物理的具体表现是因形立名，形名相符，即"形名"之学，"名"既是名称概念，又是等级名分、职位名号、赏罚尺度等，它比"法"的概念更宽泛，他们认为，"名"是"形"的派生物，统治者只要遵循物理，使名与形自相调适，天下就能大治，形名思想启迪了韩非"循名责实"的思想；慎到、田骈的思想终点是"事断于法"，因为"法"体现了"道"公正无私的精神，所以人人必须遵守，也乐于遵守，"法"是有效调节社会矛盾、保证社会运转的手段。慎到、田骈还主张"故立天子以为天下，非立天下以为天子也"（《慎子·德威》），从而与片面强调君主权威的韩非有所区别。

稷下百家争鸣的主要内容

黄老之学虽然在战国时期没有发挥其应有的作用，但对后来的西汉王朝以及从战争中建立政权的王朝都有战后重建、积极恢复经济发展、稳定政治的功效，影响深远。

二、稷下百家争鸣的主要内容

战国时期，稷下学宫作为当时最高学术中心，是百家争鸣的主场。稷下学宫的争鸣主要围绕王道与霸道、义与利、天与人等问题展开，这些问题是当时人们所关心的社会与人生的主要问题。①

（一）王道与霸道

稷下学者讨论最多的就是政治问题，他们围绕着诸侯国的基本国策，也就是实行王道还是霸道，展开了讨论。

所谓王道，就是诸侯国在处理与其他各国关系时，在不违背当时的政治制度、礼仪制度和民风民情的前提下，依照道德礼教实行仁义之政，以仁义教化征服天下，实现大一统。所谓霸道，就是不遵守制度和道德规范而专横行事，作为国家来讲就是以武力、刑法、权势等方法处理与他国的关系。

---

① 本部分主要参考安作璋、王志民主编《齐鲁文化通史·春秋战国卷》（中华书局，2004）的相关内容。

主张王道的重要代表是孟子。他认为历史的发展遵循五百年循环一次的规律，五百年就出现一个实行王道的圣人。"以力假仁者霸"，通过强力假借仁的名号就是霸道，"以德行仁者王"，通过德行实行仁政的就是王道。他认为真正的王者是以德服天下而不是以霸称天下，他主张实行王道，因为"以力服人者，非心服也"，"以德服人者，中心悦而诚服也"（《孟子·公孙丑上》），霸道并不能使国家长治久安，只有得民心者，才能得天下。

荀子虽然崇尚王道，但他对霸道并不完全否定。他认为："道王者之法，与王者之人为之，则亦王；道霸者之法，与霸道之人为之，则亦霸。"称霸的人只要能够做到"诚义乎志意，加义乎法则度量"，就可以由"信立而霸"，从而实现"义立而王"（《荀子·王霸》）的目的。不论是实行王道还是霸道，归根到底在于使人心归服。如果要人心归服，人民拥护，就要有一套服人之道，这就是礼法、德威结合，而又以礼德为主，以法威为辅。

《管子》①这部书中则主张王霸之道，认为实行王道还是霸道要根据具体情况而定。所谓"霸王者有时"，"以备待时，以时兴事"，认为"弱国众，合强以攻弱，以图霸。强国少，合小以攻大，以图王"（《管子·霸言》）。强国多，可以联合强国攻打弱国，实行霸道。强国少，可以联合小国攻打大国，以图谋王道。

（二） 义与利

义利观是稷下学宫的学者们讨论的主要话题之一，对此最具代表性的人物是孟子、荀子，另外还体现在《管子》这部书中。

孟子在继承孔子义利观的基础上，提出了"君子喻于义，小人喻于利"的思想主张，将义与利对立起来。梁惠王曾问孟子说："不远千里而来，亦将有以利吾国乎？"孟子回答说："王！何必曰利？亦有仁义而已矣。"进而告诫梁惠王说："上下交征利而国危矣。"（《孟子·梁惠王上》）孟子告诫梁惠王，一个国家上上下下的人都追求利益，那么这个国家就要危险了。孟子的义利观体现了鲁国的义利思想。

荀子把义利与现实社会紧密联系在一起。"义与利者，人之所两有也。虽尧、舜不能去民之欲利……虽桀、纣亦不能去民之好义"（《荀子·大略》），他认为对利的追求是人的本性，好利避害就是人的天性，但他并不认为人可以无穷无尽地追逐利益，应该克制自己的私欲，不能放纵自己的欲望，从而避免社会的不安定和混乱。为了防止人们毫无节制的贪欲，荀子主张"制礼义以分之"（《荀子·王制》），即用礼义制度约束人们的物质欲求，教育人们要"先义而后利者荣，先利而后义者辱"（《荀子·荣辱》），反对唯利是图。

《管子》主张义利并重，"厚爱利足以亲之，明智礼足以教之"（《管子·权修》），"仓廪实则知礼节，衣食足则知荣辱"（《管子·牧民》）。一方面讲礼仪教化，另一方面尊重人们的利益需求。《管子》将礼义廉耻看成"国之四维"，"一维绝则倾，二维绝则危，三维绝则覆，四维绝则灭"（《管子·牧民》），将道德建设看成国家兴亡的基础。《管子》的义利观代

---

① 关于《管子》一书的详细介绍，参阅本书第五章第三节有关部分。

表了齐国的义利思想。

《管子》和荀子的思想代表了稷下学者们主流的义利观，既肯定人们对物质利益追求的合理性，又主张用道德规范来约束人们的欲望。

（三）天与人

天人关系是稷下学宫的学者们讨论的另一个重要话题。

孟子认为，天主宰人的命运，天命具有至高无上的地位。人们的生死、事业的成败、王朝的更迭、天下的治乱等都由天命控制，"莫非命也"。在孟子看来，人的心性就是天命，孟子说："尽其心者，知其性也。知其性，则知天矣。"（《孟子·尽心上》）他将"尽心""知性""知天"的思维逻辑与对天的认知联系起来，他认为从人的本性来讲，人天生就有仁、义、礼、智四种潜在的特质，天与人具有相通之处，人通过存心养性，不断地扩充仁、义、礼、智"四端"的作用，从而使得天人达成合一。由于心性与天命相通，通过知天命进而掌握自己的命运。

荀子认为，天有天的职能，人有人的本分。"天行有常，不为尧存，不为桀亡。应之以治则吉，应之以乱则凶。强本而节用，则天不能贫；养备而动时，则天不能病；循道而不忒，则天不能祸。"（《荀子·天论》）明白这个道理的人才是有智慧的人，"故明于天人之分，则可谓至人矣"（《荀子·天论》）。天的运行有自己的规律，不以人们的意志为转移。他还认为，"大天而思之，孰与物畜而制之？从天而颂之，孰与制天命而用之？"（《荀子·天论》）推崇天而思慕它，不如把天当作物质而控制它，顺从天而歌颂它，不如掌握它的规律而利用它。荀子提出的"明于天人之分"和"制天命而用之"（《荀子·天论》）的思想，具有划时代的意义。

《管子》则认为，"天不变其常，地不易其则，春夏秋冬不更其节，古今一也"（《管子·形势》）。天、地遵循自然法则，有自己的运行规律，古往今来都是一样的。人应该顺应天的变化而变化，"天之所助，其小必大；天之所违，虽成必败。顺天者有其功，逆天者怀其凶"（《管子·形势》）。告诫人们要顺应天命。同时，他认为人有主观能动性，对于大自然的运行变化规律，人可以认知、掌握和利用。人们可以从影响农业生产的天气变化、气温变化和水土变化等自然现象中，学会利用自然界的资源，为人类的生产实践所用。

此外，还有许多问题都是稷下学宫中各家讨论的问题，如关于人性论的问题，先秦时期著名的人性善、人性恶、性无善恶之分等观点都与稷下学者有着密切关系。

三、稷下学术精神

稷下学宫汇聚天下英才，开创了一个集传播文化、培养人才、学术争鸣、参政议政为一体的高等教育模式①，为后世留下了宝贵的财富。

（一）兼容并蓄，百家争鸣

在稷下学宫，学派众多，他们的主张、学说各不相同，却能够在同一个舞台上并存，呈现出丰富多彩、精彩纷呈的局面，如黄老之说、儒家学说、法家主张、名家思想以及阴阳五行等等。

各家各派为了宣传自己的主张，一方面宣扬自家学说的优势，另一方面要积极否定或者抨击其他各家学说。为了以理服人，不仅要研究自己的学说，还要研究如何否定、反对其他各家主张，找到对方的不足，以便更好地反驳其主张、抨击其学说。在这种心态支配下，出现了各家学派相互切磋、自由辩论、针锋相对的学术交锋，展现了强大的学术生命力，促进了学术的交流与繁荣。

各家在辩难中，不断完善学说体系，出现了互相学习、融合的现象，从而造就了稷下学派兼容并蓄的博大胸怀和独树一帜的求真精神。

（二）学术研究，立足现实

思想的火种来自对现实社会的观察与思考，学术研究离不开现实生活提出的问题。他们讨论王道与霸道、名与利、天人关系和人性的善恶是非等诸问题，无一不是直面现实社会的困境而进行的思考与追问。梁启超认为，诸子百家学说无不都是为了拯救国家而提出的多种方案，"皆起于时势之需求而救其偏敝"②，这些议论时政、救时之弊的主张，其核心就是从现实出发，解决各诸侯国所面临的社会问题、国家发展等相关问题。

（三）善于继承，勇于创新

稷下学宫之所以能够在齐国出现，与齐文化密切相关。齐文化具有继承和创新的优良传统。

稷下学宫各家学说的形成，都是在继承前人文化成果的基础上，实现了文化的创新发展。如稷下儒学主要是在继承孔子儒学的基础上，孟子和荀子从不同方向对儒学进行了发展。再如阴阳五行说是对此前阴阳和五行学说的融合发展。稷下学宫产生了各种不同的学说或主张，是学术创新的最佳例证。百家争鸣、学术交锋，就是继承和创新的过程，这为中国传统文化注入了强大的生命力。

（四）争锋辩难，贵在融通

稷下学宫发展最盛时多达数千人，即便衰微时也有数以百计的学者，

稷下学宫的作用
及其历史地位

---

① 稷下学宫作为最高学府的办学成就参见本书第八章第三节。
② 梁启超：《中国古代学术流变研究》，山西人民出版社，2014，第60页。

他们分属不同的学派，坚持各自的主张，辩论成为他们交流的重要方式之一。

各派之间在自由辩论和互相批判的过程中，相互渗透、吸收和融合。例如孟子在批判道家杨朱学说的同时，吸收了黄老学派的精气说，形成了孟子的"浩然之气"理论。在与法家学说的交锋中，吸收了《管子》的某些经济思想，使得儒家在民本理论上更具有现实意义。在辩论中，各派逐渐形成了你中有我、我中有你、相互融通的局面。诸子百家"其言虽殊，辟（譬）犹水火，相灭亦相生也。仁之与义，敬之与和，相反而皆相成也"（《汉书·艺文志》）。先秦诸子互相攻伐，水火不相容，又相反相成、互相依存。

四、稷下学宫的影响

稷下学宫前后存续 150 余年，这百余年间，是战国中后期社会生产力发展最迅猛、社会变革更深入的一个历史时代。稷下学宫的设立与发展，对当时社会和以后的历史产生了巨大的影响。

（一）稷下学宫的作用

1. 传播文化

稷下学宫由于学士众多，名人汇聚，是领先时代潮流的高等学府，战国时期没有哪个诸侯国的学府能够与之匹敌。其他各国的人才也纷纷以来稷下学宫学习为荣，令其他诸侯国望尘莫及。由于不同国家、不同地区、不同学者汇聚于此，所以，稷下学宫具有容纳各家各派的气度和心胸，不同的文化在此交融，极大地促进了文化的传播。

稷下先生们多著书立说，编撰了众多文化典籍。由于诸子著书成为时尚，居西部边陲的秦国在强大之后，也效仿东方诸子著书。据《汉书·艺文志》记载，先秦流传到汉代的书籍大约有六略 38 种，596 家，13269 卷。这些典籍对典藏文化、传播文化有巨大贡献。

2. 创生思想

稷下学宫作为不同学派的学者和各种思想文化汇聚之地，其作用不仅在于文化的传播与传承，更表现在它所富有的创造力。在稷下学宫，不同学派的学者展开了针锋相对的学术大辩论，不同思想的正面交锋，使得这里成为百家争鸣的学术高地。儒家、法家、墨家、兵家、阴阳五行、黄老学说、纵横家、名家等等，他们直面社会现实，关切生命价值，关注道德是非，追寻世界的本原，思考人类的前途和命运，在相互辩难、质疑、批判、反思中，稷下学宫成为学术争鸣的大熔炉，锻造出新主张，创生出新思想，从而加速了不同学说之间的交流与融合、创新与发展。各家各派无不吸收了其他各家思想，以丰富自己的学说。尤为重要的是齐文化和鲁文化加速了融合，使得齐鲁文化以此为契机得到了空前的发展与繁荣。

3. 参政议政

春秋战国时期，各诸侯国无不招揽人才，以平治天下。"人君之欲平治天下而垂荣名者，必尊贤而下士"（《说苑·尊贤》），各诸侯纷纷以丰厚的待遇招徕人才。同时，稷下学士热衷于积极入世，以自己的学说和主张被诸侯国采纳为荣。稷下学士踊跃向国君进言献策。对稷下学士的主张，国君有时采纳，有时未必采纳。比如齐湣王"矜功不休，百姓不堪。诸儒谏不从，各分散，慎到、捷子亡去，田骈如薛，而孙卿适楚"（《盐铁论·论儒》）。在主张不被采纳时，他们往往选择去别的国家继续参政议政。这种来去自由，合则留，不合则去的宽松人文环境，极大地鼓舞了士人对参政议政的热情。

稷下学者为齐王提供政治咨询，稷下学宫成为他们参政议政的中心，形成了稷下先生"喜议政事""不治而议论"的习惯。宽松的政治环境为稷下学者提供了良好的参政条件，他们积极为国家出谋划策。

（二）稷下学宫的历史地位

稷下学宫汇聚了战国时期的著名学者，"稷下之士"多达70余人，在这里培养人才、传播文化、辩论是非、参政议政、关心社会发展问题，形成了百家争鸣的繁荣景象。稷下学宫在中国历史上是第一次思想大解放和学术文化大繁荣。近代以来，治学者对稷下学宫多有赞誉。郭沫若称："这稷下之学的设置，在中国文化史上实在是有划时代的意义……发展到能够以学术思想为自由研究的对象，这是社会的进步，不用说也就促进了学术思想的进步。"[①]

作为战国时期百家争鸣的中心，稷下学宫充分发挥了文化主阵地的作用。齐国政府为稷下学士提供了优厚的人才待遇，而且稷下学士拥有言论自由和来去自由的权利。提倡"合则留，不合则去""不任职而论国事"，各抒己见的学术风气充分体现了齐文化"宽缓阔达，而足智，好议论"（《史记·货殖列传》）的民风民俗。先秦诸子九流十家基本上都到稷下学宫参加过学术活动，他们之间通过辩论争鸣，形成自己的一家之言。各家各派在对立中实现了互相学习，形成你中有我，我中有你的文化交融的格局，促进了思想文化的繁荣。

稷下学宫是战国文化发展史上的一座里程碑。稷下学宫是出于齐国国家利益而建立的，它的建立使齐国能够在战国激烈的实力和智慧较量中处于不败之地。各诸侯国心生仰慕，竞相效仿，于是秦国产生了吕不韦门馆，燕国出现了燕下都学馆，楚国诞生了兰台学馆，同时，战国四公子分别设立了门馆。各国均效仿齐国以优厚的待遇招徕人才，虽然这些学馆和门馆都不及稷下学宫的规模与影响力，但是对各个国家和地区而言也是文人汇集与文化传播的中心，有力地促进了各地文化的发展与繁荣。

稷下之学对后世文化产生深远影响，不仅是秦汉时期思想文化的直接源头，也是后

[①] 郭沫若：《十批判书》，人民出版社，1954，第135页。

世中国学术的主要源头。有学者认为:"从秦汉时期各学派的发展状况看,其源头皆来自齐,这就是说皆与稷下学有渊源关系。从居于统治地位的儒学看,两汉经学基本上都渊源于荀学。"①

秦朝的建立,与韩非和李斯的贡献分不开,两人都是稷下学者荀子的学生。汉初实行黄老之学,采取与民休息的统治方略,黄老之学正是稷下学宫的主流学派。"稷下之学在中国文化发展史上树起了一座丰碑,它承前启后,总结了我国先秦时代的文化成就,开创了百家争鸣的一代新风,促成了中国历史第一次思想大解放、学术文化大繁荣的黄金时代的到来;同时,稷下之学开启秦汉文化发展之源,对秦汉及以后中国文化的发展与繁荣产生了深远影响"②。

汉武帝采纳董仲舒的建议以儒学为封建正统思想,而汉代儒学是齐鲁文化融合下的儒学,里面包含着稷下学宫的阴阳五行等学说。稷下之学,到宋代仍是学者们研究的热点问题。

作为齐国建立最早的学术中心,稷下学宫以思想开放兼容、学术百家争鸣著称于世,它一直是当时的思想文化中心,繁荣时期汇聚的学者达数千人,有力地推动了诸子学派的发展,促使齐鲁文化升华为中华民族的主流文化,是轴心时代中国文化的代表。

本章小结

在古代社会交通不发达,信息不通畅的时代背景下,世界各早期不同文明地区在历史的发展进程中却出现了同步发展繁荣的景象。这一历史现象的出现,给我们带来了惊喜,也带来了更多的思考。

不同的民族选择不同的制度,走不同的发展道路,为人类文明做出了各具特色的贡献。轴心时代诞生了对人类发展至关重要的思想者:泰勒斯、毕达哥拉斯、苏格拉底、柏拉图、亚里士多德;乔达摩·悉达多;老子、孔子、孟子、墨子、庄子、韩非子、孙子、荀子;等等。仰望星空,东、西方的思想家们思考的是相同的问题,寻找到的却是不同的答案。关于天人关系、是非善恶、人的本性、此生与彼岸、世界的本原、认识与方法,还有人从哪里来、到哪里去的终极关怀等,他们的答案闪耀着人类理性的光辉。这是一个颠覆与重建的时代,这是一个交流与融合、继承与创新的时代,他们的问题无不来自于他们生活的时代,他们的答案无一不是解决时代问题的方案。

---

① 罗祖基:《再论齐鲁文化研究中的几个问题》,《管子学刊》1988 年第 4 期。
② 安作璋、王志民主编:《齐鲁文化通史·春秋战国卷》,中华书局,2004,第 489 页。

诞生在齐地的稷下学宫，正如雅典的柏拉图学园、吕克昂学园和印度的鹿野苑一样，都是轴心时代各文化中的思想高地。在稷下学宫里，学者们生活无忧，学术自由，传道授业，积极参政，互相辩难，融合发展，这有力地促进了中国传统文化的发展，并对后世产生了深远的影响。

思考与实践

一、思考题

1. 结合所学，谈谈稷下学宫在齐鲁文化发展中的作用。
2. 根据所学，分析稷下百家争鸣与春秋战国百家争鸣的关系。
3. 百家争鸣的主题对我们当代社会生活有什么启示和意义？
4. 结合所学，分析轴心时代东、西方文化的共同性和差异性。
5. 结合所学，谈谈轴心时代的文化成果对此后世界文化发展的影响。

二、实践题

1. 调查研究：选择山东齐地和鲁地的某地为调查对象，比较研究齐风与鲁风的异同。
2. 结合下列材料，就你对新时代中西文化关系的认识，写一篇小论文。之后，与同学们举行一次专题交流活动。

材料：2018 年 9 月 15 日，新华网、大众网、齐鲁网等新闻媒体分别以"稷下学宫与柏拉图学园临淄对话探寻'人类命运共同体'""稷下学宫'牵手'柏拉图学园""稷下学宫与柏拉图学园——中希古典文明高峰论坛在临淄开幕"为题报道了这次中西学术文化交流对话的盛事。来自雅典大学、亚里士多德大学和北京大学、清华大学等国内外大学的近 40 名著名专家、学者汇聚齐国故都临淄，就稷下学宫与柏拉图学园及其相关中西古典文明学术问题进行高端研讨。

参考文献

[1] 安作璋，王志民. 齐鲁文化通史：春秋战国卷[M]. 北京：中华书局，2004.

[2] 孟祥才，胡新生. 齐鲁思想文化史：先秦秦汉卷[M]. 济南：山东大学出版社，2003.

[3] 李梅. 轴心时代的中国思想：先秦诸子研究[M]. 北京：商务印书馆，2019.

[4] [德]卡尔·雅斯贝斯. 历史的起源与目标[M]. 魏楚雄，俞新天，译. 北京：华夏出版社，1989.

[5] [古希腊]柏拉图. 柏拉图对话录[M]. 水建馥，译. 北京：商务印书馆，2013.

[6] [古希腊]柏拉图. 理想国[M]. 郭斌和，张竹明，译. 北京：商务印书馆，1986.

[7] [古印度]奥义书[M]. 黄宝生，译. 北京：商务印书馆，2010.

[8] 梁漱溟. 东西方文化及其哲学[M]. 北京：商务印书馆，1999.

[9] 陈来. 古代思想文化的世界：春秋时代的宗教、伦理与社会思想[M]. 北京：生活•读书•新知三联书店，2002.

第四章

齐鲁传统思想（上）

思想观念是文化的核心，它包括宗教信仰、道德、价值观、法律政治观念等。人的行动是受思想观念支配的，不管是文学艺术、科学知识等精神产品，还是衣食住行、民情风俗等生活方式，都是某一思想观念支配下的产物。历史上，齐鲁大地诞生了许多影响深远的思想家及其学说，尤其是春秋战国时期的儒家、墨家、兵家、阴阳家、黄老之学等，它们或在此诞生，或与齐鲁大地有着密不可分的联系，都对中华文明做出了重要贡献。

本章重点介绍春秋战国时期与鲁国关系密切的两个重要思想流派：儒家和墨家。孔子维护周礼、以仁释礼，是儒家学派的创始人；孟子从性善论出发，继续深化了对"仁"的理解和认识，将道德自觉上升为人与动物的区别，并提出了仁政学说；荀子则从性恶论出发，强调"化性起伪""文礼隆盛"，推崇"礼"的作用，主张用外在的礼义师法改造人性。墨家是以儒家的反对者面目出现的，他们提出了"非乐""节葬""兼爱"，对儒家的礼乐、仁爱思想进行了批评，并提出了"非攻""尚贤""尚同""天志""明鬼""非命""节用"等观点，墨家还在科技方面取得了不少成就。

齐鲁思想的早期发展

春秋战国时期的齐鲁思想

秦汉时期的齐鲁思想

第一节 儒家学说

先秦儒家主要有三个代表性人物：孔子、孟子和荀子。孔子是千古思想伟人，对中国和世界都有深刻影响；孟子被称为亚圣，他继承发展了孔子的思想路线，使儒学思想体系更加完善；荀子则以儒学改革者自居，他吸取了儒家、道家、墨家、名家、法家的部分思想，成为先秦思想的集大成者。先秦儒家的思想贴近现实、贴近生活，所以并不晦涩难懂。下面就让我们一起来领略他们的思想。

一、孔子与儒学的创立

儒学作为一个学派，是由孔子创立的，他的思想对后世产生了深远影响。汉代以后到辛亥革命前，孔子的圣人地位从未发生动摇，一直是"至圣先师""万世师表"。儒家思想一直是中国传统文化的主流，孔子也是中华民族传统文化的象征。

孔子与儒学的创立

（一）孔子的生平

图4-1 孔子像

孔子（公元前551—前479年，图4-1），名丘，字仲尼，鲁国陬邑（今山东曲阜市东南）人。他的祖先是宋国贵族，在血统上属于殷人后代，由于他的家族在政治斗争中失去了贵族地位，遂迁居到鲁国。他的父亲叔梁纥做过陬邑宰。孔子早年则做过委吏、乘田等小吏，后曾为鲁司寇，但在职时间不长。此后，他携弟子周游列国长达13年之久，希望能找到实现其治世理想的机会，可惜未能如愿。年老后，他又回到了鲁国，并在家乡去世。

孔子身处动荡、变革的时代，周王室的权威日渐衰落，诸侯间战争不断，各国内部的斗争也很激烈，他有志于重建社会秩序，有很大的政治抱负，除了积极谋求从政，他也用很大的精力整理传统文献，并广泛地招收弟子进行传授。他"述而不作"，《易》《诗》《书》《礼》《乐》（今佚）、《春秋》"六经"都是他之前的文化遗产，经他整理得以保存流传下来，为传承古代文化遗产做出了贡献。他将各门知识教给主要来自社会下层的弟子们，希望他们成为对社会有用的人，对文化的广泛传播发挥了重要作用，也开了普及教育的先河。他的思想主要保存在《论语》一书中，《论语》是他的弟子、再传弟子记载下来的他及弟子的言论，是研究其思想最主要的可靠资料。

（二）孔子的思想

孔子的基本思想主张可以概括为维护周礼、利义之辩、以仁释礼，以及在此基础上的扩展和发挥。

1. 维护周礼

孔子面对的最大问题就是礼崩乐坏导致的社会秩序混乱、价值观混乱，周礼不再能规范人们的行为，由此产生了各种社会问题。因此，他的思想起点就是维护周礼，要求恢复周礼的权威，要求贵族们重新按周礼行动。

礼，狭义上指仪文，广义上则指节度秩序。周礼，是西周初年统治者制定的一整套经济政治制度、道德规范、仪式礼节，核心内容是以血缘关系为纽带的等级制、分封制、世袭制。其起源是原始巫术礼仪基础上的氏族统治体系，礼是整个社会的组织原则，是社会得以正常运行的根本保证，它对所有的社会成员都有一定的强制性、约束力，其本质是未成文的习惯法。整个社会就是通过这一未成文法，形成了团结、有序、规范的状态，人与人之间从而超越了动物群体争执不断的状态，和睦相处，生产、生活才能够正常进行。礼不是凭空产生的，它是人们从原始社会以来的生存经验的积累、总结和升华，凝结了人们的最高生存智慧。

孔子说："殷因于夏礼，所损益，可知也；周因于殷礼，所损益，可知也。其或继周者，虽百世，可知也。"（《论语·为政》）"周监于二代，郁郁乎文哉！吾从周。"（《论语·八佾》）可见，他一方面认识到了礼随时代发展、累积的特点，另一方面又认为周礼是最完善、最合理的形态。春秋时期，周天子权威削弱，旧的社会秩序正在崩塌，新的社会秩序尚未形成，孔子主张恢复周礼，主要希望能够恢复原有的社会秩序，他提出的恢复秩序的方法就是"正名"。

《论语·子路》记载："子路曰：卫君待子而为政，子将奚先？子曰：必也正名乎！子路曰：有是哉！子之迂也！奚其正？子曰：野哉，由也！君子于其所不知，盖阙如也。名不正，则言不顺；言不顺，则事不成；事不成，则礼乐不兴；礼乐不兴，则刑罚不中；刑罚不中，则民无所错手足。"也就是说，为政以正名为本，正名就是要使有某一"名分"的人能够履行、完成这一名分所要求的任务。有名就要有实，"君"就要符合"君"这一名分所要求的行为规范，实现为"君"的责任和目标，同样的，拥有其他名分的人也要完成他们相应的义务，这也就是孔子所说的"君君、臣臣、父父、子子"，每一个人都各安其分、各守其位，社会就能井井有条，不再混乱。孔子认为当时社会失序的问题根源就在于许多人或"越权",或"失位",他说:"天下有道,则礼乐征伐自天子出;天下无道,则礼乐征伐自诸侯出。"(《论语·季氏》)天子无法履行其责任,诸侯越俎代庖,正是当时最主要的问题,所以孔子从维护周礼出发进行思考,抓住了问题的关键。儒家学说后来也被称为"名教",原因就在这里。

2. 义利之辩

礼的依据是什么?人们为什么要服从礼的约束?当时一般的观点认为,礼来自天,以"天道"为依据,"礼以顺天,天之道也"(《左传·文公十五年》)。孔子摄礼归义,将礼的根基归于人的自觉。这些思想体现在他对义、利的辨析中。

义就是"宜",应该,正当,社会中的每个人都有一定的应该做的事,必须为做而做,因为做这些事在道德上是对的。如果做这些事是出于非道德的考虑,那么即使做了应该做的事,这种行为也不是义的行为,而是我们常说的"逐利"行为,不是义行、义举。"子曰:君子义以为质,礼以行之,孙以出之,信以成之。君子哉。"(《论语·卫灵公》)义是礼的实质,礼是为了"行义"。人处在社会之中,必须要履行一些义务,这些义务的本质就是应该,只有每个人都履行了义务,社会作为一个群体才能维系下去、不断发展,生活在这一社会中的人才能享受到秩序所带来的便利。而礼所包含的礼节、礼仪、礼制等,都是义的表现,如尊老爱幼、孝敬父母、待人友善,都是义的外在行为。礼是可以改变的,但义是不变的,孔子虽然重视礼,但并非僵化地认为所有的礼都应万世不变,"子曰:麻冕,礼也;今也纯,俭,吾从众。拜下,礼也;今拜乎上,泰也。虽违众,吾从下"(《论语·子罕》)。外在的礼节、仪文是服务于内在的义的,只要合于义,就可以做改变;如果不合于义,那么虽然社会风气都是如此,孔子也要加以反对。

与"义"关系密切的还有两个问题,第一个问题是"知命"。从义的观念发展出"为而无所求"①的思想。孔子被讥讽为"知其不可而为之者",孔子的弟子针对这种讥讽,回答:"君子之仕也,行其义也。道之不行,已知之矣。"(《论语·微子》)也就是说,孔子的努力并非是因为知道所做的事情会成功才努力的,相反,他是明知道不会成功仍要去做的。"道之将行也与,命也;道之将废也与,命也。"(《论语·宪问》)在这里,"命"是指天命、天意,后期儒家将命视为"宇宙间一切存在的条件和一切在运动的力量",人的活动要取得成功总是需要各种条件的配合,但是外在条件却在人的控制范围之外,"因此,人所能做的只是:竭尽己力,成败在所不计。这种人生态度就是'知命'"②。要做儒家所说的君子,知命是一个重要的必要条件。所以孔子说:"不知命,无以为君子也。"(《论语·尧曰》)知命,就会永不失败,因为只要尽了义务,就算成功了,外在的成败对是否尽义务没有影响。知命的人不会患得患失,永远快乐,"知者不惑,仁者不忧,勇者不惧"(《论语·子罕》)。相反,就永远无法快乐,所以,"君子坦荡荡,小人长戚戚"(《论语·述而》)。

---

① 冯友兰:《中国哲学简史》,新世界出版社,2004,第39页。
② 冯友兰:《中国哲学简史》,新世界出版社,2004,第39-40页。

第二个问题是"直"。这是价值判断的原则问题，也就是什么样的行为才是"义"？《论语·子路》记载："叶公语孔子曰：'吾党有直躬者，其父攘羊，而子证之。'孔子曰：'吾党之直者异于是：父为子隐，子为父隐。——直在其中矣。'"到底是儿子举报犯罪的父亲是对的，还是子为父隐才是对的？孔子讨论的"直"其实意味着普遍的道德原则需要结合具体事情进行分析，而不能教条地遵从，有罪必罚是维系社会的普遍原则，"攘羊"是犯罪，社会对这一行为进行处罚是合理的，也是社会的责任；但是这一抽象原则并不要求每一个人都成为惩罚犯罪的冷酷机器，具体到父子亲情上，对个体来说，维系亲情的义务大于、高于处罚犯罪的义务，所以"子为父隐"好于"子证父罪"。当然，对于孔子的观点可以有不同的看法，但是从这件事可以知道孔子的"义"不是抽象的，而是具体的，每件事都需要具体判断。"子路曰：'愿闻子之志。'子曰：'老者安之，朋友信之，少者怀之。'"（《论语·公冶长》）也就是说，一个人对不同的人有不同的义务，需要具体问题具体处理。

3. 以仁释礼

"仁"是孔子思想的主要范畴，也是他思想的终点。礼是因循，仁是孔子的创造，儒学也被称为"仁学"。

人在社会中应该履行一定的义务，做必须做的事情。这些义务的本质，就是"爱人"，"爱人"就是仁，"樊迟问仁。子曰：爱人。"（《论语·颜渊》）父行父道爱其子，子行子道爱其父。爱人，就是爱同为一个社会群体中的人，就是爱人类，希望所有人都能过上幸福的生活，而不是仇视社会，或者反人类。社会义务的核心，就是在自己幸福生活、健康发展的同时，兼顾其他人的幸福和发展，为他人、为社会做一些事情，帮助他人、促进社会更好的发展，不将自己的幸福建筑在别人的痛苦上，而是整个社会中的人和睦、互助，共建美好未来。

孔子所讲的仁爱，不是泛泛而谈的、空洞的爱，而是一个由多种要素组成的完整体系，"构成这个思想模式和仁学结构的四因素分别是血缘基础、心理原则、人道主义、个体人格。其整体特征则是实践理性"[①]，所以它能消解外来干扰，长期在中国社会中发挥巨大的作用。

第一，"仁"以血缘关系为基础。礼是以血缘为基础的，宗法制以血缘为基础，从纵横两个方面构筑了统治体系。仁爱不同于墨子的兼爱，不是平等地爱所有人，而是"爱有等差"，从爱父母、爱兄弟开始向外推及他人，最终爱所有的人，爱父母是"孝"，爱兄弟是"悌"，孝悌是"人之本"。

第二，"仁"是一种心理原则。礼是对人外在的束缚，国家权威是它运行的保障，但是春秋时期，周天子势力衰落，礼无人维护，所以产生了对礼的怀疑、反对。孔子维护周礼，不再依赖外在权威，而将它付诸个人的心理原则。宰我反对三年之孝，孔子认为，"子生三年，然后免于父母之怀。夫三年之丧，天下之通丧也，予也有三年之爱于其父母乎"

---

① 李泽厚：《中国古代思想史论》，人民出版社，1985，第16页。本文下面的论述参照了这一观点。

（《论语·阳货》）。将"三年之丧"的传统礼制归结为亲子之爱，将"礼"诉诸心理依靠，把礼从外在的规范解释为人心的内在要求，由服从于外在权威转为服从于自己的心理需要，从而更易接受、实践，并使儒学能够替代宗教的功能。

第三，"仁"是一种人道主义。它强调人与人之间的秩序、团结、互助、协调，反对过分的压迫，强调人与人之间互相的社会责任，父母兄弟、君臣上下之间互相都负有一定的责任和义务，既互相依赖，也互相成就。

第四，"仁"突出了个体人格。孔子将复兴周礼的重任交给"君子"，强调"克己复礼为仁"（《论语·颜渊》），主张个人通过勤奋学习、锻炼意志，承担社会责任，"士不可以不弘毅，任重而道远。仁以为己任，不亦重乎？死而后已，不亦远乎"（《论语·泰伯》），仁使个体人格达到一种很高的境界，"志士仁人，无求生以害仁，有杀身以成仁"（《论语·卫灵公》），"三军可夺帅也，匹夫不可夺志也"（《论语·子罕》）。"仁"成为一种有价值的人生观，使君子可以与宗教徒一样具备拯救世界的理想、自我牺牲的献身精神。

怎样做才能符合"仁"的要求呢？简单地说，就是要实行"忠恕之道"，"己所不欲，勿施于人"（《论语·颜渊》）；"夫仁者，己欲立而立人，己欲达而达人"（《论语·雍也》）。己所不欲、勿施于人是推己及人的否定方面，就是恕，己欲立而立人、己欲达而达人是推己及人的肯定方面，是"忠"。忠恕之道作为实行仁的方法，既简单易行，又内涵丰富，是为人处世的黄金法则，也是维护社会稳定的重要途径。只要每个人都能设身处地为他人着想，奉献、牺牲，人与人之间的矛盾和争端就会减少。

总之，孔子整理古代文献，设置私塾，向下层传播文化，继承、维护周礼，致力于恢复社会秩序。他以仁释礼，创造性地创立了儒家学说，对此后的历史产生了久远而深刻的影响。正如有学者指出的那样："对待人生、生活的积极进取精神，服从理性的清醒态度，重实用轻思辨，重人事轻鬼神，善于协调群体，在人事日用中保持情欲的满足与平衡，避开反理性的炽热迷狂和愚盲服从……，它终于成为汉民族的一种无意识的集体原型现象，构成了一种民族性的文化心理结构。"①儒家思想不仅是精英文化的内核，也是民俗文化的灵魂。

二、孟子对儒学的发展

任何一门学说都需要不断发展，否则就无法获得持续的生命力。在孔子之后，首先是孟子对儒家学说进行了改造、发展，他对儒家学说的思想贡献并不亚于孔子，韩愈将儒家道统的发展历程描述为："尧以是传之舜，舜以是传之禹，禹以是传之汤，汤以是传之文、武、周公，文、武、周公传之孔子，孔子传之孟轲。轲之死，不得其传焉。"（《原道》）朱熹说："自尧舜以下，若不生个孔子，后人去何处讨分晓？孔子后若无个孟子，也未有分晓。"（《朱子语类》）孟子被尊为亚圣，儒学也被称为

孟子对儒学的发展

---

① 李泽厚：《中国古代思想史论》，人民出版社，1985，第32页。

孔孟之道，孟子的影响非常深远，尤其是宋明理学、心学思想体系均以他的思想为基础。

（一）孟子的生平

孟子（约公元前372—前289年，图4-2），名轲，战国时期鲁国邹（今山东邹城市东南）人，他出生时距孔子去世100余年，受业于子思（孔子之孙）之门人。他非常推崇孔子，并以孔子继承者自命，"伯夷，圣之清者也；伊尹，圣之任者也；柳下惠，圣之和者也；孔子，圣之时者也。孔子之谓集大成。集大成也者，金声而玉振之也"（《孟子·万章下》），"自生民以来，未有盛于孔子也"，"乃所愿，则学孔子也"（《孟子·公孙丑上》）。

孟子也曾像孔子一样周游列国，去过齐、梁、鲁、邹、滕、薛、宋等国，希望能受到重用、实施自己的政治主张，可惜都未成功。不过，他对诸侯的态度并非乞

图4-2 孟子像

求、谄媚，而是经常当面批评、质问甚至讥讽他们，虽然政治上未能成功，但是他的思想在战国中后期一直影响很大。与孔子所处的时代不同，孟子是在与诸子百家的辩论中维护、发展儒家学说的，他在思想上的竞争对手主要有杨朱、墨翟、法家、农家等，他是在激烈的理论交锋中提出、论证自己的观点的，所以虽然他以孔子继承者自居，但实际上其思想较孔子有很大发展，他对儒学的贡献也并不亚于孔子。

（二）孟子的思想

孔子以"仁"释"礼"，将外在的不成文习惯法建立在个人的心理原则基础上，将对习惯法的遵守视为人的内在心理需要，人们之所以遵守"礼"的约束，是因为人有仁爱之心，对父母兄弟、对家庭、对他人、对社会抱有仁爱，所以才心甘情愿尊礼守法，实行忠恕之道，推己及人，在考虑自己感受的同时，兼顾他人的感受和需要，共同维护整个社会秩序。孟子向内、向外两个方向发展了"仁"，向内，他提出了性善说，认为人的本质是善的，进一步为"仁"奠定了心理基础；向外，他一方面将"仁"发展为"仁政王道"，成为政治原则和纲领，另一方面使"善"成为提高个人人格修养的必由之路，成为个体的处世之道。

1. 性善论

孟子提出性善论是为了回答一个问题，那就是人在社会生活中为什么要实行忠恕之道？为什么要行义而不是逐利？当时，关于人性的主张有这样几种：人性既不善也不恶（告子的观点）；人性既可善又可恶；有些人性善，有些人性恶。孟子所说的人性善，并非指人生来就善，就是尧舜，他的观点其实更接近人性既可善又可恶，只不过，他认为人的本质是"善"，人性中还有与动物共有的一些成分，这些成分无所谓善恶，但是不加以控制，就会通向恶。他认为这些成分不属于人性，不是人的本质，人之所以为人，之所以能区别于

动物,就在于人性,"人之所以异于禽兽者几希,庶民去之,君子存之"(《孟子·离娄下》)。

孟子认为,人心有"四端",这"四端"就是仁、义、礼、智的种子。他论述道:"所以谓人皆有不忍人之心者,今人乍见孺子将入于井,皆有怵惕恻隐之心——非所以内交于孺子之父母也,非所以要誉于乡党朋友也,非恶其声而然也。由是观之,无恻隐之心,非人也;无羞恶之心,非人也;无辞让之心,非人也;无是非之心,非人也。恻隐之心,仁之端也;羞恶之心,义之端也;辞让之心,礼之端也;是非之心,智之端也。人之有是四端也,犹其有四体也。有是四端而自谓不能者,自贼者也;谓其君不能者,贼其君者也。凡有四端于我者,知皆扩而充之矣。若火之始然,泉之始达。苟能充之,足以保四海;苟不充之,不足以事父母。"(《孟子·公孙丑上》)

在这段经典论述中,孟子所要表达的是,人的价值意识源于内在的自觉,人在生活中,时时刻刻都有"应该不应该"的自觉判断,这种判断与从利害出发的判断是不同的,在"乍见孺子将入于井"这一情境下,人心中首先泛起的是"不忍人之心",人对生命苦难、生命毁灭的基本判断是"不应该",这就是怵惕恻隐之心,"兔死狐悲,物伤其类",这种同情心、同理心正是孔子"推己及人"的基础。同样的,人在面对很多情境时,也会产生羞恶、辞让、是非等自觉判断和选择,这些都是"应该不应该"的问题,人可以超越利害、形体的束缚,做出道德的判断和选择。"仁义礼智,非由外铄我也,我固有之也,弗思耳矣。"(《孟子·告子上》)仁义礼智不是外在强加于人的,而是人的本性中所固有的,这就是孟子的"性善论"的核心思想。

所有人的本性中都有此"四端",但"端"只是微光,并非完成了的善,需要充分扩充。是否扩充,是个体的选择,与人性善恶无关,"求则得之,舍则失之"(《孟子·告子上》)。将它们扩充之后,就是四常德,再扩充,就是仁政王道。如果不扩充,那人就会回归到禽兽状态,跟动物没有区别,但那是人没有发挥其本质,而不是他没有这一本质。

> 孟子见梁惠王。王曰:"叟!不远千里而来,亦将有以利吾国乎?"
> 孟子对曰:"王!何必曰利?亦有仁义而已矣。王曰,'何以利吾国?'大夫曰,'何以利吾家?'士庶人曰,'何以利吾身?'上下交征利而国危矣。万乘之国,弑其君者,必千乘之家;千乘之国,弑其君者,必百乘之家。万取千焉,千取百焉,不为不多矣。苟为后义而先利,不夺不餍。未有仁而遗其亲者也,未有义而后其君者也。王亦曰仁义而已矣,何必曰利?"
> ——《孟子·梁惠王上》

在这一点上,孟子与其他学派划分了界限。墨家主张"兼爱",平等地爱所有人,但是他这种爱是外部人为地附加于人的;儒家的仁爱主张爱有差等,"善推其所为","老吾老,以及人之老;幼吾幼,以及人之幼"(《孟子·梁惠王上》)。仁爱是从人性内部自然地发展出来的,是人所固有的。墨子对于人为什么应当行仁义的回答也是功利主义的,爱人是因为对自己有利,社会、国家存在也是因为它们有用;杨朱主张为我,拔一毛以利天下而不为也,其原则是利己。这些当时流行的观点都将利益放在了重要的位置,而孟子则重仁义轻功利。

利是特殊的，每个人的利益都不相同，如果大家都只追逐个人的特殊利益，结果必然会互相争夺；义是普遍的，除了个人的利益，还有家庭、集体、国家、社会的利益，所以要用道德约束个人的行为，而这种道德并非外在强加给个人的，是个人的自觉选择，因为个人有维护其他人、维护社会的自觉性。不管是国家、社会、家庭都不应该只是利益的结合，父母、兄弟之间更应以义聚，而不是争于利。

2. 仁政王道

孟子将"四端"推到君王身上，认为如果君王能够发展自己的四端，就能够实行仁政王道，"人皆有不忍人之心。先王有不忍人之心，斯有不忍人之政矣"（《孟子·公孙丑上》）。不忍人之心即是恻隐之心，仁是恻隐之心的发展，仁的核心就是"爱人"，就是推己及人，王道就是圣王推己及人、实行忠恕的结果。齐宣王不忍心看到牛被杀，"吾不忍其觳觫，若无罪而就死地"（《孟子·梁惠王上》）。孟子认为，只要他把这种"不忍心"推广到人事上，就是王道。齐宣王认为自己有好货、好色的缺点，孟子认为这是每个人都有的欲望，齐宣王只需要像满足自己的欲望一样，采取措施尽可能满足所有人的欲望，这样做就是王道。这就是"善推其所为""推恩"，仁政是对忠恕之道的推广和扩充，"老吾老，以及人之老，幼吾幼，以及人之幼。天下可运于掌。《诗》云：'刑于寡妻，至于兄弟，以御于家邦。'言举斯心加诸彼而已。故推恩足以保四海，不推恩无以保妻子"（《孟子·梁惠王上》）。这样，忠恕就从内圣之道扩展成了外王之道。

孔子发挥西周"敬德保民"的思想，主张"德政"，而孟子提出的"仁政"思想则更加系统、完整。与孔子着眼维护旧秩序不同，孟子的立足点在于建立新秩序。人们的生活需要国家和秩序，人类社会之所以区别于动物世界，就在于这种秩序，"人之有道也，饱食、煖衣、逸居而无教，则近于禽兽。圣人有忧之，使契为司徒，教以人伦，——父子有亲，君臣有义，夫妇有别，长幼有叙，朋友有信"（《孟子·滕文公上》）。统治国家有两种方法，一种是通过暴力，另一种是德治，前者是霸道，后者则是王道。"以力假仁者霸，霸必有大国；以德行仁者王，王不待大——汤以七十里，文王以百里。以力服人者，非心服也，力不赡也；以德服人者，中心悦而诚服也，如七十子之服孔子也。《诗》云：'自西自东，自南自北，无思不服。'此之谓也。"（《孟子·公孙丑上》）

实行王道，人民就会心悦诚服，国家就会长治久安；不实行王道，就会失去民心，统治就不能长久，此时政权就会发生转移，孟子的这种观点是孔子所不曾有的。"孟子曰：三代之得天下也以仁，其失天下也以不仁。国之所以废兴存亡者亦然。天子不仁，不保四海；诸侯不仁，不保社稷；卿大夫不仁，不保宗庙；士庶人不仁，不保四体。今恶死亡而乐不仁，是犹恶醉而强酒"，"桀纣之失天下也，失其民也；失其民者，失其心也。得天下有道：得其民，斯得天下矣；得其民有道：得其心，斯得民矣"（《孟子·离娄上》）。决定政权得失的是民心，所以得天下并非"受命于天"，天命就是民心，"《太誓》曰，'天视自我民视，天听自我民听，'此之谓也"（《孟子·万章上》）。在此基础上，孟子得出了"民贵君轻"的结论，"民为贵，社稷次之，君为轻。是故得乎丘民而为天子，得乎天子为诸侯，得乎诸侯为大夫"（《孟子·尽心下》）。如果君不合格，民可以推翻他，因此，孟子肯定汤武革命，"齐宣王问曰：汤放桀，武王伐纣，有诸？孟子对曰：于传有之。曰：臣弑其君，可乎？曰：贼仁者谓之'贼'，贼义者谓之'残'。残贼之人谓之'一夫'。闻诛一夫纣矣，未闻弑君也。"（《孟子·梁惠王下》）

仁政的核心是保民，"保民而王，莫之能御也"，"地方百里而可以王，王如施仁政于民，省刑罚，薄税敛，深耕易耨；壮者以暇日修其孝悌忠信，入以事其父兄，出以事其长上"（《孟子·梁惠王上》），保民最重要的是使民众能够在生活上富足，而不是严刑峻法，"无恒产而有恒心者，惟士为能。若民，则无恒产，因无恒心。苟无恒心，放辟邪侈，无不为已。及陷于罪，然后从而刑之，是罔民也。焉有仁人在位罔民而可为也？是故明君制民之产，必使仰足以事父母，俯足以畜妻子，乐岁终身饱，凶年免于死亡；然后驱而之善，故民之从之也轻"（《孟子·梁惠王上》）。孟子提出了井田制理想，"方里而井，井九百亩，其中为公田，八家皆私百亩，同养公田；公事毕，然后敢治私事"（《孟子·滕文公上》）。孟子幻想实行井田制后大家能够自给自足，"五亩之宅，树之以桑，五十者可以衣帛矣。鸡豚狗彘之畜，无失其时，七十者可以食肉矣。百亩之田，勿夺其时，八口之家可以无饥矣。谨庠序之教，申之以孝悌之义，颁白者不负戴于道路矣。老者衣帛食肉，黎民不饥不寒，然而不王者，未之有也"（《孟子·梁惠王上》）。孟子还强调要"取于民有制""与民同乐""不违农时"，核心思想都在于争取民心。

在使民安乐的同时，还要充分实行教化，"壮者以暇日修其孝悌忠信，入以事其父兄，出以事其长上"，"谨庠序之教，申之以孝悌之义"（《孟子·梁惠王上》）。通过教育，使大家都能遵守儒家提倡的以孝悌为核心的社会秩序。同时，要"尊贤使能"，"尊贤使能，俊杰在位，则天下之士皆悦，而愿立于其朝矣"（《孟子·公孙丑上》）。君臣之间是一定程度上的平等合作关系，"君有过则谏，反复之而不听，则去"（《孟子·万章下》），"君之视臣如手足，则臣视君如腹心；君之视臣如犬马，则臣视君如国人；君之视臣如土芥，则臣视君如寇仇"（《孟子·离娄下》）。

3. 人格修养

孟子从内圣开出外王之道，但他的思想倾向总体而言是向内的，"人有恒言，皆曰：'天下国家。'天下之本在国，国之本在家，家之本在身"（《孟子·离娄上》）。就是说，孟子思想的最终落脚点在个人身上，他在个体人格修养方面提出了许多有价值的观点。

从性善论出发，他认为人的道德观念是人心固有的，"人之所不学而能者，其良能也；所不虑而知者，其良知也。孩提之童无不知爱其亲者，及其长也，无不知敬其兄也。亲亲，仁也；敬长，义也；无他，达之天下也"（《孟子·尽心上》）。因此，人格修养的核心就在于保持自己天生的良知良能，"大人者，不失其赤子之心者也"（《孟子·离娄下》）。这种修养无须四处求索，只需返回自己的内心，保持、扩充自己的善端，"万物皆备于我矣。反身而诚，乐莫大焉。强恕而行，求仁莫近焉"（《孟子·尽心上》）。反身而诚，关键是尽心，"尽其心者，知其性也。知其性，则知天矣。存其心，养其性，所以事天也。夭寿不贰，修身以俟之，所以立命也"（《孟子·尽心上》）。与尽心相对应的，就是"求放心"，"仁，人心也；义，人路也。舍其路而弗由，放其心而不知求，哀哉！人有鸡犬放，则知求之；有放心而不知求。学问之道无他，求其放心而已矣"（《孟子·告子上》）。尽心、"求放心"就是保持内心的善，使它不被外界干扰、诱惑，"养心莫善于寡欲。其为人也寡欲，虽有不存焉者，寡矣；其为人也多欲，虽有存焉者，寡矣"（《孟子·尽心下》）。

  修身的最高境界就是要养成"浩然之气"，这种浩然之气"难言也。其为气也，至大至刚，以直养而无害，则塞于天地之间。其为气也，配义与道；无是，馁也。是集义所生者，非义袭而取之也。行有不慊于心，则馁矣"（《孟子·公孙丑上》）。这种浩然之气又叫作"平旦之气"或"夜气"，"其日夜之所息，平旦之气，其好恶与人相近也者几希，则其旦昼之所为，有梏亡之矣。梏之反覆，则其夜气不足以存；夜气不足以存，则其违禽兽不远矣"（《孟子·告子上》）。虽然浩然之气有神秘色彩，但它实质上是指通过道德修养所获得的一种精神状态，存养浩然之气的方法是"知道"和"集义"，知道就是明白提高精神境界的道，集义就是做仁义之道所要求做的事情，这样，就能自然而然地获得浩然之气，这种修养切忌"揠苗助长"，不然只会适得其反。

  孟子描绘了激励人心的人格理想，"居天下之广居，立天下之正位，行天下之大道；得志，与民由之；不得志，独行其道。富贵不能淫，贫贱不能移，威武不能屈，此之谓大丈夫"（《孟子·滕文公下》），"生亦我所欲也，义亦我所欲也；二者不可得兼，舍生而取义者也。生亦我所欲，所欲有甚于生者，故不为苟得也；死亦我所恶，所恶有甚于死者，故患有所不辟也。"（《孟子·告子上》）孔曰成仁，孟曰取义，一脉相承的是对个体人格、道德自觉的褒扬，是对主体自我选择的肯定，主体不需要服从外在的权威，一样能主动选择担负道德责任，为社会乃至人类全体的幸福做出牺牲，这种选择赋予了人生更积极的意义。

  孟子认为，"人皆可以为尧舜"（《孟子·告子下》）。他肯定人的价值，并认为人应该积极地面对困难，使自己的人生更有价值。"孟子曰：舜发于畎亩之中，傅说举于版筑之间，胶鬲举于鱼盐之中，管夷吾举于士，孙叔敖举于海，百里奚举于市。故天将降大任于是人也，必先苦其心志，劳其筋骨，饿其体肤，空乏其身，行拂乱其所为，所以动心忍性，曾益其所不能。人恒过，然后能改；困于心，衡于虑，而后作；征于色，发于声，而后喻。入则无法家拂士，出则无敌国外患者，国恒亡。然后知生于忧患而死于安乐也。"（《孟子·告子下》）生于忧患，死于安乐，做人不被动地等待时机成熟，而要在不利的外在环境中寻找机会，实现自己的价值，"待文王而后兴者，凡民也。若夫豪杰之士，虽无文王犹兴"（《孟子·尽心上》）。这些思想后来成为中华民族知识分子特有的人格理想，产生了深远的影响。

三、荀子对儒学的发展

荀子生于孟子之后,韩非之前,以儒学改革者自居,对子张、子夏、子游,甚至曾子等都进行了批评。他吸取了儒家、道家、墨家、名家、法家的部分思想,成为先秦思想的集大成者。"荀子倡性恶而言师法,盘旋冲突,终堕入权威主义,遂生法家,大悖儒学之义"①,荀子的思想中蕴含着诸多法治思想的因素,他的学生李斯、韩非都是法家学说的代表,在秦国统一六国的过程中发挥了重要作用。

荀子法治思想及其影响

(一) 荀子的生平

荀子(图 4-3),名况,字卿,又称孙卿,战国末期赵国人,其确切生卒年不可考。"年五十始来游学于齐"②。此时,田骈等已去世,"而荀卿最为老师",也就是说荀子是当时稷下学宫资历最深的宗师,并曾"三为祭酒",后遭人毁谤,于是离开齐国来到楚国,春申君让他担任兰陵令。春申君死后,他被罢官,居兰陵(今山东兰陵县)著书,死后即葬于此地。

图4-3 荀子像

现存《荀子》是经刘向整理编定的,基本为荀子所做,也有少数是其弟子所记述的。在书中,他多次称道孔子、子贡,可以肯定的是,荀子是师承儒家思想的。不过,作为先秦儒家最后一位大师,他广泛吸取了道、墨、名、法等多家思想,发展出了独树一帜的儒家思想,荀子的思想在中国历史上一直发挥着重要影响作用。

(二) 荀子的思想

1. 人性恶

《荀子·性恶》中认为:"人之性恶,其善者伪也。今人之性,生而有好利焉,顺是,故争夺生而辞让亡焉;生而有疾恶焉,顺是,故残贼生而忠信亡焉;生而有耳目之欲,有好声色焉,顺是,故淫乱生而礼义文理亡焉。然则从人之性,顺人之情,必出于争夺,合于犯分乱理而归于暴。故必将有师法之化,礼义之道,然后出于辞让,合于文理而归于治。用此观之,然则人之性恶明矣,其善者伪也。"

表面上看,荀子的"性恶论"与孟子的"性善论"针锋相对,其实两人所说的"性"并不相同。孟子指的是人的本质,也就是人之所以为人,在于人具有"价值自觉","仁义

---

① 劳思光:《新编中国哲学史(一)》,三联书店,2019,第 319 页。
② 学者们对荀子来齐时间有争议,有人认为《史记》"年五十"为"十五"之误。另外,荀子的确切生卒年无法确证,只能大体确定其活动年代为公元前 298—前 238 年。

礼智"的道德要求源于人内心的价值自觉，也就是恻隐之心、羞恶之心、辞让之心、是非之心"四端"。身为一个社会性存在，这种价值自觉是人之所以区别于动物的根本所在，没有这种价值自觉，就是"禽兽"，有了它，才算是一个人。荀子所说的"性"，则是强调人"生而有"的本能，"饥而欲饱，寒而欲暖，劳而欲休"，"目好色，耳好声，口好味，心好利，骨体肤理好愉佚"（《荀子·性恶》），这些本能大都是人与动物所共有的，人要维持生存，就要满足口腹耳目等需要。饥要食，渴要饮，这些生理欲求从道德的观点来看，是各种"恶"的发源地，如果完全顺从欲望，人就是恶的，所以需要外在的礼义师法加以限制，通过后天的人为努力才能获得道德的"善"。

荀子认为，人不是生来就善良的，善良是人后天培养出来的；孟子认为，人的本质是善良的，没有这个本质，人就不成其为人，只能算是禽兽，人类早已从动物世界中脱离出来，进入社会生活了，在社会生活中，人们形成了与人相处的行为规则，这套规则就是道德，这套规则也早已内化为人区别于动物的本质了。所以，荀子、孟子关于人性善恶的判断并不像表面看上去那么对立。

2. 化性起伪

从人性恶出发，荀子认为孟子的问题在于没有认识到"性伪之分"。他认为，"凡性者，天之就也，不可学，不可事；礼义者，圣人之所生也，人之所学而能，所事而成者也。不可学、不可事而在天者，谓之性。可学而能、可事而成之在人者，谓之伪，是性、伪之分也"（《荀子·性恶》）。也就是说，人身上的自然成分（动物性）是"性"，人身上的文化成分就是"伪"，也就是人为，是人的精神创造，这需要人通过努力才能够得到。

基于上述认识，他主张化性起伪。他强调所有人的人性都是一样的，"凡人之性者，尧、舜之与桀、跖，其性一也。君子之与小人，其性一也"（《荀子·性恶》），圣人、贤人、愚人、不肖之人的人性都是一样的，要得到道德观念，都需要努力学习，"积善而不息"，而所有人只要做到了这些，最终都可以成为圣人，也就是他说的"涂之人可以为禹"（《荀子·性恶》）。

"化性起伪"肯定人的主观能动性，强调主动的学习在这一过程中的重要作用，"性者，本始材朴也；伪者，文理隆盛也。无性则伪之无所加，无伪则性不能自美"（《荀子·礼论》），"文礼隆盛"，就是礼义道德，也就是人类的精神文化创造成果。没有人的努力，不可能有好的道德。"凡禹之所以为禹者，以其为仁义法正也。然则仁义法正有可知可能之理，然而涂之人也，皆有可以知仁义法正之质，皆有可以能仁义法正之具，然则其可以为禹明矣"（《荀子·性恶》）。普通人与圣人一样，都具备学习并掌握仁义法正的能力，通过学习，就可以做到圣人所能做到的，"仁义法正"是能否成圣的关键，而主动努力学习就是具体途径。

同时，他也强调教育、社会环境的重要作用，"可以为尧禹，可以为桀跖，可以为工匠，可以为农贾，在势注错习俗之所积耳"（《荀子·荣辱》），"干、越、夷、貉之子，生而同声，长而异俗、教使之然也"，"蓬生麻中，不扶而直。白沙在涅，与之俱黑"（《荀子·劝学》）。"故枸木必将待檃栝、烝、矫然后直，钝金必将待砻、厉然后利。今人之性恶，必将待师法然后正，得礼义然后治"（《荀子·性恶》）。这些言论是要证明，社会道德需要外在环境的训练和积累，由此，他肯定后天的礼义、法治对人性的教育、约束和改造，在这一点上他与法家的思想有一定的一致性。

荀子的性恶论是他提倡礼治、法治的理论根据。人的动物本性如果不加以限制，必然会引发各种无序和混乱，影响人们的正常社会生活，"故古者圣人以人之性恶，以为偏险而不正，悖乱而不治，故为之立君上之势以临之，明礼仪以化之，起法正以治之，重刑罚以禁之，使天下皆出于治，合于善也。是圣王之治而礼义之化也"（《荀子·性恶》）。所以，就需要君上用礼仪、法律、刑罚来对人们的行为加以控制、规范。"今人之性恶，必将待师法然后正，得礼义然后治。"（《荀子·性恶》）

3. 礼治与法治

荀子的问题在于，要怎样说明"性恶"的人为何会产生"善"的追求？他强调外在的礼义、法治等环境对人性的改造，但礼义、法治等道德价值观念起源自哪里呢？

荀子否定了孟子的先天道德观念，于是只能在外在的社会生活方面寻找根源。荀子的论证是，人不可能没有某种社会组织而生活，"故百技所成，所以养一人也。而能不能兼技，人不能兼官，离居不相待则穷"（《荀子·富国》），人们需要团结在一起，才能应对外在自然界的挑战，而为了维持正常的社会生活，人们就需要"礼"这种行为规则来调节、限制人们的欲望，荀子说："礼起于何也？曰：人生而有欲，欲而不得，则不能无求，求而无度量分界，则不能不争。争则乱，乱则穷。先王恶其乱也，故制礼义以分之，以养人之欲，给人之求。使欲必不穷乎物，物必不屈于欲，两者相持而长，是礼之所起也。"（《荀子·礼论》）从这段话来看，"礼"的产生有两个根源：一个是解决现实社会问题（由求而争而乱）的需要；一个是外在权威（先王）的创造。这种解释与墨家的功利主义有很大的相似性。

当然，荀子还有另外一种解释，那就是，"故人之所以为人者，非特以其二足而无毛也，以其有辨也。夫禽兽有父子而无父子之亲，有牝牡而无男女之别。——故人道莫不有辨。""辨莫大于分，分莫大于礼"（《荀子·非相》）。也就是说，"礼"是人精神的创造，是人为和文化的产物，人应当有社会关系和礼，因为只有它们才使人异于禽兽。这种解释，又与孟子有很多相似之处。

礼有礼节、礼仪、社会行为准则等含义。荀子特别强调"礼"的重要性，尤其重视礼的社会制度层面的意义，在这一点上，他与法家有共同之处。"请问为人君？曰：以礼分施，均遍而不偏。请问为人臣？曰：以礼待君，忠顺而不懈。请问为人父？曰：宽惠而有礼。请问为人子？曰：敬爱而致恭。请问为人兄？曰：慈爱而见友。请问为人弟？曰：敬诎而不苟。请问为人夫？曰：致功而不流，致临而有辨。请问为人妻？曰：夫有礼则柔从听侍，夫无礼则恐惧而自竦也。此道也，偏立而乱，俱立而治，其足以稽矣。"（《荀子·君道》）封建纲常伦理完全包容在礼的规范中。同时，荀子吸收了法家"法不阿贵"的思想，反对"世官世禄"，从而与孔孟以礼维护世袭制度的做法区别开来，但他又主张"由士以上则必以礼乐节之，众庶百姓则必以法数制之"（《荀子·富国》），与法家思想又有区别。荀子将法治引入礼治，使礼也有强制性质，但是终归礼不等于法，他隆礼而不隆法，虽然也强调刑罚的重要作用，"罪至重而刑至轻，庸人不知恶矣，乱莫大焉"（《荀子·正论》），但仍将仁义看作王道，反对"以便从事"的法家做派。

4. 君与权威主义

上面提到，荀子将"礼"产生的原因一部分归于外在权威（先王）的创造。由于他强调"礼"的外在制度层面的意义，而制度运行必须依赖权力，所以，他的学说又推崇"君"，由尊礼过渡到了尊君。"君者，何也？曰：能群也。""道者，何也？曰：君之所道也。"（《荀子·君道》）又说："而人君者，所以管分之枢要也。"（《荀子·富国》）他还说："礼有三本：天地者，生之本也；先祖者，类之本也；君师者，治之本也。"（《荀子·礼论》）"君者，民之原也。原清则流清，原浊则流浊。""请问为国？曰：闻修身，未尝闻为国也。君者仪也，民者景也，仪正而景正。君者槃也，民者水也，槃圆而水圆。……楚庄王好细腰，故朝有饿人。故曰：闻修身，未尝闻为国也。"（《荀子·君道》）对君主的推崇使他走向了权威主义，从而与法家思想有了内在的共通性，所以他的学生韩非沿着他的思想路线继续向前，成为法家集大成者。

不过，荀子走向权威主义并非其本意，他在谈到"法"时，总是强调人比法更重要。《荀子·君道》云："有乱君，无乱国；有治人，无治法。羿之法非亡也，而羿不世中；禹之法犹存，而夏不世王。故法不能独立，类不能自行；得其人则存，失其人则亡。法者，治之端也；君子者，法之原也。"总体上看，他仍然是重人轻法，重德治甚于重法治，与法家思想有区别。

第二节　墨家思想

不知大家是否熟悉"黔突暖席"这个成语？它出自《淮南子·修务训》，说的是孔子与墨子周游列国时，四处奔忙，每到一处，烟灶还没有被熏黑，席子还没有坐暖，又匆匆奔赴下一个地方。那么，他们这么做是为什么呢？简言之，是为了兴天下之利，除万民之害。墨学与儒学一样，是我们宝贵的精神财富。

一、墨子的生平

墨子生平

图4-4 墨子像

墨子①（图4-4），名翟，大约生活于春秋末战国初年。墨子是鲁国人，曾做过宋国的大夫。

墨子的祖籍在滕州（今山东滕州市）②，东汉高诱注《吕氏春秋》曰："墨子名翟，姓墨氏。鲁人。"据晚清学者孙诒让在《墨子传略》中考证，"鲁人"是指鲁国人。

据《滕县志》记载：在城东南十五里处有"孤驸山"，山南有名为"木石"者，怀疑是由"目夷"讹化而来。《续滕县志》记载，宋熙宁五年（1072年），徐州知州傅尧俞在滕县树立了"宋贤目夷群"石碑。

在今山东省滕州市建有一座墨子纪念馆，馆名由当代著名学者任继愈先生书写。为纪念墨子的祖先，在纪念馆的西面建有"目夷亭"。

关于墨子的出身与职业，学术界有一种观点认为，墨子出身于贵族。唐代林宝在《元和姓纂》中说，墨氏是孤竹君后人。孤竹君是墨胎氏，名初，是商朝的诸侯国孤竹国的第七位君主。墨胎氏后来改为墨氏，墨子就是他们的后人。史学家顾颉刚、童书业也认为墨子是贵族，为宋桓公之子目夷的后代。另一种观点则认为，墨子属于劳动者阶层。这一点在《墨子》中有很多证据。例如，《墨子·贵义》篇中记载，墨子到楚国游说，被楚惠王与大臣认为是"贱人"，即普通百姓。墨子言："故虽贱人也，上比之农，下比之药，曾不若一草之本乎？"也就是说，普通百姓的言论也不应该轻视，这表明他没有官职，应属于普通劳动阶层。但是，墨子又不同于一般的劳动者，《墨子·贵义》记有他的言语："上无君上之事，下无耕农之难。"他既没有国君授予的事务，应不是士大夫，也没有耕种的艰难，他周游时载着很多书。《淮南子·要略》记有："墨子学儒者之业，受孔子之术。"《墨子》中征引的文献涉及《诗》《书》《春秋》，这都证明墨子接受过比较系统的教育，他应是一位处在社会下层的士。③

墨子的职业是手工业者，并且技艺高超。在《墨子·鲁问》和《墨子·公输》中均记有墨子与公输般比试的故事，结果墨子战胜了以手工技巧著称的公输般，由此可以推知，墨子是经验丰富的工匠，还有军事防御方面的才能。

墨子在机械制造、光学、力学、数学等方面都有突出成就。

墨子应是木鸢的发明者之一，据《韩非子·外储说左上》记载，墨子用三年的时间制

---

① 关于墨子的姓，学术界有人认为"墨"是他的姓；有人则认为"墨"并非是他的姓，而是墨子可能受过墨刑。
② 学术界也有人认为墨子为宋国人，祖籍在今河南鲁山。
③ 刘乃溪、徐骆、姚之均编注：《诸子文选（下）》，浙江古籍出版社，2013，第2-3页。

造了木鸢,在天上飞翔了一天。他还制造了能载三十石的车辕;制作了杀伤力非常强劲的作战工具连弩车;利用杠杆原理制造桔槔机,用于提水;制作辘轳,等等。

墨子发现井或罂具备放大声音的作用,这是声音共振现象,于是将之作为监听敌人动向、进行防御的工具。

墨子做了最早的小孔成像的实验。《墨子·经下》说:"景到,在午有端,与景长,说在端。"《墨子·经说下》进行了进一步解释,因光沿着直线传播,通过小孔后,上面的光线向下面去,下面的光线向上面去,形成头在下脚在上的影像。他对平面镜、凹面镜、凸面镜成像进行了研究,得出了一系列几何光学的基本原理。

鉴于墨子对科学做出的巨大开创性贡献,他被后世尊称为"科圣"。

二、墨家学派及其思想主张

(一) 墨家学派

墨子为墨家学派的创始人,墨学为一时显学。《孟子·滕文公下》有云:"杨朱、墨翟之言盈天下,天下之言,不归杨则归墨。"意为杨朱、墨翟的言论充盈于天下,天下的言论,不是归于杨朱一派,就是归于墨家一派。杨朱是战国时期另一位思想家,是杨朱学派的创立者。

《韩非子·显学》说:"世之显学,儒、墨也。儒之所至,孔丘也。墨之所至,墨翟也。"意为当时世上最显赫的学派是儒家和墨家,儒家的代表人物是孔子,墨家的代表人物是墨翟。

墨家学派的领袖称为钜子,信徒称为墨者。墨家后来分成了三派,《韩非子·显学》称:"自墨子之死也,有相里氏之墨,有相夫氏之墨,有邓陵氏之墨。故孔、墨之后,儒分为八,墨离为三,取舍相反不同,而皆自谓真孔、墨,孔、墨不可复生,将谁使定后世之学乎?"

(二) 墨家学派的思想主张

墨家学派有十大主张,分别为兼爱、非攻、尚贤、尚同、节用、节葬、非乐、非命、天志、明鬼。其中,核心是"兼爱"。

> 若使天下兼相爱,国与国不相攻,家与家不相乱,盗贼无有,君臣父子皆能孝慈,若此,则天下治。故圣人以治天下为事者,恶得不禁恶而劝爱?故天下兼相爱则治,交相恶则乱。
> ——《墨子·兼爱》

墨子认为,若使天下之人都彼此友爱,则天下就会国家安定,家庭有稳定的生活,也就没有了盗贼,于是天下大治;倘若人们都相互憎恶,则会天下大乱。

墨子主张:"天下之人皆相爱,强不执弱,众不劫寡,富不侮贫,贵不敖贱,诈不欺愚。"(《墨子·兼爱》)故墨家的"兼爱"是无差等之爱。

墨子认为，社会上一切人只有"兼相爱"，才能"交相利"，这就要把"非攻"和"兼爱"联在一起，因此主张"非攻"，反对战争。《墨子·非攻》有言："是故古之仁人有天下者，必反大国之说，一天下之和，总四海之内，焉率天下之百姓，以农臣事上帝山川鬼神。"墨子用古代仁人治理天下来证明其观点，仁人必定反对大国攻战，而使天下和睦如一家，总领四海之内，率领天下的百姓致力于农业生产，以臣下之礼敬奉上天、山川、鬼神。

墨子尽力阻止可能发生的战争，《墨子·公输》记载了这样一件事："公输般为楚造云梯之械成，将以攻宋。子墨子闻之，起于齐，行十日十夜而至于郢，见公输般。……子墨子解带为城，以牒为械。公输般九设攻城之机变，子墨子九拒之。公输般之攻械尽，子墨子之守圉有余。"

楚国为了攻打宋国而请公输般制造了云梯。墨子为阻止战争的发生，不辞辛苦，走了十日十夜到了楚国都城郢（今湖北江陵）。两人进行了一场演习，公输般的攻城器械已经用尽，墨子的守御办法还有余。公输般最后折服了。

但是，公输般说："我知道用什么方法对付你，我不说。"墨子也说："我知道你的方法，我也不说。"楚王问其故，墨子说："公输子之意，不过欲杀臣。杀臣，宋莫能守，可攻也。然臣之弟子禽滑厘等三百人，已持臣守圉之器，在宋城上而待楚寇矣。虽杀臣，不能绝也。"楚王听后，道："善哉！吾请无攻宋矣。"就这样，墨子凭一己之力阻止了一场战争。

墨子实现兼爱、非攻的具体办法是尚贤、尚同。

尚贤，是主张打破阶级间的限制，选拔贤才。《墨子·尚贤》有云："故官无常贵，而民无终贱，有能则举之，无能则下之。"官员群体不是固化的，只要有才能就应被举荐，而无能的人应该被罢黜。主张选拔人才不拘一格，《墨子·尚贤》云："虽天亦不辨贫富、贵贱、远迩、亲疏，贤者举而尚之，不肖者抑而废之。"不分贫富、贵贱、远近、亲疏，只要是贤才就推举重用，而无才、品行不端者应该被压制或者废除。

尚同，即统一人们的思想之意。《墨子·尚同》云："古者，天之始生民，未有正长也，百姓为人。若苟百姓为人，是一人一义，十人十义，百人百义，千人千义，逮至人之众亦不可胜计也，则其所谓义者，亦不可胜计。此皆是其义，而非人之义，是以厚者有斗，而薄者有争。是故天下之欲同一天下之义也，是故选择贤者，立为天子。"

在人类社会的初始阶段，没有官长，百姓互相不相统属。每个人都有自己的义，都认为自己是正确的，容易发生争执甚至打斗，所以需要选择贤才为天子统一人们的思想。要用统一的标准来治家、治国、治天下，达到"治天下之国若治一家，使天下之民若使一夫"，使家国安定。墨家认为，尚同是治理国家的根本，是使社会安定的要领，即"为政之本而治要也"。

节用，是要求统治者节约民用之财，反对奢侈腐化的生活。《墨子·节用》说，圣人治理国家，治理天下，国家、天下的财利可以加倍增长。圣人是怎么增加财利的呢？"非外取地也，因其国家，去其无用，足以倍之。圣王为政，其发令兴事，使民用财也，无不加用而为者。是故用财不费，民德不劳，其兴利多矣。"也就是说，并不是向外掠夺土地，而是根据国家的情况减少了不必要的费用，因而足以加倍。圣明的君王当政，他发布政令兴办实业，使用民力与财力，无不是有益于实用才去做的。所以不浪费财物，不使民众辛劳，就增加了财利。

节葬，是反对厚葬，认为厚葬是浪费社会财富。节葬是节用的一个方面。

唐代诗人胡曾曾写下一首咏史诗《朝歌》："长嗟墨翟少风流，急管繁弦似寇仇。若解闻韶知肉味，朝歌欲到肯回头。"①这首诗反映的是墨家的"非乐"主张。墨子在游说途中，当听说前边即将到达的地方是朝歌时，赶紧令人调转车头绕道而行，因为这里是产生"新声靡乐""郑卫之声"的地方，是商纣王沉迷声色，致使国亡身死的地方。这也是"墨子回车"典故的来源。

非乐，即反对统治者纵情于音乐。墨子并不是不知道音乐之美，而是认为，做什么事情都要利国利民，"必务求兴天下之利，除天下之害"，而制造乐器需要聚敛百姓的钱财，"亏夺民衣食之财"，使百姓荒废了生产，而且音乐还能使人耽于荒淫。因此，"上考之不中圣王之事，下度之不中万民之利"，必须禁止音乐，主张非乐（《墨子·非乐》）。

非命，即主张人的祸福并非是由天命所决定的，而是由自己的行为导致的。墨子说，夏桀、商纣王统治时天下社会混乱，商汤、周武王统治时天下安定。天下得到治理是汤、武的努力。所以，"安危治乱，存乎上之为政也，则夫岂可谓有命哉！"（《墨子·非命》）天下的安、危、治、乱在于君主的施政，怎么可以说是由命决定的呢！

他认为，社会各阶级都不能相信天命，王公大人早上朝，晚退朝，不敢懈怠，听狱治政，努力取得安宁。卿大夫竭股肱之力，殚精竭力治理官府，征收赋税，努力保持高贵的地位，否则地位可能降低。农夫早出晚归，努力耕作，取得富裕，不努力就会贫穷。如果相信有"天命"，王公大人、卿大夫必会懒政，农夫必懒于耕作，妇人必懒于纺织，则会导致天下混乱，衣食财物不足。

在《墨子·非命》篇中，墨子提出了"三表法"：第一，"上本之于古者圣王之事"，即要以先代帝王的经验为根据；第二，"下原察百姓耳目之实"，即要以百姓的生活实际为根据；第三，"观其中国家百姓人民之利"，即观察是否符合国家与百姓的利益。这是墨子提出的判断是非真假的标准。

节用、节葬、非乐、非命的主张，既批判了当时"王公大人"奢侈腐化的生活，也是墨子"兼爱"与贤人政治主张的具体设想。

墨子主张天志、明鬼，他认为天是有意志的，鬼是存在的。《墨子·天志》有言："天子为善，天能赏之；天子为暴，天能罚之。"天子实行善政，上天能奖赏他；天子实行暴政，上天能惩罚他。《墨子·明鬼》说："鬼神之罚，不可为富贵众强，勇力强武，坚甲利兵，鬼神之罚必胜之。"鬼神的惩罚，不可能凭借富贵、强力、坚甲利兵避免，鬼神的惩罚一定

---

① 霍松林主编：《万首唐人绝句校注集评》，山西人民出版社，1991，第1042页。

会实现。

墨家把天和鬼作为制裁、恐吓当时统治者的一种工具，促使他们实现善政。这也是墨子推行自己整个学说所利用的宗教迷信工具，上天和鬼的意志实际上代表的是墨子自己的意志，既有进步作用，也有消极作用。

墨家的十大思想主张有机地联结在一起，构成了墨家的思想体系。那么，墨子如何推行这些主张呢？墨子回答："凡入国，必择务而从事焉。国家昏乱，则语之尚贤、尚同；国家贫，则语之节用、节葬；国家憙音湛湎，则语之非乐、非命；国家淫僻无礼，则语之尊天、事鬼；国家务夺侵凌，即语之兼爱、非攻。故曰：择务而从事焉。"（《墨子·鲁问》）

墨子推行其学说的原则，是针对一个国家最迫切需要解决的问题，推行相应的主张。对于政治黑暗、社会混乱的国家，主要推行尚贤、尚同；对于贫穷的国家，主要推行节用、节葬；对于喜好音乐、沉溺于享乐的国家，主要推行非乐、非命；对于放纵无礼的国家，主要推行尊天、事鬼；对于侵略凌辱别国的国家，主要推行兼爱、非攻。

墨子及其弟子不辞辛苦地积极推行与实践墨家思想，使墨家思想曾产生了广泛影响。但战国时期，各国混战，墨家的兼爱、非攻等思想主张不符合当时社会发展的需要，所以不可能完全实现。尽管如此，墨家思想中的精华是中国传统文化的一部分，墨家的平等兼爱、尊贤任能、俭省节约、积极救世、诚信守诺、锐意创新等精神对后世有着深远的影响。

本章小结

儒家思想与墨家思想有诸多不同，但是在直面现实、努力解决问题、立志建成理想世界上又是相通的，他们的不同主要是道路和方法的不同。

儒学在鲁国产生，与鲁国在周文化上的优势是分不开的。春秋的混乱，主要是由于经周公之手确定的宗法制面临挑战，周天子失去了作为天下共主的威严，王室衰微，君不君、臣不臣，覆盖在礼乐制度上的脉脉亲情和雍容华贵的面纱被无情地撕破，各种矛盾和斗争日趋激烈，"礼崩乐坏"就是对这一现象最好的描述。在这样的形势下，周礼在鲁国却得到了很好的保存。面对纷繁复杂的社会问题，孔子立志于恢复社会秩序，他所依仗的就是周礼，他的一生就致力于维护、恢复周礼，而方法则是"正名"，使君臣父子都能做到名实相副，各安其分。孔子整理古典文献六经，开设私学，周文化经孔子而得以继续发扬和传承。

孔子在维护周礼的同时，创造性地发展出了"仁学"，为周礼增添了人文内核。他以仁释礼，为人们遵循、实践周礼找到了内在依据，周礼是对人社会行为的限制、规范，作为个体的人为什么要遵守这些限制呢？孔子认为，这源于人的内在自觉，即为了个体和社会的健康发展，人在社会中主动选择履行一定的义务，这种义务概括起来核心就是"仁"，其本质就是爱人。这种爱不是空泛的，它以血缘关系为基础，首先要求人要做到孝悌，也就是爱父母和兄弟姐妹，从这种爱出发，最终爱所有的人；这种爱不是外在强加的，而是个体的自觉选择，是一种自发的心理需要，所以它容易被接受和实践；这种爱也不是单向的，而是相互的，父子、兄弟、君臣之间都互相负有不可推卸的义务和责任；为了实行仁，完成自己的义务，个体需要不断提高道德修养，主动担负起一定的社会责任。孔子的思想既深刻又易行，将政治、道德思想提升至全新的境界，因此影响深远，最终成为中国文化的主流思想。

孟子继承了子思"正心诚意"等思想，从"性善论"出发，主张人心固有仁、义、礼、智"四端"，亦即恻隐之心、羞恶之心、辞让之心、是非之心。而这"四心"只要加以扩充，就是四常德，再扩充就是仁政王道，他区分了国家治理中的王道、霸道，认为统治者只有得民心才是王道，如果不得民心，民众就可以推翻统治者，所以"民贵君轻"。实行仁政，就是要保民、争取民心，也就是要保证民众的生活富足，所以要推行井田制，施行教化。孟子由内圣开出外王之道，但其落脚点仍在个人身上，所以他对个体人格修养提出了许多有价值的观点，如反身而诚、尽心知性、求放心等，而最高理想就是通过"知道""集义"养成浩然之气，达到精神修养的最高境界。荀子则从"人性恶"出发，认为人生而有各种生理欲求，它们是各种"恶"的发源地，完全顺从欲望，人就是恶的，他主张"化性起伪"，用外在的礼义师法对欲望加以限制，通过后天的人为努力来获得善。所以荀子特别强调人的主观能动性，强调学习、教育、社会环境的重要作用。荀子重视"礼"的重要作用，并以法治充实礼治，以君权确保礼治的运行，最终走向了权威主义。

墨子的思想很多是针对儒家学说而发的，如兼爱、非儒、非乐、非葬等，都是对儒家思想的批判。如兼爱主张"爱无等差"，就是针对儒家的仁爱而言的，非葬反对孔子主张的久丧厚葬。与孔子强调"君子喻于义，小人喻于利"不同，墨子将"利"和"功"作为价值标准，"国家百姓人民之利"是最高标准，对国家百姓有利的才值得提倡，相反的都应加以反对，所以他主张兼相爱，交相利，以及非攻、节用、节葬、非乐、非命。为了说服人们，他又阐述了天志、明鬼等学说，引导人们实行兼爱。墨子崇尚"力""强"，主张非命，强调个人努力奋斗。墨家学说在当时是"显学"，其影响力不亚于儒家学说。在后世，虽然作为一个学派的墨家消失了，但是其思想影响并未消失，历代农民起义中的许多口号都还带有兼爱、尚贤、天志、明鬼、强力的色彩，儒家思想在发展中也吸收了墨家的许多思想观念。近代以来，墨学研究再次兴盛，得到了众多学者的关注和研究。

思考与实践

一、思考题

1. 孔子以仁释礼，儒学也被称为"仁学"，请结合自己与人相处的经验体会，思考"仁"对今天的我们都有哪些意义。

2. 孟子认为人性善,你是否赞同他的观点,为什么?

3. 荀子认为人性恶,你是否赞同他的观点,为什么?

4. 结合所学知识,分析墨家思想与儒家思想的区别。

5. 讨论:墨家有哪些精神值得我们学习与发扬?

二、实践题

1. 孟子描绘了一种崇高的人格理想,调查一下你周围的人都有什么样的人格理想,并在此基础上撰写一则调查报告。

2. 人性本恶、人性本善,对人性的不同认识会导致不同的处事方式,调查一下你的同学对人性本质的看法,听听他们的理由,再观察他们的处世之道,看看其间有无联系?在调查的基础上,审视一下信奉哪种观点的人在生活中更好相处?

3. 根据所学知识并查找相关资料,选取墨家的思想或故事编写一则历史短剧。

参考文献

[1] 杨伯峻. 论语译注[M]. 北京:中华书局,2017.

[2] 杨伯峻. 孟子译注[M]. 北京:中华书局,2010.

[3] (战国)荀况著,安小兰译注. 荀子[M]. 北京:中华书局,2007.

[4] 梁启雄. 荀子简释[M]. 北京:中华书局,1983.

[5] 吴毓江撰,孙启治点校. 墨子校注[M]. 北京:中华书局,1993.

[6] 徐希燕. 墨学研究:墨子学说的现代诠释[M]. 北京:商务印书馆,2001.

[7] 张永义. 墨子与中国文化[M]. 贵阳:贵州人民出版社,2001.

[8] (战国)墨翟著,王学典编译. 墨子[M]. 北京:中国纺织出版社,2007.

[9] 詹剑峰. 墨子及墨家研究[M]. 武汉:华中师范大学出版社,2007.

[10] 刘凯. 墨子诠解[M]. 北京:线装书局,2016.

[11] 邓滕生. 枣庄文化通览[M]. 济南:山东人民出版社,2012.

第五章

齐鲁传统思想（下）

　　春秋战国时期，在齐国也产生了许多有影响力的思想。本章重点介绍齐国的兵家思想、阴阳五行思想和法治思想。兵家主要介绍司马穰苴、孙武、孙膑及《司马法》《孙子兵法》《孙膑兵法》。《司马法》保存了先秦时期的古代战争"以仁为本"的思想，对战争的本质和决定胜败的关键因素有深刻认识；《孙子兵法》则贯彻了理性思维方法，对战争本身、战争与政治经济的关系理解更加深刻，并提出了一系列有效的战争策略，无愧于"兵学圣典"的称号；《孙膑兵法》对战争的认识更进一步，提出了各种行之有效的策略。邹衍是阴阳五行学说的代表，他的大九州地理观、五德终始历史观都是"以小推大"思维方法的运用，阴阳五行学说对中国的政治生活、民间生活都有巨大影响。管仲和晏婴都是齐国成功的政治家，《管子》《晏子春秋》虽属托名而作，但也在一定程度上反映了齐国流行的社会治理思想，这种思想的特征就是礼法并用，礼治与法治相结合。

第一节　兵家思想

> 春秋时期，战争越来越多，其规模也越来越大，越来越惨烈。战争给人们的日常生活造成了巨大的破坏，也激发了人们研究战争的热情，而齐国的兵家思想在当时处于领先水平。学习兵家的智慧，有助于我们更加睿智地面对、解决人生中遇到的各种问题，因此具有重要意义。需要注意的是，纸上谈兵历来是兵家大忌，只有活学活用，才是学习兵家思想的最好方法。

一、司马穰苴与《司马法》

司马穰苴与《司马法》

司马穰苴是与孔子、晏婴等人同时代的著名将领，《司马穰苴兵法》是中国著名兵书之一，在宋神宗时期，被列为《武经七书》之一，成为宋朝以来武举考试的基本教材。不过，司马穰苴并不姓司马，《司马穰苴兵法》也并非他亲手所著。但是，身为一个有作为的军事家，司马穰苴极大地影响了齐国的历史进程，《司马穰苴兵法》虽然不是他的著作，但其中的思想应该与他有着密切关系。

（一）司马穰苴的生平

司马迁在《史记·司马穰苴列传》中简略记载了他的事迹。但是，在《左传》中并无司马穰苴的记载，而《战国策》中记载了一个生活在齐愍王时期的司马穰苴，与《史记》记载不同，因此学界有所争议。不过，一般认为《史记》的记载是可靠的。据《史记·司马穰苴列传》记载："司马穰苴者，田完之苗裔也。"也就是说，他与后来代替姜氏统治齐国的田氏是同族，是春秋初期迁到齐国的陈公子完的后裔，所以，司马穰苴并不姓司马，他是妫姓、田氏，因官拜大司马，被称为司马穰苴。

齐景公时，晋、燕攻打齐国，"齐师败绩"，面对这一困境，晏婴向齐景公推荐司马穰苴，认为虽然他是田家的妾所生，但"文能附众，武能威敌"。于是齐景公召见穰苴，和他共议用兵之事，非常满意，任命他为上将军，派他收复被晋、燕侵占的国土。穰苴为树立威信，请齐景公派大臣做监军，齐景公派宠臣庄贾担任。穰苴与庄贾约定第二天中午在军营正门见面，但庄贾一贯非常骄横，并不守时，亲朋好友与他饮酒送别，直到晚上，庄贾才到军营，穰苴问他为何迟到，庄贾回答："不佞大夫亲戚送之，故留。"穰苴说："将受命之日则忘其家，临军约束则忘其亲，援桴鼓之急则忘其身。"面对如此紧急的军情，庄贾竟然不知轻重，于是穰苴要以军法将他斩首。庄贾急忙派人向齐景公求救，齐景公派特使驾车奔驰，向穰苴传达特赦庄贾的命令。特使未到，庄贾已斩，三军震栗。特使驰入军中传达命令，穰苴表示："将在军，君令有所不受。"并问军法官在军队中奔驰该当何罪，军法官回答当斩，来使乞求饶命，穰苴说："君之使不可杀之。"于是斩了来使的随从代替，并命令武士将车拆掉，把马砍死，警示三军。（参见《史记·司马穰苴列传》）

司马穰苴执法严明，使军心大振。同时，他非常关心士兵的生活起居，"士卒次舍井灶饮食问疾医药"，全都亲自查问，并将自己的俸禄分给士兵，自己只吃全部队最低标准的食物。于是士兵勇敢，纷纷效死。晋、燕听到这样的情形，都罢兵而去。齐军追击，收回失去的国土。班师回朝后官拜大司马，极大地扩张了田氏的势力，"田氏日以益尊于齐"。

《史记》关于司马穰苴用兵的记载只有这些，虽然简短，但是从中也大略可以看出其治军的主要思想。一是纪律严明，严于治军，令行禁止，赏罚得当，这对于军队来说至关重要，庄贾贵为宠臣，其所犯的错误在很多人看来并不严重，但司马穰苴一样依军法将其斩杀，执法不避权贵；二是高度的灵活性，"将在军，君令有所不受"，这已经成为后人所熟知的一句话，融入了人们的日常生活中，在他处置齐景王信使一事上也充分展现了这种灵活性，并没有死板地按照军令执行，既给齐景王留了一定的面子，又依然有效震慑了三军将士；三是关心士兵的生活，爱护下属，与士兵吃同样的标准，官兵一致、同甘共苦，不搞特殊化，从而得到了士兵的衷心支持，"君使臣以诚，臣事君以忠"，君臣之间、上下之间的关系是相互的，人作为感情动物，在冷冰冰的军法和上下尊卑之外，更需要脉脉的温情作为彼此之间的黏合剂。总之，从这些记载中，能够看出司马穰苴有胆有谋、手段老辣、平易近人、富有智慧，再考虑到他在得到齐景公重用时能够不恃宠而骄、主动要求派监军；接受任命后雷厉风行、立刻整军准备出发；灵活运用各种手段、完成使命，不得不说他确实具有大将风采。

鲍氏、高氏、国氏等贵族将司马穰苴视为眼中钉，在齐景公面前说他的坏话，齐景公就罢黜了他，不长时间后，他就忧愤病死了。田氏因此痛恨三氏，后来田常将鲍氏、高氏、国氏族灭，田常的曾孙齐威王田因齐将司马穰苴的兵法附在古兵法之后，称为《司马穰苴兵法》。唐肃宗时，将司马穰苴等历史上十位武功卓著的名将供奉于武成王庙内，被称为武庙十哲。宋徽宗时，追尊司马穰苴为横山侯，位列宋武庙七十二将之一。

（二）《司马法》的价值

据《史记·司马穰苴兵法》记载，齐威王"用兵行威，大放（仿）穰苴之法，而诸侯朝齐"，他派人整理、追述古代的各种司马兵法，把大司马田穰苴的兵法也附在里边，故而定名叫《司马穰苴兵法》。在《史记·太史公自序》中，司马迁说："自古王者而有司马法，穰苴能申明之。"也就是说，在司马穰苴之前，就有"司马法"，司马穰苴的用兵之法是对"司马法"的发扬扩充，所以齐威王在整理"司马法"时，将司马穰苴兵法附在其中。司马迁说："余读司马兵法，闳廓深远，虽三代征伐，未能竟其义，如其文也，亦少褒矣。若夫穰苴，区区为小国行师，何暇及《司马兵法》之揖让乎。"（《史记·司马穰苴列传》）这里把这种关系说得很明白，也就是说司马兵法博大精深，将司马穰苴附在里面，未免是过分推许了。

《汉书·艺文志》将其列入"礼类",称为《军礼司马法》,共155篇,此后该书多有散佚。《隋书·经籍志》录为3卷5篇,称为《司马法》,是今本《司马法》的原型。历代学者对此书的看法不同,有人认为它是伪书,如清代姚际恒、龚自珍等人;有人认为《司马兵法》《司马穰苴兵法》《司马法》《军礼司马法》不是一本书;也有人认为该书前半部分是《司马法》,后半部分是《司马穰苴兵法》。目前一般认为它并不是伪书,并且与司马穰苴的关系很密切。

今本《司马法》分三卷、五篇,分别是卷上《仁本篇》《天子之义篇》,卷中《定爵篇》,卷下《严位篇》《用众篇》,可分为七十七节,共三千余字。现存的文字保留了从殷周直到战国时期的作战原则、作战方法,是了解当时的军事思想的重要资料。有学者认为前两篇是古代的兵法,后三篇是司马穰苴的兵法及对它的发挥。

具体来说,《仁本篇》论述了兴兵作战的目的是除暴安人、推行仁政,所以战争中的手段也要以人为本。其中不乏对战争本质的犀利认识,如"权出于战,不出于中人""以战止战,虽战可也"等,其核心内容是对仁、义、礼、智、勇、信的强调,其中还保留着古代贵族战争中的许多礼法,如战争要"不违时,不历民病""不加丧,不因凶","逐奔不过百步,纵绥不过三舍""不穷不能而哀怜伤病""成列而鼓""争义不争利""又能舍服","入罪人之地,无暴神祇,无行田猎,无毁土功,无燔墙屋,无伐林木,无取六畜、禾黍、器械,见其老幼,奉归勿伤。虽遇壮者,不校勿敌,敌若伤之,医药归之"。虽然这些作战原则很多在春秋时就已经过时,很少有国家再遵守了,宋襄公不击半渡、不擒二毛就是对这些原则的坚持,明显不能适应当时的战争形势了,但是不能否认这些原则仍有其价值所在,即使已经发展到今天,人们仍然反对为了战争胜利不择手段,反对攻打平民、使用大规模杀伤性武器,主张控制核武器的扩散,反对使用化学武器,这些主张其实与古老的战争原则在精神上是一脉相承的。

《天子之义篇》主要讲统军、治军、训练等问题。所谓"天子之义",就是天子的正确思想行为。本篇阐述了君臣之礼,治国、治军和教民的不同方法,记述了具体的作战形式,如车、旗的制度,探讨了赏罚问题。其中较有意义的有以下几点:一是"国容不入军,军容不入国",也就是说在日常生活和军队战争中要遵守不同的原则,"故在国言文而语温,在朝恭以逊,修己以待人,不召不至,不问不言,难进易退,在军抗而立,在行遂而果,介者不拜,兵车不式,城不上趋,危事不齿";二是治军原则不能过于威严压抑,而应"军旅以舒为主",也就是要从容不迫,治军、治民都要尊德,不能"任诈慝""任勇力""贵犯命""贵暴行",否则就会失去军心、民心;三是赏罚得当,最理想的是"明民之德,尽民之善",提高大家的修养,使根本没有可赏可罚的事,"有虞氏不赏不罚,而民可用",在用赏罚时,要"赏不逾时""罚不迁列",使人们在最短的时间内目睹到行善或作恶的结果,让赏罚发挥出最大效用,同时"大捷不赏""大败不诛",不赏避免产生骄傲情绪,不罚促使上下都反思自己的错误。此外,本篇还强调体恤民众劳苦。总之,这些所讲的虽然不是直接的战争手段，但却是取胜的关键。

《定爵篇》主要论述的是军政事务，即为了作战应建立的制度、禁令等。本篇指出，在战前要做好充分准备，确定军中官职爵位、赏罚制度、军队教令、征询大家意见，"方虑极物，变嫌推疑，养力索巧，因心之动"；作战必须巩固军心、明辨利害，治理纷乱、简约法令，严惩小罪，做到五虑；将士意志要统一，训练在平时，作战在指挥，将帅像人的躯干，士卒像人的手指，要协调统一；作战要有勇有谋，"凡战，智也。斗，勇也。陈，巧也"，作战就是要努力实现自己的意图，发挥自己的实力，避免自己的弱点，要使敌人做他不愿做、不能做的事；作战要"有天，有财，有善"，也就是说要有对自己有利的时机，要有充足的国力，有训练有素的士兵和良好的后勤。本篇还讨论了战争中的指挥、布阵、侦查、临战注意事项、治乱、战时法规等具体问题，较有价值的有：治国治军的原则"居国惠以信，在军广以武，刃上果以敏"；七政"一曰人，二曰正，三曰辞，四曰巧，五曰火，六曰水，七曰兵"，也就是君主将帅要做好这七项军国大政；四守"荣、利、耻、死"，君主将帅要利用好这四种能令人遵纪守法的手段；推行仁爱，才有人亲近，只讲仁爱不讲信义，就不会成功；法令来自大众的需求，如果不能推行，就要"身以将之"，将帅带头去做。

《严位篇》主要论述战阵、战略、战术、指挥，取胜的方法、胜利后需要注意的问题。在冷兵器时代，保持规整的战斗队形对取胜非常关键，要做到这一点，就要求政令森严、行动敏捷、士兵镇定勇敢、全军意志统一，"凡胜，三军一人，胜"；作战中，要做到"击其微静，避其强静；击其倦劳，避其闲窕；击其大惧，避其小惧"，这是后来"避实击虚"思想的萌芽。

《用众篇》阐述了"用众"和"用寡"的不同作战方法，以及战争中的临场指挥问题，提出了一些很有价值的用兵原则。"用寡"，兵力少，就应巩固阵营、灵活机动、出奇制胜；"用众"，兵力强，就应加强管理，寻求正规作战，如果包围了敌人，要留出缺口，供敌人溃逃，避免其拼死反扑，如果敌人兵力少且谨慎，就应先行避让，然后趁机消灭敌人。作战要摆好阵型，观察敌人行动，根据其行动采取措施，如果敌人已经准备好了，就不要进攻，如果敌人进攻，就集中兵力伺机攻击敌人。作战时，先用少量兵力试探敌人，然后根据敌人暴露出来的缺点采取针对性的打击措施，阻止敌人实现战略意图。其中对于待敌观变、避实击虚、巩固军心方法的论述比较详细。

自汉朝以来，《司马法》就一直被历朝历代奉为权威的军事著作，其中包含了许多先进的军事思想。它将战争的目的规定为"仁"，"以仁为本，义以治之""杀人安人""以战止战"，战争的目的是安人、爱民，而不是单纯的杀戮，所以《司马法》重仁爱、重礼义，司马迁所说的"闳阔深远"，主要是就其这一特点而言的，这也证实了它是对古时战争经验的传承，有学者认为它与儒家思想有共通之处，都是对古文化的继承与保存，其优点在于"气魄更大"，缺点在于"慕古太过，陈义过高""迂远而阔于事情"。另外，它强调"视敌而举""因心之动"，根据敌人的变化而变化，对于错综复杂、瞬息万变的战争来说，这种对主观能动性和灵活机动性的强调，确实是抓住了战争的本质和关键。此外，它还强调要综合、全面地考虑战争中的各种因素,尤其强调上下同心,争取民心,这说明《司马法》透过纷杂的现象看到了决定战争胜负的根本所在。

《司马法》有一定的辩证法因素,它经常提到正权、轻重、大小、坚柔、众寡等概念,说明已经用矛盾的方法一分为二地看待问题。譬如,它将很多因素抽象为"轻""重"对立统一的概念,"上烦轻,上暇重"。也就是说,繁杂的具体指挥是轻,而看似轻松的谋划是重,战术轻、战略重。"凡战,以轻行轻则危,以重行重则无功;以轻行重则败,以重行轻则战。故战相为轻重"。所谓"相为轻重",也就是两者相辅相成。不仅如此,他还认识到两者可以相互转化,"凡马车坚,甲兵利,轻乃重"。《司马法》还强调多样统一,这主要体现在兵种配置理论上,"兵不杂则不利,长兵以卫,短兵以守","凡五兵五当,长以卫短,短以救长",各兵种相互依存、配合,与"和而不同"的理论有相通之处。

《司马法》不仅在我国古代影响深远,后来传到国外也引起了广泛重视。直到今天,其卓越的思想仍在发挥着重要影响。

二、孙武与《孙子兵法》

孙武与《孙子兵法》

(一) 孙武的生平

孙武(图5-1),字长卿,春秋时期著名的军事家、政治家,被尊称为"兵圣"、孙子(孙武子),被誉为"百世兵家之师""东方兵学的鼻祖"。

图5-1 孙武像

孙武的生卒年已不可考。据宋人邓名世《古今姓氏书辩证》记载,大约与孔子处在同一时期。他的祖父是齐国的大夫田书,因为与莒国打仗立了功,赐姓孙,并以乐安作为他的封地。后因齐国内乱,孙武一家逃到吴国。吴王阖闾当政时期,他由伍员推荐,被吴王重用为将,带兵三万与楚兵二十万相战,几次打败楚国,终于在公元前506年攻陷楚国的都城郢。当时吴国"西破强楚,入郢,北威齐晋,显名诸侯,孙子与有力焉"(《史记·孙子吴起列传》)。

《史记·孙子吴起列传》中记载了著名的孙子斩二妃的故事:孙武因精通兵法见于吴王阖闾,吴王为试探他的带兵水平,令他训练宫中美女,孙武将她们分为两队,并将吴王的两位宠姬任命为队长,三令五申之后命令她们操练,结果她们纷纷大笑。孙武再次三令五申后,又命令大家操练,她们又再次大笑,于是孙武命令斩两位队长。吴王求情,孙武说:"将在军,君命有所不受。"遂斩二人,这下所有宫女都开始乖乖受训。这件事充分展示了孙武的练兵水平和决断能力,因此得到吴王信任。吴王任命其为将,西破强楚。

但是,《左传》和《国语》均未提到孙武,尤其是《左传》详细记载了吴国攻破郢都之战,却只提到伍子胥,没有提到孙武,而《孙膑兵法》在魏晋时期失传,因此后来许多学者认为孙武与孙膑为同一人,或认为不存在孙武这个人,或认为孙子就是伍子胥。1972年,山东临沂银雀山汉墓同时出土《孙子兵法》(图5-2)、《孙膑兵法》,证明孙武、孙膑各有其人。也有人推测,《左传》《国语》之所以未记载孙武,多半是因为他并非攻楚的主将,后期夫差称霸后日益专横,孙武隐退回齐国专注著述。

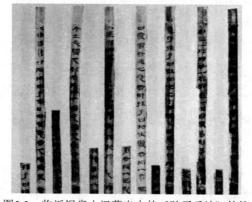

图5-2　临沂银雀山汉墓出土的《孙子兵法》竹简

(二)《孙子兵法》

真正给孙武带来盛名的是他所著的《孙子兵法》一书。这部书被誉为"兵学圣典",置于"武经七书"之首,它系统总结了这个时期丰富的战争经验,阐述了"以正守国,以奇用兵"(《汉书·艺文志》)的战略战术,探讨了一些战争发展的一般规律,是我国古代一部光辉的军事著作。

孙武所著《孙子兵法》十三篇,《汉书·艺文志》已有著录:"吴孙子兵法八十二篇,图九卷。"八十二篇中,一部分内容及图后来都散失了,但其中主要部分十三篇,即"兵法五千言",保存了下来,其他有些部分还保存在杜佑的《通典》中。

1. 理性思维方式

理性是与感性、非理性相对的概念,通常指人在审慎思考后,以判断、推理方式推导出合理结论的思维方式。《孙子兵法》中就处处闪耀着这种理性思维的光辉。

《孙子兵法》主张从现实情况出发去考虑问题,反对用情感上的喜怒爱憎来影响理智判断,拒绝主观空想,拒绝天意、鬼神、迷信等宗教神秘主义。"故曰:明主虑之,良将修之,非利不动,非得不用,非危不战,主不可以怒而兴师,将不可以愠而致战;合于利而动,不合于利而止,怒可以复喜,愠可以复悦,亡国不可以复存,死者不可以复生。故明君慎之,良将警之"(《孙子兵法·火攻篇》),如果感情用事,就会造成亡国、伤亡等不可挽回的后果,人的喜怒是可以随时改变的,但感情用事造成的悲惨后果却无法改变;"明君贤将,所以动而胜人,成功出于众者,先知也。先知者,不可取于鬼神,不可象于事,不可验于度,必取于人,知敌之情者也"(《孙子兵法·用间篇》),要战胜敌人,只依赖鬼神、天象、过去的经验都是不对的,必须对现实情况有清醒的认识,并在此基础上做出决定,不能让任何非理性的东西影响判断。

从现实出发思考问题，意味着要对现实有非常具体的观察和分析。《孙子兵法》强调，要全面、细致地了解各种现象。以地为例，"地形有通者，有挂者，有支者，有隘者，有险者，有远者"（《孙子兵法·地形篇》），"用兵之法，有散地，有轻地，有争地，有交地，有衢地，有重地，有圮地，有围地，有死地"（《孙子兵法·九地篇》），针对每一种地形，都需要采取不同的作战策略。战争不允许纸上谈兵，"知彼知己者，百战不殆"（《孙子兵法·谋攻篇》），只有对敌我双方、战争形势都有全面、充分的认识，一切从实际出发，具体问题具体分析，在具体的情境中，根据实际情况做出最正确的决策，才能取得胜利。

2. 对战争的认识

从理性的态度出发，《孙子兵法》对战争本身，战争与政治、经济的关系都有了更加深刻认识。

《孙子兵法》认识到战争有利有弊，战争可以"掠乡分众，廓地分利"（《孙子兵法·军争篇》），带来直接的经济和政治利益，战争也有巨大危害，"其用战也胜，久则钝兵挫锐，攻城则力屈，久暴师则国用不足。夫钝兵挫锐、屈力殚货，则诸侯乘其弊而起，虽有智者，不能善其后矣"，"故不尽知用兵之害者，则不能尽知用兵之利也"（《孙子兵法·作战篇》）。战争是影响深远的重大事件，国家、百姓的生死存亡都由它决定，所以必须高度重视、慎之又慎，"兵者，国之大事，死生之地，存亡之道，不可不察也"（《孙子兵法·计篇》）。战争应该用最少的损失换取最大的利益，"凡用兵之法，全国为上，破国次之；全军为上，破军次之，全旅为上，破旅次之，全卒为上，破卒次之；全伍为上，破伍次之"（《孙子兵法·谋攻篇》）。

《孙子兵法》强调，战争是为了达到一定的政治目的，而不是单纯的为战而战，所以战争最理想的状态就是"不战而屈人之兵"，战争只是政治斗争的手段，政治才是最终目的，只要政治目的达到了，不一定非要诉诸武力，"上兵伐谋，其次伐交，其次伐兵，其下攻城"，"故善用兵者，屈人之兵而非战也，拔人之城而非攻也，毁人之国而非久也"（《孙子兵法·谋攻篇》）。

战争是政治的延伸，要想取得胜利，必须先搞好政治。《孙子兵法》认为，战争时要取得胜利，需要多方面的条件："一曰道，二曰天，三曰地，四曰将，五曰法"，居于第一位的"道"就是指"令民与上同意也"（《孙子兵法·计篇》），也就是全国上下一心，这正是指政治条件。"善用兵者，修道而保法，故能为胜败之政"（《孙子兵法·形篇》），这也就是说，善于领导战争的人，修明政治，确保法制，就能掌握胜败的决定权。

《孙子兵法》对战争与经济的关系认识也很深刻。《汉书·刑法志》说："世方争于功利，而驰说者以孙、吴为宗。"这就是说，春秋战国时代，功利主义的富国强兵思想开始流行，提倡这种思想的人都崇奉孙武、吴起等人。在银雀山汉墓出土竹简中，针对吴王"六将军（即范氏、中行氏、智氏、韩氏、魏氏、赵氏，引者注）分守晋国之地，孰先亡？孰固成？"的问题，孙武认为，对旧制度改革最彻底的能够取得最后的胜利，赵氏改革田亩制度、税收制度最彻底，"主金臣收，以御富民"，其军事制度"置士少"，可达到精兵强兵的目的，将是最终胜利者，而其他各家"公家富，置士多。主乔（骄）臣奢，冀功数战，故为智是（氏）次"，都不能成功。实行"富民少士"，可以富国强兵，能在政治上取得民众的支持，吴王听完后表示，"王者之道，□□厚爱其民者也。"①

《孙子兵法》认为，战争成败，很大程度上是由经济条件决定的，"是故军无辎重则亡，无粮食则亡，无委积则亡"（《孙子兵法·军争篇》）。"凡用兵之法，驰车千驷，革车千乘，带甲十万，千里馈粮，则内外之费，宾客之用，胶漆之材，车甲之奉，日费千金，然后十万之师举矣"（《孙子兵法·作战篇》），"凡兴师十万，出征千里，百姓之费，公家之奉，日费千金；内外骚动，怠于道路，不得操事者，七十万家"（《孙子兵法·用间篇》），战争不但花费巨大，而且极大地影响正常的生产生活，为了减少战争对财富的消耗、对经济的影响，必须速战速决。

3. 取得战争胜利的策略

《孙子兵法》对战争策略的研究也充满了理性精神，具体体现在以下几个方面。

第一，在全面、具体地了解敌我双方的情况基础上，要善于辨别各种假象，不为敌人蒙蔽，"敌近而静者，恃其险也；远而挑战者，欲人之进也；其所居易者，利也。众树动者，来也；众草多障者，疑也；鸟起者，伏也；兽骇者，覆也"，"辞卑而益备者，进也；辞强而进驱者，退也；轻车先出居其侧者，陈也；无约而请和者，谋也；奔走而陈兵车者，期也；半进半退者，诱也"（《孙子兵法·行军篇》）。表象与本质有时并不相同，《孙子兵法》对现实的观察和认识并未停留在表面现象上，而是主张要运用理性的力量去对表象加以分析、判断。

第二，现象是纷繁复杂的，《孙子兵法》强调运用二分法也就是矛盾的思维方式来概括事物特征，抓住事物本质。《孙子兵法》提出了许多相反相成的矛盾对立范畴，如敌我、主客、众寡、强弱、和战、胜负、生死、利害、进退、攻守、动静、虚实、劳佚、奇正、勇怯、治乱等②，这种二分法是一种极度简化但非常有效的思维方式，有利于主体在瞬息万变的战场形势中迅速抓住要害，做出非此即彼的行动决定。这种认识与科学的认识方式不同，它不是主体对客体不带感情的外在静观，而是主体从功利实用目的出发去把握客体，从而为在实践中做出更好的决策服务。

第三，《孙子兵法》既认识到事物是由矛盾组成的，又强调矛盾的相互依存、相互转化的关系，如"乱生于治，怯生于勇，弱生于强"（《孙子兵法·势篇》），"投之亡地然后存，陷之死地然后生"（《孙子兵法·九地篇》），治乱、勇怯、强弱、存亡、生死这些矛盾对立项在一定条件下都可以实现互相转化，而且比老子更高明的是，他认识到这种转化不是无

---

① 银雀山汉墓竹简整理小组编：《银雀山汉墓竹简孙子兵法·吴问》，文物出版社，1976，第94-95页。
② 任继愈主编：《中国哲学史（一）》，人民出版社，2003，第141-142页；李泽厚：《中国古代思想史论》，人民出版社，1985，第81页。

条件的，人应该积极创造条件促成这种矛盾转化，如"怒而挠之，卑而骄之，佚而劳之，亲而离之"（《孙子兵法·计篇》），即通过人为努力使敌人的有利条件向不利转化；如果没有必要的条件，那么弱还是弱，不能胜强，所以不能"以少合众，以弱击强"（《孙子兵法·地形篇》）。

《孙子兵法》关于矛盾转化的论述中，最有创造性的是战场形势的奇正相生、奇正转化，"战势不过奇正，奇正之变，不可胜穷也。奇正相生，如循环之无端，孰能穷之"（《孙子兵法·势篇》），战争形势的变化是无穷无尽的，将领的高明之处在于把握和利用奇正的变化，"凡战者，以正和，以奇胜，故善出奇者，无穷如天地，不竭如江河"（《孙子兵法·势篇》），"故兵无常势，水无常形；能因敌变化而取胜者，谓之神"（《孙子兵法·虚实篇》），战争是矛盾的变化发展，将领应善于把握战场和敌人瞬息万端的变化，并不断创新、变更自己的策略，让敌人无法跟上自己的变化，从而出其不意、出奇制胜。

第四，《孙子兵法》提出充分发挥主观能动作用、争取战争主动权、控制战争发展趋势的用兵原则。"故善战者，致人而不致于人"（《孙子兵法·虚实篇》），要使自己处处主动，敌人处处被动，牵着敌人的鼻子走，"故善攻者，敌不知其所守；善守者，敌不知其所攻"（《孙子兵法·虚实篇》），"昔之善战者，先为不可胜，以待敌之可胜"（《孙子兵法·形篇》）。据《唐太宗李卫公问对》认为："千章万句，不出乎'致人而不致于人'而已。"可见这句话的确是抓住了战争的关键。

在战场上发挥主观能动性、夺取战争主动权，就是要善于运用智谋，《孙子兵法》全方位地讨论了智谋的重要作用。《计篇》说"兵者，诡道也"，《军争篇》说"故兵以诈立"，所谓诡诈之道，也就是智谋，可以分为以下两个主要方面。

对敌人，就是要尽量制造假象、错觉，隐藏我方战略意图，搅乱敌人战略部署，使敌人陷入被动中，"故能而示之不能，用而示之不用，近而示之远，远而示之近。利而诱之，乱而取之，实而备之，强而避之，怒而挠之，卑而骄之，佚而劳之，亲而离之"（《孙子兵法·计篇》）。

对我方来说，就是要保持灵活机动性，集中优势兵力，精准打击敌人弱点。具体来说，有两个主要方法。一个方法是"避实而击虚"（《孙子兵法·虚实篇》），再强大的敌人也有弱点，"故备前则后寡，备后则前寡，备左则右寡，备右则左寡，无所不备，则无所不寡"（《孙子兵法·虚实篇》），重要的是准确打击敌人的薄弱环节，"攻其无备，出其不意"（《孙子兵法·计篇》），"避其锐气，击其惰归"（《孙子兵法·军争篇》）。另一个方法是"以患为利"（《孙子兵法·军争篇》），即变我方的不利情况为有利，比如当遇到敌众我寡时，应想各种办法使敌人兵力分散，"我槫而为壹，适（敌）分而为十，是以十击壹也"[①]，虽然我寡而敌众，却能在局部形成优势兵力，形成以众击寡的态势。

《孙子兵法》是中国古代最伟大的军事著作，是一部真正的宝藏，被广泛应用于军事、

---

① 银雀山汉墓竹简整理小组编：《银雀山汉墓竹简孙子兵法·实虚》，文物出版社，1976，第51页。

政治、经济等领域，并很早就走向了世界，取得了世界范围的影响。

三、孙膑与《孙膑兵法》

孙膑与《孙膑兵法》

（一）孙膑的生平

图5-3　孙膑像

与孙武一样，孙膑（图5-3）的生平并没有留下完整的记载。《战国策》《史记》等有关他的生平事迹的记载都非常简略，甚至他的原名都已经无从考证，只知道他因为受过膑刑而称孙膑，他活跃于战国中期，也就是公元前380年到前320年左右。《史记》记载他出生于阿、鄄之间，也就是今山东省阳谷县阿城镇、菏泽市鄄城县北一带，是孙武的后世子孙。

孙膑的一生极富有传奇色彩，因此成为历史小说、戏剧中的角色，在民间享有盛名。现代影视剧也很喜欢将他的故事加以改编。《史记》中记载了有关他的四件事，是这些改编作品的主要来源。

第一件事，庞涓陷害。孙膑与庞涓同学兵法，庞涓在魏国得到重用后，因为感到自己才能不如孙膑，就派人将孙膑招来，并陷害孙膑私通齐国，将他的双足砍断、脸上刺字。有一次，齐国使者来到魏国，孙膑暗中会见齐使，齐使认为他很有才能，就将他藏在车队中带回了齐国，齐国将军田忌将他奉为宾客。

第二件事，田忌赛马。田忌多次和齐国诸公子赛马，比赛的马分有上、中、下三个等级，孙膑对田忌说："君弟重射，臣能令君胜。"田忌相信了孙膑的话，就跟齐王和诸公子下千金的赌注，等到临比赛的时候，孙膑对田忌说："今以君之下驷与彼上驷，取君上驷与彼中驷，取君中驷与彼下驷。"（《史记·孙子吴起列传》）三个等级的马都已比赛完毕，田忌负了一场却胜了两场，终于赢得了齐王的千金赌注。这个故事表明，孙膑已经懂得运筹学的原理，能够以最小的投入获得最大效果。

第三件事，围魏救赵。公元前354年，魏军在庞涓统率下大举进攻赵国，直逼赵都邯郸城下。赵国危急，向齐国请求救援。田忌想要带领军队到赵国去解围，孙膑建议避实击虚，率军直奔魏国首都大梁，逼迫魏军放弃邯郸，回兵自救。田忌接受了这一建议，魏国军队果然如他所预料的一样撤兵回国，两国军队在桂陵交战，魏军大败。

第四件事，减灶退敌。十三年后，魏、赵联合攻打韩国，韩国向齐国求救。田忌又一次率军直扑大梁，庞涓率兵回国救援。孙膑建议利用魏军轻视齐军、认为齐军胆小这一特点，制造假象迷惑敌军，齐军进入魏国后，第一天造十万灶，第二天减为五万灶，第三天减为三万灶。庞涓在齐军后面追了三天，以为齐军正在逃亡，就丢下步卒，率领轻兵锐卒追赶齐军,夜晚追到马陵,看到一棵大树的树皮被刮掉,举起烛火看,只见白木上写着:"庞涓死于此树之下",此时齐军的伏兵尽出,万弩齐发,魏军大乱,庞涓自知智穷兵败,于是当即自杀,并说"遂成竖子之名!"经过马陵之战,魏国丧失了战国首强的地位。

(二)《孙膑兵法》

司马迁称赞孙膑:"孙子膑脚,《兵法》修列。"(《史记·太史公自序》)班固也记载他有兵法流传,《齐孙子》八十九篇,图四卷(《汉书·艺文志》)。但是东汉以后《孙膑兵法》就失传了,《隋书·经籍志》已不见著录。1972年,在山东临沂银雀山汉墓中出土的竹简中,重新发现了久已失传的《孙膑兵法》竹简(图5-4),经过整理,有残存的30篇,内容多为战争实践的经验总结。《孙膑兵法》对战争的认识,比《孙子兵法》又进了一步,这是因为战国时期的战争规模更大,也更加复杂。

图5-4 临沂银雀山汉墓出土的《孙膑兵法》竹简(局部)

第一,孙膑充分认识到了战争的残酷和重要性。"战胜,则所以在存亡国而继绝世也。战不胜,则所以削地而危社稷也。是故兵者不可不察。"同时,他又认为不能幻想不经战争而达到自己的目的,"战胜而强立",才能"天下服"。

第二,孙膑重视"道",也就是战争规律。"夫安万乘国,广万乘王,全万乘之民命者,唯知道。知道者,上知天之道,下知地之理,内得民之心,外知敌之请,阵则知八阵之经,见胜而战,弗见而诤,此王者之将也。"(《孙膑兵法·八阵》)只有掌握规律的人才能取胜,他专门阐述了积疏、盈虚、径行、疾徐、众寡、佚劳六对相互对立又相互转化的矛盾,还对"奇正"进行了深层次的分析,认为将领只有真正认识到这些矛盾的作用,把握了这些矛盾的转化规律,才能利用微妙的变化出奇制胜。

第三,《孙膑兵法》探讨了怎样才能取得战争胜利。他认为只要采取正确的战法,就可以做到以弱胜强,避敌锋芒,待敌疲惫再战,只要做到"攻其无备,出其不意",就能"以一击十"。用兵最重要的就是"必攻不守",也就是精准打击敌人的弱点。孙膑提出了"因势""造势"思想,即运用一切手段,变敌人的有利因素为不利因素,变自己的被动形势为主动形势。由于战场上的形势瞬息万变,所以不能"以一形之胜胜万形",必须根据形势灵活调整战法,"料敌计险",以己之变应敌之变,以己之变胜敌之变。

第四,《孙膑兵法》还对军队建设和管理提出了自己的见解,如君主与将领的关系方面,他认为君主不能干涉将领的独立指挥,他对将领的素质、军队的管理也做了诸多论述。

总之，作为一位身残志坚、忍辱不屈的军事大师，孙膑用他传奇的一生和先进的兵法思想给我们留下了宝贵的精神财富，他的事迹既激励了司马迁在受腐刑后坚持写作《史记》，也激励了无数人在逆境中奋发图强，他的军事思想对于指导今天的战争仍有重要意义。

第二节　阴阳五行学说

> 邹衍在对夏商周以来的阴阳、五行观念进行整理的基础上，创立了阴阳五行学说，这一学说虽然乍看"闳大不经"，但其实自成一体。邹衍在世时去过许多国家，备受礼遇。秦朝建立时，采用了他的学说。汉初，董仲舒吸收阴阳五行学说的部分理论，对儒家思想进行了改造。此后，邹衍的学说在政治生活、思想领域中持久地发生着影响。下面就让我们一起来了解一下他的思想。

一、邹衍的生平

邹衍与阴阳五行学说

邹衍（约公元前305—前240年），战国末期齐国人，相传其墓地在今山东省济南市章丘区相公庄镇郝庄村。邹衍著有《始终》《大圣》十余万言，"王公大人初见其术，惧然顾化，其后不能行之。""是以驺子重于齐。适梁，惠王郊迎，执宾主之礼。适赵，平原君侧行撇席。如燕，昭王拥彗先驱，请列弟子之座而受业，筑碣石宫，身亲往师之。作主运。其游诸侯见尊礼如此，岂与仲尼菜色陈蔡，孟轲困于齐梁同乎哉！"（《史记·孟子荀卿列传》）也就是说，他的思想在当时就名震一时，受到了许多诸侯王的青睐，与孔子、孟子的命运颇为不同。

《史记》中谈到，邹衍的思想中含有儒家思想的因素，"驺衍睹有国者益淫侈，不能尚德，若《大雅》整之于身，施及黎庶矣。乃深观阴阳消息而作怪迂之变，《终始》《大圣》之篇十余万言"，"然要其归，必止乎仁义节俭，君臣上下六亲之施，始也滥耳"（《史记·孟子荀卿列传》）。在《史记》中，将他的传记附于孟子之后，所以有人认为他的思想属于儒学，但其实他并不认为自己是儒家；《永乐大典》又将其作品列入道家部，这只是说明，他对儒家、道家的思想都有所吸收。《汉书·艺文志》将《邹子》《邹子始终》列入阴阳家，可以说，将邹衍视为阴阳家的代表人物是最公允的。邹衍的作品都已经失传了，但是从别人的作品中还能看出他思想的大体脉络。

二、邹衍的思想

阴阳五行学说在中国的早期思想中源远流长，邹衍正是在广泛吸收了这些思想资源的基础上，提出了他的五德终始说。其中，大九州地理观和五德终始历史观充分体现了他的以小推大的思维方法。

（一）五行、阴阳

五行、阴阳都是试图解释宇宙结构和起源的学说。五行是方士术数的一种，五行之外，还有另外五种方士术数，分别是天文、历谱、蓍龟、杂占、形法。术数是以迷信为基础的，但也有科学成分，它希望对自然和宇宙做出积极的解释，以便征服自然。

阴阳思想的由来

五行真正可靠的记载出自《尚书·洪范》。《洪范》中的五行分别是"一曰水，二曰火，三曰木，四曰金，五曰土。水曰润下，火曰炎上，木曰曲直，金曰从革，土爰稼穑。润下作咸，炎上作苦，曲直作酸，从革作辛，稼穑作甘"。此处所讲的五行，还是实物，而非抽象的力。除了界定了五行具体的元素外，《洪范》还提出了"五事""八征"，将君王的言行与自然界的雨、晴、暖、寒、风等联系起来，是"天人感应论"的早期形态。

在《月令》中，五行被进一步与方位、季节、政令、礼仪等联系起来，《月令》先载于《吕氏春秋》，后载入《礼记》。木德盛于春季、东方，火德盛于夏季、南方，金德盛于秋季、西方，水德盛于冬季、北方，土是五行的中心，居于四方的中央，季节上属于夏秋之交。《月令》描述了每个月的基本自然现象，并相应地对天子及三公九卿、诸侯大夫的行为做出了规定，认为如果天子不按规定方式行动，就会造成自然异象。

阴阳说也出现得很早，《国语·周语》记载："幽王二年，西周三川皆震。伯阳父曰：'周将亡矣！夫天地之气，不失其序，若过其序，民乱之也。阳伏而不能出，阴迫而不能烝，于是有地震，今三川实震，是阳失其所而镇阴也。阳失而在阴，川源必塞；源塞，国必亡。……'"可见，在当时阴阳观念已经盛行了。有学者认为，阴阳观念由《易经》筮法而生，"—"连线代表阳，"--"断线代表阴，乾卦、坤卦分别纯粹由连线、断线组成，所以是阳、阴的典范。其余六卦是乾、坤二卦交合而生，这一过程是阴阳结合而生天下万物的象征。

大体来说，五行说是关于宇宙由何种物质构成的宇宙结构说，而阴阳说是关于宇宙从何而来的宇宙起源说，五行说、阴阳说本来是各自独立的，后来合在了一起。司马谈在《论六家要旨》中认为，"尝窃观阴阳之术，大祥而众忌讳，使人拘而多所畏；然其序四时之大顺，不可失也"。"夫阴阳四时、八位、十二度、二十四节各有教令，顺之者昌，逆之者不死则亡，未必然也，故曰'使人拘而多畏'。夫春生夏长，秋收冬藏，此天道之大经也，弗顺则无以为天下纲纪，故曰'四时之大顺，不可失也'。"（《史记·太史公自序》）主要肯定了阴阳五行学说关于行为须符合时令的观点。

（二）大九州地理观

邹衍的思想特点是以小推大，从已知推未知，"其语闳大不经，必先验小物，推而大之，至于无垠。先序今以上至黄帝，学者所共术，大并世盛衰，因载其禨祥度制，推而远之，至天地未生，窈冥不可考而原也。先列中国名山大川，通谷禽兽，水土所殖，物类所珍，因而推之，及海外人之所不能睹"（《史记·孟子荀卿列传》）。从有根据的"小物"出发，向外推至并无依据的宏大时空，构建自成一体的宇宙观，显示出其广阔的视野。从时间上看，先讲当时学者普遍认同的黄帝以来的历史，再向上推至天地未生之时，对历史可谓有"通"的视野，在此基础上，阐述的是他的五德循环的循环史观；从空间上看，先讲有根据的"中国"地理，再讲当时根本无人知晓的海外地理，阐述他的大九州地理观。

他说："以为儒者所谓中国者，于天下乃八十一分居其一分耳。中国名曰赤县神州。赤县神州内自有九州，禹之序九州是也，不得为州数。中国外如赤县神州者九，乃所谓九州也。于是有裨海环之，人民禽兽莫能相通者，如一区中者，乃为一州。如此者九，乃有大瀛海环其外，天地之际焉。"（《史记·孟子荀卿列传》）这段话是对世界地理的天才想象，因为以当时的条件，人们无力环游世界，对世界地理并没有感性认识，邹衍大胆想象地球上还存在着类似于中国的地方，只是由于裨海（即小海）的阻隔，这些州的人和动物才不能往来，在州和小海的外边，还有更大的海环绕。

在邹衍的时代，人们普遍接受的地理观念是九州说，并且常以九州代指天下。在古代，"九"有极、至的意思，不一定是实指。《尚书·禹贡》将中国分为冀、兖、青、徐、扬、荆、豫、梁、雍等九州，是一种比较流行的观点。邹衍的大九州说，突破了"天下"观念，扩大了人们对自己所生活的区域的理解，是一种勇于破除自我中心的观念，有助于开阔视野。大九州说有不容忽视的价值，虽然这一学说产生的影响不及五德终始说，但它所反映出来的气度、胸襟，与后者是一脉相承的。"先验小物，推而大之，至于无垠"的思维方法，也有一定的价值。

（三）五德终始历史观

《史记》对邹衍五德终始说的记载非常简略，"称引天地剖判以来，五德转移，治各有宜，而符应若兹"（《史记·孟子荀卿列传》）。但由于五德终始说对后代的影响巨大，所以其核心思想并不难推测。与大九州说一样，五德终始说也是一种非常宏观的历史观，其要点在于历史是不停循环、往复变动的，变动的原因在于五德转移，"五德从所不胜"。人们要适应这一变动，具体到现实政治生活中，就是需要配合"五德"，"治各有宜"，而符瑞、灾异等则是对这一变动的具体提示，它们的出现都有原因，"符应若兹"，需要认真加以注意。

历史是变化的，变化是有规律的，这种历史观是五德终始说的预设前提。它认识到了历史不是静止的，并努力寻求其中的规律，虽然它提出的规律充满了想象和猜测，但不能不承认这在历史认识上是一个很大的进步。具体到现实政治中，它也有积极意义，那就是承认政权是可以更迭的，王朝是自然更替的，显然，这一学说是为当时富有野心的诸侯君王服务的。

"邹子有终始五德，从所不胜，木德继之，金德次之，火德次之，水德次之。"（《文选·魏都赋》注引《七略》）"五德从所不胜：虞土，夏木，殷金，周火。"（《文选·沈约〈齐故安陆昭王碑文〉》注引《邹子》）这是现存的对邹衍五德转移说的记述，都比较简略。《吕氏春秋·应同》篇未提邹衍，但所述内容应属于五德始终说，"凡帝王者之将兴也，天必先见祥乎下民。黄帝之时，天先见大螾大蝼。黄帝曰：'土气胜。'土气胜，故其色尚黄，其事则土。及禹之时，天先见草木秋冬不杀。禹曰：'木气胜。'木气胜，故其色尚青，其事则木。及汤之时，天先见金刃生于水。汤曰：'金气胜。'金气胜，故其色尚白，其事则金。及文王之时，天先见火赤乌衔丹书集于周社。文王曰：'火气胜。'火气胜，故其色尚赤，其事则火。代火者必将水，天且先见水气胜。水气胜，故其色尚黑，其事则水。水气至而不知数备，将徙于土。"（《吕氏春秋·应同》）也就是说，凡是古代称帝称王的将要兴起，上天必定先向人们显示征兆，在黄帝、夏禹、商汤、周文王时，上天分别显示了大蚯蚓、大蝼蛄，草木秋冬时节不凋零，水中出现刀剑，由火幻化的红色乌鸦衔着丹书停在周的社庙上等景象，预示了土气、木气、金气、火气的旺盛，这几个朝代的服色和政令也都与土、木、金、火相对应。代替火的将是水，新的朝代出现前，上天将会显现水气旺盛的景象，服色、政令也需要与水对应，如果水气已到来，却不知道气数已具备，并采取相应措施，则气数将转移到土上去。

各"德"（朝代）都将被自己所"不胜"的"德"替代，黄帝、夏、商、周都被安排进了这一体系中，新的朝代秦则主动将自己摆放在这一体系中，自认为是水德，汉朝则围绕水德、土德、火德有过争论，至王莽篡位时，采用刘向父子的五行相生说，重订各朝正朔。汉朝以后，对这一问题不再过分关注，但各皇朝"奉天承运"，所承的仍是五德转移之运。五德说认为历史是机械运转的，虽然它是一种宿命论、循环论，但是它否定了人格神操纵历史发展的观点，也有一定的进步性。

从前面的引文可以知道，为了顺应五德终始转移，各王朝的服色、政令都需要做相应的变化，以顺天应时。例如秦朝就服色尚黑，"刚毅戾深，事皆决于法，刻削无仁恩和义"（《史记·秦始皇本纪》），这就是"治各有宜"，也就是说，不同的朝代需要采取不同的礼仪制度（治理方法），这一观点是与阴阳五行学说相配合的，其来源是生活经验，即人们在不同季节有不同行为方式，由于其过于机械刻板，事实上并未真正在后来的历史上发挥大作用，但是与五德转移配合的另一观点"符应若兹"的影响却很大。

"符应若兹"包含两方面，符瑞和灾异。王朝要兴起，必然有天象，也就是符瑞，大螾大蝼、草木秋冬不杀、金刃生于水、火赤乌衔丹书集于周社等就是这一类符瑞，这是五德转移的征兆，后世的帝王无不炮制有利于自己的"符瑞"，以显示自己受命于天，符合历史运转规律。而灾异则是君王失德、行为失范的征兆，是上天对统治者的恫吓，后来许多人刻意寻找、制造灾异现象,为自己的行为做辩护,也是对这一学说的利用。中国的各朝正史中不厌其烦地大量记载符瑞、灾异,可见这一学说的影响之深。符瑞、灾异说认为人的行为与自然界互相影响,自然界可以通过征兆给人以提示,人的行为又会触发自然界产生相应的现象,这种观点一方面肯定了人的主观能动性,另一方面也承认了万物有灵,自然界是一个有情世界,与中国天人合一的思想是一脉相承的。

据《史记·孟子荀卿列传》记载,在邹衍之后,齐国还有邹奭继承和发挥了他的学说,"驺奭者,齐诸驺子,亦颇采驺衍之术以纪文","故齐人颂曰:'谈天衍,雕龙奭,炙毂过髡。'"邹衍对当时齐国的影响可见一斑。《汉书·艺文志》列有"《邹奭子》十二篇",今已不传。

阴阳五行学说在汉代被普遍接受,在医学、术数等各方面都有很大影响。这有两方面的原因:一是早期儒学不讲宇宙论,给了阴阳五行说发挥的空间;二是秦朝焚书、禁书不包含卜筮之书,这对阴阳五行说的传播非常有利。

阴阳五行学说后来融入了儒家主流学说:一方面,融入了礼学中,如《礼记》就采入了《月令》,而在西汉、新、东汉等王朝初建时,关于礼乐制度的讨论都受到了阴阳五行学说的影响,《汉书·艺文志》记录的礼家著作中有《明堂阴阳》《明堂阴阳说》等,其来源都是邹衍的学说;另一方面,融入了经学,董仲舒"天人感应"论是对这一学说的继承和发挥,孟喜讲授《易经》,"得《易》家候阴阳灾变书",用阴阳灾变解释《易经》,邹衍的思想通过这些渠道,逐渐渗透进了儒家思想中。在后来普通人的思想中,也大量存在着五行相生相克、阴阳灾异等思想。

第三节　齐国的法治思想

> 东周时期,礼崩乐坏,过去的统治体系已经无法维持下去,那么国家究竟应该如何治理呢?面对现实政治问题,自管仲起,齐国进行了许多创造性的尝试。管仲和晏婴都是成功的政治家,在他们的实践和思想基础上,《管子》《晏子春秋》提出了许多有影响的政治理论,其中最重要的是重视礼治,礼治和法治相结合。直面社会问题、探索解决问题的方法,这种现实主义精神是最值得我们学习的。

一、管仲与《管子》

管仲是齐国的政治家,也是春秋时期法家早期代表人物。历代以来,人们都高度肯定管仲的政治功绩。有学者认为,"管仲在齐文化发展史上的

管仲与《管子》

地位与孔子在鲁文化发展史的地位十分相似。……管仲以霸业证明了齐学的有效,孔子则以奔走宣传弘扬鲁学的精髓。"[1]虽然《管子》一书"非作于一人,也非作于一时",但从中仍能看出管仲及管仲学派的基本主张。

(一) 管仲的生平

管仲(? —公元前645年,图5-5),姬姓,管氏,名夷吾,字仲,谥敬,被称为管子、管夷吾、管敬仲,颍上(今安徽省颍上县)人。

图5-5　管仲像

管仲辅佐齐桓公,在齐国实行了一系列的改革,"通货积财,富国强兵,与俗同好恶"(《史记·管晏列传》)。使齐国的国力迅速增强;倡"尊王攘夷",积极参与列国外交事务,成功抑制了北方少数民族的侵扰和南方楚国势力的北上,帮助齐桓公成就了霸业。

现存《管子》一书是刘向编定的。郭沫若认为:"《管子》书是一种杂脍,早就成为学者间的公论了,那不仅不是管仲做的书,而且非作于一人,也非作于一时。它大约是战国及其后的一批零碎著作的总集,一部分是齐国的旧档案,一部分是汉代开献书之令时由齐地汇献而来的。"[2]

1972年山东临沂银雀山汉墓出土的《守法守令等十三篇》中,有多篇文字与今本《管子》相雷同。据研究,大体上可以肯定,《管子》一书基本为战国时期人所作,而不是西汉时期的伪作。书中有不少稷下学宫学者的著作,阴阳家、道家、法家、儒家的许多代表人物都曾在稷下学宫讲学,刘向编书时,把他们的著作作为齐国的旧档案汇总编入了《管子》书中。

不过,在刘向编定现存的《管子》书之前,还另有一本《管子》书,这本《管子》书很可能就是不曾掺杂稷下学者著作的管仲学派的论文集。韩非、贾谊、司马迁都曾称引书中的内容,这些内容有明确的思想体系,现存的《管子》一书有许多篇体现了这些思想。如果依据他们引用的内容,结合现存《管子》,也能大体上了解管子思想的特征。

(二) 《管子》的思想

管子总结齐国社会改革的经验,为封建统治者提供了一个完整的政治哲学体系,这一体系和与鲁文化有渊源关系的孟荀(儒家)学派以及产生于三晋的商韩(法家)学派有着明显的不同。三派的区别在于对宗法制、宗法道德的态度不同,儒家主张全盘保留,法家主张全盘否定,管仲学派(齐学派)则采取半保留半否定态度,主张将宗法制和中央集权

---

[1] 孟祥才、胡新生:《齐鲁思想文化史》,山东大学出版社,2002,第93页。
[2] 郭沫若:《青铜时代·宋钘尹文遗著考》,《郭沫若全集》,人民出版社,1982,第551-552页。

制有机地结合起来,把礼治和法治有机地结合起来,既强调以法律来加强王权,又重视用宗法道德来巩固封建统治。这种不同源于历史和社会现实的不同:鲁国宗法制推行得彻底,而齐国则不彻底,晋国则推行得更不彻底;鲁国一直未进行彻底改革,齐国则推行了一定的改革,并推崇王权,三晋的改革则彻底打破了封建宗法制,国家政权地位提升,理论上表现为绝对王权主义。①

1. 社会政治思想

作为一名成功的政治家,管仲提出了许多影响深远的社会政治思想,《管子》中有很多篇都是对这些思想的论述和阐发,大体说来比较重要的有两个方面:以人为本、争取民心的施政原则;礼法并用的统治方术。

第一,以人为本,争取民心。"以人为本"是《管子》中明确提出的制定政策的出发点。《管子·霸言》中说:"夫霸王之所始也,以人为本。本治则国固,本乱则国危。""夫争天下者,必先争人",在《管子·霸形》篇中也有类似的话:"桓公变躬迁席,拱手而问曰:'敢问何谓其本?'管子对曰:'齐国百姓,公之本也。'"政治是人的活动,离开人一切无从谈起,以人为本的思想抓住了政治问题的关键,具有重要意义。

从以人为本出发,《管子》提出制定政策最关键的就是顺应民意、争取民心。"得众而不得其心,则与独行者同实"(《管子·参患》),"政之所兴,在顺民心。政之所废,在逆民心。民恶忧劳,我佚乐之。民恶贫贱,我富贵之,民恶危坠,我存安之。民恶灭绝,我生育之"(《管子·牧民》)。制定政策从满足人的欲望、需求出发,因势利导,就能够得到民众的拥护,进而使民众为统治者卖命,"能佚乐之,则民为之忧劳。能富贵之,则民为之贫贱。能存安之,则民为之危坠。能生育之,则民为之灭绝"(《管子·牧民》)。《管子》将这种关系称为"予之为取",也就是只有先给予民众想要的东西,才能反过来得到民众的拥护,"夫民必得其所欲,然后听上,听上,然后政可善为也"(《管子·五辅》)。

争取民心的关键在于"富民"。"夫治国之道,必先富民。民富则易治也,民贫则难治也"(《管子·治国》),"国多财则远者来,地辟举则民留处,仓廪实则知礼节,衣食足则知荣辱"(《管子·牧民》)。经济发展、民众富足是社会稳定、道德进步的基础。富民的途径是重农抑商,发展农业生产,粮食生产多了,才能国富兵强。"务五谷则食足,养桑麻、育六畜则民富"(《管子·牧民》),"夫富国多粟生于农,故先王贵之。凡为国之急者,必先禁末作文巧。……是以先王知众民、强兵、广地、富国之必生于粟也,故禁末作、止奇巧而利农事"(《管子·治国》),为了发展农业,就要重视天时、利用地利,鼓励农业生产。管子还提出了"相地而衰征"(《国语·齐语》)的赋税制度改革建议,即根据土地状况分级收取赋税。

---

① 任继愈:《中国哲学发展史(先秦)》,人民出版社,1983,第347-350页。

《管子》中也有重视商业、为工商业提供方便和优惠政策的内容，如"发伏利，输滞积，修道途，便关市"（《管子·五辅》），"而市者，天地之财具也，而万人之所和而利也……关者，诸侯之陬隧也，而外财之门户也，万人之道行也，明道以重告之。征于关者勿征于市，征于市者勿征于关"（《管子·问》）。《管子·轻重》诸篇主张国家通过货币税收政策来调控物价和经济，《管子》中还提到了国家经营商业，并实行粮食、盐、铁国家专卖制度。

　　《管子》中既有反对奢侈浪费的思想，如"审度量，节衣服，俭财用，禁侈泰，为国之急也"（《管子·八观》），也有通过消费刺激生产的思想，如"巨瘗垍，所以使贫民也；美垄墓，所以使文明也；巨棺椁，所以起木工也；多衣衾，所以起女工也"（《管子·侈靡》）。

　　《管子》重视战争，并认识到战争的胜负由经济实力决定，"是故以欲正天下者，财不盖天下，不能正天下"（《管子·七法》），应该"是故以众击寡，以治击乱，以富击贫，以能击不能"（《管子·七法》），同时也认识到战争是对人力和物力的极大消耗，主张不要轻易发动战争。

　　总之，《管子》中的以人为本、争取民心的思想，是对姜尚"因其俗，简其礼，通商工之业，便鱼盐之利"（《史记·齐太公世家》）治国思想的继承和发扬，这一思想对后世影响颇深。

　　第二，礼法并用。礼是不成文的习惯法，"它的特点在于调用温情脉脉的血缘感情来维护上下尊卑的名分等级，把统治与服从的政治关系和父慈子孝、兄友弟恭的亲属关系巧妙地交织在一起"。而法与礼不同，"它主要是指斩断血缘亲属关系而纯粹按政治权力的从属关系组织起来的一套等级制度，由于这套等级制度把人与人的关系完全变成为冷冰冰的统治与服从的政治关系，所以适应于这套等级制度的统治方术不在于提倡宗法道德，而在于严格执行按功过进行赏罚的办法，以维护君主意志的至高无上的权威"[①]。与儒家强调礼、法家强调法不同，《管子》主张采取礼法并用的统治方术。

　　《管子》强调"礼"的重要性。在《管子·牧民》篇中，提出了"四维"说，把礼义廉耻看成"国之四维"，即维护国家统治的四根大绳索，"守国之度，在饰四维"，"四维不张，国乃灭亡"[②]。《管子·权修》篇认为，礼义廉耻是政治的根本，四维要从小事做起，防微杜渐，"凡牧民者，欲民之谨小礼，行小义，修小廉，饬小耻，禁微邪，此厉民之道也。民之谨小礼，行小义，修小廉，饬小耻，禁微邪，治之本也"。《管子》对礼义廉耻的强调，主要是因为认识到了道德对于维护社会秩序的重要作用，礼所代表的宗法等级制度是西周强盛和稳定的重要原因，礼崩乐坏则是春秋战国混乱的重要表现。

　　同时，《管子》也极力强调法的作用，将法视为治国的根本，书中有许多这方面的论述，"故有国之君，苟不能同人心，一国威，齐士义，通上之治，以为下法，则虽有广地众民，犹不能以为安也"（《管子·法禁》），"凡君国之重器，莫重于令。令重则君尊，君尊则

---

① 任继愈：《中国哲学发展史（先秦）》，人民出版社，1983，第360页。
② 分别参见《管子·牧民》和《史记·管晏列传》卷六十二。

国安；令轻则君卑，君卑则国危"（《管子·重令》），"君臣上下贵贱皆从法，此谓为大治"（《管子·任法》）。

《管子》强调法必须公开、稳定。首先法应该公开，让民众知道，然后才能进行赏罚，"令未布而民或为之，而赏从之，则是上妄予也"，"令未布而罚及之，则是上妄诛也"（《管子·法法》）；其次，法应该稳定，保持一定的严肃性，不能朝令夕改，"号令已出又易之，礼义已行又止之，度量已制又迁之，刑法已错（措）又移之，如是，则庆赏虽重，民不劝也；杀戮虽繁，民不畏也"（《管子·法法》）。

对于礼与法的关系，《管子》中有许多矛盾的论述，在礼、法何为根本上，一方面说"所谓仁义礼乐者，皆出于法"（《管子·任法》），另一方面又说"法出于礼"（《管子·枢言》）；在具体的实施中，一方面说先实行道德教化，然后再实行法令；另一方面又说法先礼后。这些矛盾的论述既说明了《管子》思想来源的复杂性，也说明《管子》对礼、法的同等重视。礼、法都是统治方术，礼依赖于人们的道德自觉，法则依赖于国君对刑赏大权的掌握和运用，软、硬两手的目的都是维护统治的安定，这种主张被后来历朝的统治者采用。

2. 哲学思想

《管子》主要讨论的是社会政治问题，不是哲学问题。不过，《管子》中还是有一些值得注意的哲学思想成分，主要有对万物本源、天道人情问题的探讨以及"予之为取"的辩证思想。

第一，水为万物本原。"水者，何也？万物之本原也，诸生之宗室也，美恶贤不肖愚俊之所产也"，"万物莫不尽其几、反其常者，水之内度适也"，"人，水也。男女精气合，而水流形"（《管子·水地》），水是万物的本原，万物包括人类都由水构造而成，万物的变化也是因为得到水的浸润。《管子》还将各地民众性情的差异归结为水的不同，如"夫齐之水，道躁而复，故其民贪粗而好勇"等。"'水本原论'将世界本原归结为一种具体的物质——水，表明思想家对世界统一性的认识更加深刻，也表明人们的抽象思维能力发展到一个新的阶段"[1]。

第二，天道与人情。"天道就是指天时，说的是自然现象变化的规律"，天道不以人的意志为转移，也叫"公理"，这种天道观将天视为自然之天，去除了天的意志属性、神学属性，强调人要根据自然规律来行动，"顺天者有其功，逆天者怀其凶"（《管子·形势》），"人情这个范畴指的就是普遍的人性"[2]，"人情不二，故民情可得而御也"（《管子·权修》），"凡人之情，得所欲则乐，逢所恶则忧，此贵贱之所同有也。近之不能勿欲，远之不能勿忘，人情皆然"，"夫凡人之情，见利莫能勿就，见害莫能勿避"（《管子·禁藏》），"夫民者亲信而死利，海内皆然。民予则喜，夺则怒，民情皆然"（《管子·国蓄》）。这种人性论充分考虑了人的自然欲望。《管子》的政治思想以天道和人情为基础，既注重遵循自然现象的

---

[1] 孟祥才、胡新生：《齐鲁思想文化史》，山东大学出版社，2002，第99页。
[2] 任继愈：《中国哲学发展史（先秦）》，人民出版社，1983，第372页。

变化发展规律,又充分考虑人情好恶,注重争取民心和对民众进行礼义教化,从而与其他各家思想区别开来。

第三,予之为取。"故知予之为取者,政之宝也"(《管子·牧民》),司马迁将这句话作为管子的思想特征,说:"故论卑而易行。俗之所欲,因而予之;俗之所否,因而去之。""其为政也,善因祸而为福,转败而为功。"(《史记·管晏列传》)前面讲到《管子》争取民心的思想时,也提到了"予之为取"这一思想,给予、取得这一对矛盾是相互依存并相互转化的,要想从民众那里得到好处,就要实行顺从民心的政策,给予民众想要的东西。《管子》注重研究事物的矛盾,提出了许多矛盾范畴,如予夺、险易、利害、难易、开闭、杀生、刚柔、轻重、大小、实虚、远近、多少等,《管子》还研究了处理矛盾的方法,提出了要顺应自然、掌握时机、避免主观、控制条件、使事物向有利的方面转化,掌握主动权、立于不败之地等方法,既重视顺应天道、自然,又强调人为、发挥人的主动能力,显现出独特、鲜明的特征。

除了上述哲学思想外,许多学者认为《管子》中的《心术(上、下)》《白心》《内业》等几篇也颇为重要,这些篇章一方面继承了老子学说的思想资料,另一方面又批判或改造了老子的哲学体系,对后来荀子和韩非的哲学思想产生了重要的影响,一般认为这四篇是宋钘、尹文所做。另外,从唐朝开始,杜佑《通典》就认为《礼记·月令》出于《管子》,《月令》属于阴阳家的思想,主张依四季不同安排行政和生产,对中国古代社会生活产生了深远的影响。

二、晏子与《晏子春秋》

晏子与《晏子春秋》

晏婴生活的年代比管仲晚了百余年,他凭借自己出色的外交活动,成为举世公认的一流政治家和思想家。当然,晏婴的政治功绩和思想深度都无法与管仲媲美,但是他也在一定程度上发展了管仲的思想,为扩大齐文化的影响做出了重要贡献。

(一) 晏婴的生平

晏婴(?—公元前500年),字仲,谥平,所以也称晏平仲,亦称晏子。齐国莱地夷维(今山东高密市)人,齐国上大夫晏弱之子。齐灵公二十六年(公元前556年),晏婴父亲去世后,他继任上大夫,此后他先后辅佐了灵公、庄公、景公,长达52年之多。据说晏婴身材短小,但才智过人、足智多谋、能言善辩,历史上留下了许多体现他机智幽默的小故事。晏婴非常节俭,"以节俭力行重于齐","食不重肉,妾不衣帛"。在辅政期间,他屡屡劝谏齐国国君,又能举荐贤才,在代表齐国出使时,充分展现他的辩才,成为当时颇有影响的政治家,"以此三世显名于诸侯"(《史记·管晏列传》)。

晏子一生留下了许多脍炙人口的故事,如大家比较熟悉的晏子使楚、二桃杀三士、挂牛头卖马肉等,从这些故事中可以看出晏子是一个富有智慧、能言善辩、机智幽默、成熟稳重的人。孔子称赞晏婴:"救民之姓而不夸,行补三君而不有,晏子果君子也"(《晏子春秋·外篇上·第二十七》),"不以已之是,驳人之非,逊辞以避咎,义也夫"(《晏子春秋·内篇杂上·第三十》),"晏平仲善与人交,久而敬之"(《论语·公冶长》)。司马迁:"方晏子伏庄公尸哭之,成礼然后去,岂所谓'见义不为无勇'者邪?至其谏说,犯君之颜,此所谓'进思尽忠,退思补过'者哉!假令晏子而在,余虽为之执鞭,所忻慕焉。"(《史记·管晏列传》)

(二)《晏子春秋》与晏子的思想

《晏子春秋》旧本题为齐国晏婴所撰,这显然是依托,有人认为是战国时齐国博士淳于越所撰。《晏子春秋》主要记述晏子的言行和政治活动,其中有很多晏婴劝告君主勤政、不要贪图享乐,以及爱护百姓、任用贤能和虚心纳谏的谏诤之言,共有215个故事,对话生动、情节曲折,充分表现出了晏子的修养、主张、才干、机敏,但也存在戏剧冲突太多、太过的问题,"鄙倍荒唐,殆同戏剧"(《郡斋读书志》),不像是史实记载,更像是民间传说加工而来。它曾被认为是一部伪书,1972年银雀山汉墓出土了《晏子春秋》,证明它不是伪书,而是先秦典籍。对于《晏子春秋》的性质,学界有过争议,它曾被归入子部,《四库全书》将它归入史部传记类,现在一般将它视为记叙散文。

《汉书·艺文志》记为《晏子》八篇,《郡斋读书志》记为十二卷,现在流行的《晏子春秋》分内篇、外篇两部分,内篇分谏上、谏下、问上、问下、杂上、杂下六篇,外篇分上、下两篇。谏上、谏下主要记叙晏婴劝谏齐君的言行;问上、问下主要记叙君臣之间、卿士之间以及外交活动中的问答;杂上、杂下主要记叙晏婴的其他各种各样的事件。外篇两篇内容较为驳杂,与内篇六篇相通而又相别。各篇之间的内容既有相对的独立性,又互有联系,个别的还有互相矛盾之处。

《晏子春秋》中的思想较为驳杂,秦始皇时被列在禁毁书目中。刘向、班固将它列入儒家,柳宗元则认为其中的思想更接近墨子。现在一般认为它既不属于儒家思想体系,也与墨家有本质区别,"独成一家、自成体系"[①]。

1. 重视"礼"

《晏子春秋·内篇谏下·第二十五》说:"礼者,所以御民也;辔者,所以御马也,无礼而能治国家者,婴未之闻也。"将礼看作治国的根本,在《晏子春秋》中表现得比较明显,这与晏子的思想是相符合的,《左传·昭公二十六年》记载齐景公与晏子讨论国内的危机,针对如何应对陈氏势力膨胀的问题,晏子表示:"唯礼可以已之。在礼,家施不及国,民不迁,农不移,工贾不变,士不滥,官不滔,大夫不收公利。"齐景公说:"善哉!我不能矣。吾今而后知礼之可以为国也。"晏子又说:"礼之可以为国也久矣,与天地并。君令臣共,

---

① 安作璋、王志民主编:《齐鲁文化通史·春秋战国卷》,中华书局,2004,第150页。

父慈子孝，兄爱弟敬，夫和妻柔，姑慈妇听，礼也。君令而不违，臣共而不贰，父慈而教，子孝而箴，兄爱而友，弟敬而顺，夫和而义，妻柔而正，姑慈而从，妇听而婉，礼之善物也。"从中可知，晏子心目中的"礼"，既包括保持现有社会秩序的政治思想，也包括"君令臣共，父慈子孝，兄爱弟敬，夫和妻柔，姑慈妇听"的伦理思想。其中最有价值的是，他指出了礼的要求是双方面的，不是臣、子、弟、妻、妇等处于下位的人的单方面义务，对处于上位的君、父、兄、夫、姑也提出了具体的要求，也就是说，要维护"礼"，需要所有人都遵守一定的行为准则，这比后来的三纲五常的要求更为合理。

从维护"礼"出发，晏子对很多行为进行了批评，这尤其表现在他对齐国国君的各种劝谏上，"景公饮酒酣，曰：'今日愿与诸大夫为乐饮，请无为礼。'晏子蹴然改容曰：'君之言过矣！群臣固欲君之无礼也。力多足以胜其长，勇多足以弑其君，而礼不使也。禽兽以力为政，强者犯弱，故日易主。今君去礼，则是禽兽。群臣以力为政，强者犯弱，而日易主，君将安立矣！凡人之所以贵于禽兽者，以有礼也；故《诗》曰：'人而无礼，胡不遄死？'礼不可无也。'"（《晏子春秋·内篇谏上·第二》）从这里也可以看出，他所强调的"礼"，首先意味着对上位者行为的要求，他认为礼正是人禽之别，是对弱肉强食、恃强凌弱的动物法则的否定，如果没有这种秩序的约束，人类社会就会倒退回动物世界。"今齐国五尺之童子，力皆过婴，又能胜君，然而不敢乱者，畏礼也。上若无礼，无以使其下；下若无礼，无以事其上。夫麋鹿维无礼，故父子同麀。人之所以贵于禽兽者，以有礼也。婴闻之，人君无礼，无以临其邦；大夫无礼，官吏不恭，父子无礼，其家必凶；兄弟无礼，不能久同。"（《晏子春秋·外篇上·第一》）在这里，对于"礼"的作用，说得更加清楚明白，要维护社会的安定团结，就需要大家共同遵守"礼"这种行为准则，不然社会就无法正常运转。

但是，晏子的思想与儒家并不相同，《史记·孔子世家》中记载了他对儒家的批评："景公说，将欲以尼谿田封孔子。晏婴进曰：'夫儒者滑稽而不可轨法；倨傲自顺，不可以为下；崇丧遂哀，破产厚葬，不可以为俗；游说乞贷，不可以为国。自大贤之息，周室既衰，礼乐缺有间。今孔子盛容饰，繁登降之礼，趋详之节，累世不能殚其学，当年不能究其礼。君欲用之以移齐俗，非所以先细民也。'"在这里，他主要是批评孔子的"礼"过于烦琐，不利于学习推行，厚葬不利于经济。从这些批评可以看出，晏子所崇尚的"礼"更偏重于伦理等级、社会秩序的意义，而不屑于繁文缛节。

2. 崇尚节俭

晏子对孔子的批评与墨家的主张相近，对节俭的推崇也与墨家相似。《晏子春秋》多处描写晏子的节俭观念，他将节俭视为贤人的基本品质，以节俭严格要求自己。如，齐景公三年（公元前545年），景公要给晏子加封邶殿，晏子拒绝接受。《左传·昭公三年》中则记载了齐景公要给晏子翻新住宅被拒绝的事情。《晏子春秋》中还记载了许多晏子辞谢封赏的故事。例如，齐景公要赏赐他车马，他却说："君使臣临百官之吏，臣节其衣服饮食之养,以先齐国之民,然犹恐其侈靡而不顾其行也。今辂车乘马,君乘之上,而臣亦乘之下,民之无义,侈其衣服饮食而不顾其行者,臣无以禁之。"(《晏子春秋·内篇杂下·第二十五》)由此可以看出,晏子之所以崇尚节俭,是想要为齐国百姓做表率,以防止他们为了追求奢侈的生活而不择手段。

《礼记·檀弓下》中记载有这样一段曾子和有子的对话:"曾子曰:'晏子可谓知礼也已,恭敬之有焉。'有若曰:'晏子一狐裘三十年,遣车一乘,及墓而反。国君七个,遣车七乘,大夫五个,遣车五乘。晏子焉知礼?'曾子曰:'国无道,君子耻盈礼焉。国奢则示之以俭,国俭则示之以礼。'"在这则对话中,有子质疑晏子违反了礼仪的规定,而曾子则认为晏子是意在纠正奢靡的民风,所以认可他的节俭做法。

唐代文人柳宗元在其《辩晏子春秋》中说:"吾疑其墨子之徒有齐人者为之。墨好俭,晏子以俭名于世,故墨子之徒尊著其事,以增高为己术者。其旨多尚同、兼爱、非乐、节用、非厚葬久丧者,是皆出《墨子》。"他认为《晏子春秋》中的尚俭等思想出自墨家,"非晏子为墨也,为是书者墨之道也"(《辩晏子春秋》)。但是,也有学者指出,晏子的思想与墨家有区别,而且晏子在墨子之前,"晏子是墨家所最崇拜的人"①,《晏子春秋》中的记载可能掺杂了后世墨家的思想,而不能认为晏子是墨家的先声。

3. 反对迷信

《晏子春秋》中记载了许多晏婴反对迷信的故事,虽然在某些故事里,也有晏婴似乎相信梦占并为齐景公释梦的情节,但是从总体上看,晏子是反对鬼神迷信的。

齐景公三十二年(公元前516年),东北方出现彗星。景公叹息说:"堂堂!谁有此乎?"群臣皆忧然泪下。晏婴反而大笑,景公恼怒。晏婴说:"臣笑群臣谀甚。"景公说:"彗星出东北,当齐分野,寡人以为忧。"晏婴说:"君高台深池,赋敛如弗得,刑罚恐弗胜,茀星将出,彗星何惧乎?"景公说:"可禳否?"晏婴说:"使神可祝而来,亦可禳而去也。百姓苦怨以万数,而君令一人禳之,安能胜众口乎?"②如果鬼神会听从人的愿望,那么巫祝一个人祈祷的力量不可能比得上百姓们同时祈祷的力量,所以与其相信巫祝,从事迷信活动,不如善待百姓,这就从逻辑上否定了迷信活动的意义。

《晏子春秋》《左传》都记载了齐景公久病不愈、欲诛祝史,结果被晏婴谏止的事情。晏婴表示:"百姓之咎怨诽谤,诅君于上帝者多矣。一国诅,两人祝,虽善祝者不能胜也。且夫祝直言情,则谤吾君也;隐匿过,则欺上帝也。上帝神,则不可欺;上帝不神,祝亦无益。"(《晏子春秋·内篇谏上·第十二》)如果上帝有神灵,那么靠祝史去欺骗上帝没有用;如果上帝没有神灵,连欺骗都不能识破,那么祈祷更没有用,所以结论就是不管上帝是否有神灵,从事祭祀、祈祷等活动都没有什么意义,对于治理国家来说,有意义的活动是减轻赋役,使百姓安居乐业,而不是从事祭祀活动。《晏子春秋》还记载了许多晏婴谏止

---

① 郭沫若:《墨家节葬不非殉》,人民出版社《郭沫若全集》,1984,第132页。
② 分别参见《史记·齐太公世家》和《左传·昭公二十六年》。

占梦、禳祭、祷雨的故事。总之，晏婴重德不重神，对各种鬼神迷信不以为然，他认为比起乞求鬼神、敬畏天象来，修德爱民是统治者更应该做的事。

齐景公与晏婴等人同游牛山，想到人总是要死的，不禁痛哭失声，随从都跟着哭起来，只有晏婴"独笑于旁"，齐景公责怪他，晏婴说，如果人不会死，根本轮不到你做国君，现在轮到你做国君，你却想长生不老，"是不仁也"（《晏子春秋·内篇谏上·第十七》）；在另一篇中，齐景公说"古而无死，其乐若何"，晏婴说："古若无死，爽鸠氏之乐，非君所愿也"（《晏子春秋·外篇上·第四》），对于统治者的无知虚妄，给予了无情的嘲笑，联想到后世千百年中出现的执迷求长生的君王们，不能不说这些故事充分体现了晏婴清醒务实的理性精神，这种理性精神是愚昧迷信最好的解毒剂。

4. 和而不同

《晏子春秋》论证了"和"与"同"两个概念。景公认为梁丘据与自己"和"，晏子不同意，认为据与景公只是"同"，不是"和"，"和如羹焉。水火醯醢盐梅，以烹鱼肉，燀之以薪，宰夫和之，齐之以味，济其不及，以洩其过，君子食之，以平其心"，"声亦如味，一气，二体，三类，四物，五声，六律，七音，八风，九歌，以相成也；清浊，大小，短长，疾徐，哀乐，刚柔，迟速，高下，出入，周疏，以相济也"（《晏子春秋·外篇上·第五》）。和就像是厨师用水火、醋酱、盐梅来烹调鱼肉，做出美味的菜肴；声音也一样，由不同元素组成，互相调节。同则不然，只是将完全同质的东西放在一起，根本无法产生有价值的新东西。"若以水济水，谁能食之？若琴瑟之专一，谁能听之？"（《晏子春秋·外篇上·第五》）君臣之间也是如此，如果臣子事事迎合国君，这只是同，不是和，对于治理国家没有帮助；相反，大臣随时发表与国君不同的见解，补充君主不足，这就是"和而不同"，国君从善如流、大臣直言敢谏，才能真正解决问题，实现国家进步，这才是值得提倡的行为。这种富有辩证法思想的论述在中国哲学史上成为一大亮点。

《晏子春秋》中的这一思想与《论语》中的"君子和而不同，小人同而不和"（《论语·子路》）相似，都达到了一定的理论深度，事物是由矛盾组成的，将所有矛盾都消灭、实现没有矛盾并不是最理想的状态，而且在现实中也是不可能实现的，往往只是掩耳盗铃，对矛盾视而不见罢了。能够调和各种矛盾，使它们有机统一在一个整体里，这才是真正的和谐，才能取得真正的发展。所以，和而不同不但在政治领域是至理名言，对其他领域也很有意义。

本章小结

本章所介绍的齐国的传统思想，典型地体现了齐文化务实、功利的特征。

司马穰苴、孙武、孙膑这三位兵法大师，与齐国的兵学文化传统有着很深的联系。《司马法》将战争的目的规定为"仁"，战争的目的是安人、爱民，而不是单纯的杀戮。《司马法》强调"视敌而举""因心之动",根据敌人的变化而变化,抓住了战争的本质和关键;它强调要综合、全面地考虑战争中的各种因素,尤其是上下同心、争取民心,抓住了决定胜负的根本。《孙子兵法》贯彻理性思维的方法,主张从实际情况出发,在观察、分析现实的基础上,做出最佳决策,对战争的目的、战争与政治经济的关系都有了更深刻的认识,对于如何取得战争胜利也提出了行之有效的策略,那就是在全面了解敌我双方情况的基础上,用矛盾思维法抓住本质,充分利用矛盾,促进矛盾的转化,发挥主观能动性,争取战争主动权,尤其是在如何运用智谋扰乱敌人、保持灵活机动、精准打击敌人弱点等方面,无不充分体现出他对战争的理解深度。他的思想影响也早已超越了军事领域。《孙膑兵法》对战争的认识比《孙子兵法》又进了一步,提出了"攻其无备,出其不意""因势""造势"等先进的军事思想。

邹衍在总结传统思想中的五行、阴阳思想的基础上,提出了自己的大九州地理观、五德终始历史观。大九州是对世界地理的天才想象,也展示了齐文化开放、阔达的视野和胸襟,它破除了自我中心的观念,显示出开拓进取的精神状态;五德终始则体现了对人类历史的宏观认识,认为历史是循环变动的,变动的原因在于五德转移,符瑞、灾异是对这一变动的提示,人要适应这种变动,根据五德循环调整自己的行动。五德终始说为改朝换代提供了理论依据,迎合了当时的君王和后世野心家的需要,因此在中国历史发展中产生了深远影响,同时这一学说对我国的民间文化也有很深的影响。

作为齐桓公春秋首霸的幕后功臣,管仲的政治实践极大地发展了齐文化务实、功利的特征,现存的《管子》一书掺杂进了许多稷下学者的观点,但是大体上仍能通过它在一定程度上了解管子思想的特征。《管子》在社会政治思想上主张以人为本、争取民心的施政原则,强调礼法并用的统治方术;《管子》中还有比较丰富的哲学思想成分,水本原说、天道与人情的关系、"予之为取"的辩证法思想都是值得注意的哲学思想。春秋晚期,大政治家晏子以其才智显于诸侯,他在内政、外交方面都有所建树,孔子也曾多次赞扬他。现存的《晏子春秋》虽然有各种问题,但其中的思想也仍颇具价值,重视、维护"礼",强调德化,崇尚节俭、贬斥迷信,这些思想既有儒家思想的成分,也有接近于墨家思想的成分,但又与儒、墨有区别,贯穿其中的是齐文化务实、功利的思想风格。《晏子春秋》提出的"和而不同"思想也极富启发意义,没有矛盾并非理想状态,调和矛盾,使矛盾有机统一在一个整体里,才是真正的和谐,才能取得发展。

思考与实践

一、思考题

1. 从司马穰苴到孙武、孙膑,他们的思想中有哪些共性的主张?在其演进过程中,有哪些方面被重点发展了?为什么?

2. "避实而击虚""以患为利",孙武的这一思想对我们有何启示?

3. 符瑞、灾异这些学说并未离我们的生活远去,请总结一下你所知道的这方面的知识,并思考一下为什么这种学说能够流传几千年?

4. 你还知道有哪些对宇宙运行做出解释的学说?试举两个例子进行比较。

5. "夫治国之道,必先富民",是《管子》留给我们的宝贵财富。今天,如何实现国富民强仍是重要的时代课题。那么,你认为《管子》的富民思想中有哪些仍可以借鉴?哪些则需要引以为戒?

6. 《晏子春秋》中的"和而不同"思想极富于智慧,请结合你的个人经历谈谈对这一思想的认识。

二、实践题

1. 兵家的思想在现实生活中仍被广泛应用着,如《股市三十六计》等书籍就有很大的市场。请统计一下你所能见到的兵家思想的应用领域,并思考为什么兵家思想能在这些领域保持着生命力?

2. 针对身边的人做一个小调研,看看大家对五行、阴阳学说的了解和认同程度,在此基础上进行思考,并撰写一个专题调研报告。

参考文献

[1] 冯友兰. 中国哲学简史[M]. 北京: 新世界出版社, 2004.

[2] 劳思光. 新编中国哲学史[M]. 北京: 三联书店, 2019.

[3] 任继愈. 中国哲学史: 第一册[M]. 北京: 人民出版社, 2003.

[4] 任继愈. 中国哲学发展史: 先秦卷[M]. 北京: 人民出版社, 1983.

[5] 李泽厚. 中国古代思想史论[M]. 北京: 人民出版社, 1985.

[6] 孟祥才, 胡新生. 齐鲁思想文化史[M]. 济南: 山东大学出版社, 2002.

[7] 安作璋, 王志民. 齐鲁文化通史: 春秋战国卷[M]. 北京: 中华书局, 2004.

[8] 骈宇骞, 等. 武经七书[M]. 北京: 中华书局, 2020.

[9] 骈宇骞, 王建宇, 牟虹, 郝小刚, 译注. 孙子兵法 孙膑兵法[M]. 北京: 中华书局, 2006.

[10] 李山, 轩新丽, 译. 管子[M]. 北京: 中华书局, 2019.

[11] (清)戴望. 诸子集成第五册: 管子校正[M]. 北京: 中华书局, 1954.

[12] 孙彦林, 周民, 苗若素. 晏子春秋译注[M]. 济南: 齐鲁书社, 1991.

第六章

齐鲁传统文学与艺术

　　本章主要介绍齐鲁大地古代文学、艺术的基本面貌,以及代表作家和作品。诗词方面,从《诗经》入手,重点介绍了鲍照、李攀龙、王士禛的诗作,以及李清照、辛弃疾的词作。散文方面,重点介绍了《论语》《孟子》《左传》等经典散文。小说方面,则重点关注了古代短篇小说之王——蒲松龄和他的《聊斋志异》。同时,从齐鲁传统艺术和文化艺术"活化石"的视角,向大家呈现了以齐鲁传统书画艺术以及民间音乐、传统戏剧、民间舞蹈等为代表,在山东大地活态传承的民间艺术。从浑然天成、风格高雅的书画艺术到曲调优美又具有叙事情节的五音戏、聊斋俚曲,喜庆、热烈的杨家埠年画、扑灰年画,灵动、精细的高密剪纸……五彩缤纷的非物质文化遗产,奏响了齐鲁文化生生不息的时代乐章。

第一节　齐鲁古典文学

> 齐鲁大地自古就是文人荟萃之地，历史上曾孕育出大批文人作家，譬如孔子、孟子、左丘明、孔融、王粲、左思、王羲之、鲍照、段成式、王禹偁、晁补之、李清照、辛弃疾、张养浩、李开先、李攀龙、王士禛、蒲松龄等，他们的名字在中国文学史和文化史上光彩照人。山东古代的作家们在散文、诗歌、小说等方面成就斐然。俗话说："睹乔木而思故家，考文献而爱旧邦。"那么，现在就让我们踏上齐鲁古典文学之路，去看看先贤们留下的宝贵文学遗产吧。

自先秦时期起，齐鲁大地就成为人文荟萃之地。先秦时期文学的主要体裁是诗歌、散文，我国第一部诗歌总集《诗经》就收录了齐鲁大地上产生的许多脍炙人口的佳篇美什，中国古代散文奠基时期的作者也多有齐鲁先贤的身影。譬如：孔子整理过《诗经》《尚书》，修撰《春秋》，赞述《周易》，是中国文化史、文学史上的巨人；孟子祖述孔子之说，成为孔子之后的另一位儒家代表人物。记载孔子、孟子言论的《论语》《孟子》是先秦时期诸子散文的重要代表作品。此外，据《史记》记载，优秀历史散文《左传》《国语》的作者是当时的鲁国人左丘明。

秦汉以降，山东籍的诗文作家更是灿若群星，例如：汉代的东方朔、邹阳、孔臧、主父偃，三国时期的诸葛亮、孔融、王粲、刘桢、徐干、仲长统，西晋的左思，东晋王导、王羲之，南北朝的颜延之、鲍照、王融、何逊、徐陵、温子昇、王褒、颜之推，唐五代的崔融、孙述、刘沧、段成式、和凝等，宋元时期的王禹偁、穆修、石介、晁补之、李清照、辛弃疾、杜仁杰、张养浩等，明清时期的边贡、李开先、李攀龙、王象春、宋琬、王士禛、赵执信、孔尚任、蒲松龄等。他们的创作成就以及其中所体现的文学理论对后世产生了广泛而深远的影响，为中国文化史留下了丰厚的文化遗产。

一、诗词

齐鲁古代文学发生较早，我国的第一部诗歌总集《诗经》就记录了齐鲁诗人们的颂声雅韵，"十五国风"里属于山东域内的就有《齐风》《曹风》，"三颂"之一有《鲁颂》。自先秦至明清，名篇佳作历代不乏。本章重点介绍三位诗人：晋代的鲍照、明代的李攀龙、清代的王士禛。

齐鲁文学之诗词

鲍照（约414—466年，图6-1），字明远，祖籍东海（今山东郯城县西南），刘宋时期著名文学家，与颜延之、谢灵运合称"元嘉三大家"。鲍照家世贫贱，经历坎坷，曾任临海王刘子顼所辖荆州前军参军，刘作乱时，鲍照为乱兵所杀。鲍照长于乐府诗，其七言诗对唐代诗歌的发展产生了重要影响，有《鲍参军集》传世。

鲍照的文学成就体现在多个方面，诗文辞赋都不乏名篇，尤以诗歌著称，其诗多为乐府诗。《拟行路难》十八首是其代表作，有些抒发有志难伸、怀才不遇的悲愤之情，如第四首；有的则表现了作者孤傲和倔强的性格，如第六首；有的则反映了战乱给人们带来的痛苦，如第十二首和第十三首。我们来欣赏第四首①：

图6-1 鲍照像

　　泻水置平地，各自东西南北流。
　　人生亦有命，安能行叹复坐愁？
　　酌酒以自宽，举杯断绝歌路难。
　　心非木石岂无感？吞声踯躅不敢言。

这首诗托物言志，入手便写水泻地面、四方流淌的现象，诗人由此悟出了与之相似相通的人生哲理。这首诗采用比兴手法，以"水"喻人，把水流向东西南北不同方位，比作人在社会生活中存在高低贵贱的不同，许多像诗人一样出身寒微的人，他们也都像诗人一样忍气吞声，默默地吞咽下愤怒和痛苦，这正是人间极大的不幸。忍气吞声，却无声胜有声，有志难伸、怀才不遇的悲愤之情溢于言表。除此之外，《代东武吟》《代苦热行》《代出自蓟北门行》等诗还反映了军旅生活的艰辛，对唐代的边塞诗颇有影响。

同为刘宋"元嘉三大家"，鲍照地位较之颜、谢为低，颜延之和谢灵运诗风典雅绮丽，鲍照则追求凌厉，并开创出一种通俗浅显、奔放流畅的风格，及至唐代产生了巨大影响。同时，鲍照在五言之外，努力追求七言诗的写作艺术，将七言诗句句押韵变为隔句押韵，这也奠定了后世七言古诗的基本形式②。

李攀龙③（1514—1570年，图6-2），字于鳞，历城（今山东济南市）人。嘉靖二十三年（1544年）进士，次年以疾

图6-2 李攀龙塑像（济南趵突泉公园白雪楼内）

---

① 余冠英编选：《乐府诗选》，人民文学出版社，1959，第185-186页。
② 参考李伯齐：《山东分体文学史》（诗歌卷），齐鲁书社，2005，第59-61页。
③ 参考李伯齐：《山东分体文学史》（诗歌卷），齐鲁书社，2005，第396-402页。

告归。嘉靖二十六年（1547年），授刑部广东司主事，三年之后升员外郎，不久迁山西司郎中。嘉靖三十二年（1553年），外放顺德（今河北邢台市）知府，以政绩突出擢升陕西按察司提学副使。不久辞归，在济南筑白雪楼，隐居十年。隆庆元年（1567年），复起为浙江按察司副使，迁参政，再迁河南按察使。旋即以丁母忧辞归，由于哀毁过甚，暴病而卒，享年57岁。

李攀龙于京师任职期间，与王世贞、宗臣、吴国伦、梁有誉、徐中行、谢榛等人以诗文相往来，他们的文学主张相近，故七人有"后七子"之称。李攀龙创作成就虽稍弱于王世贞，但得到王世贞等人的共相推举，为文坛领袖近三十年，有《沧溟集》行于世。

在诗歌创作上，李攀龙的七言绝句蕴藉绵邈，甚得风人之致，如《于郡城楼送明卿之江西》（四首其三）[①]：

> 青枫飒飒雨凄凄，秋色遥看入楚迷。
> 谁向孤舟怜逐客，白云相送大江西。

明卿为吴国伦的字，其人因同情被严嵩迫害致死的杨继盛而触怒这位权臣，由兵科给事中贬为江西按察司知事，其南行赴官，经过顺德时，知顺德府的李攀龙作四首诗相送，这是其中的第三首。诗歌以秋天的凄风苦雨之景起句，以绵绵无尽的白云作结，将友朋间惺惺相惜的情谊融入了凄迷的雨幕、缠绵的白云中，言短情深，悠悠不尽。

李攀龙的七律忧时感事，具有悲壮雄浑的风格和意蕴，一种充满忧思感的情怀，其《杪秋登太华山绝顶》（四首）[②]正是其中的代表作品。

> 华顶苍茫四望开，正逢萧瑟气悲哉。黄河忽堕三峰下，秋色遥从万里来。北极风尘还郡国，中原日月自楼台。君王傥问仙人掌，愿上芙蓉露一杯。
>
> 缥缈真探白帝宫，三峰此日为谁雄？苍龙半挂秦川雨，石马长嘶汉苑风。地敞中原秋色尽，天开万里夕阳空。平生突兀看人意，容尔深知造化功。
>
> 太华高临万里看，中原秋色更漫漫。振衣瀑布青云湿，倚剑明星白日寒。东走峰阴摇砥柱，西来紫气属长安。自怜彩笔惊人在，只尺天开谒帝难。
>
> 徙倚三峰峰上头，萧条万里见高秋。莲花直扑青天色，玉女常含白雪愁。树杪云霾沙漠气，岩前日晕汉江流。停杯一啸千年事，不拟人间说壮游。

这四首诗被胡应麟誉为"千古绝唱"。它具有雄阔的抒情背景华山；具有宏大的时空范围：百年、千里；还具有涵浑强烈的内心感受：震撼、感动、失意、兴奋、萧索。应该说，诗人的情感并不局限于目前，而是平时诸多情感蓄积的总爆发，眼前的景物是诗情的引子，当引燃了诗人的情感之焰，它们则消退到后面，变成了模糊化的衬托和背景。

---

① （明）李攀龙撰，包敬第标校：《沧溟先生集》，上海古籍出版社，1992，第307页。
② （明）李攀龙撰，包敬第标校：《沧溟先生集》，上海古籍出版社，1992，第214-215页。

清初最著名的诗人当属王士禛。王士禛①（1634—1711 年，图6-3），字贻上，号阮亭，别号渔洋山人，山东新城（今山东淄博市桓台县）人，顺治朝进士，官至刑部尚书。他出身世家大族，深受家庭的熏陶，自幼能作诗，并有诗名。顺治十六年（1659 年），选为扬州推官，其诗受到诗坛盟主钱谦益的称赞。钱谦益去世后，王士禛成为一代诗宗。他论诗以神韵为归，推崇司空图的"韵外之致""不着一字，尽得风流"以及严羽的"羚羊挂角，无迹可求"。他在《蚕尾续集序》中说："梅止于酸，盐止于咸，饮食不可无酸咸，而其美常在酸咸之外，酸咸之外者何？味外味也；味外味者，神韵也。"所谓神韵，主要是要求诗歌具有含蓄深蕴、言尽意不尽的特点。以此为宗旨，他特别推崇清幽淡远、不可凑泊而富有诗情画意的诗作，唐代王维、孟浩然的诗正是其效法的典范。

图6-3　王士禛像

王士禛的诗歌创作，早年从明七子入手，"中岁逾三唐而事两宋"，晚年又转而宗唐，但在这三次转变中，提倡"神韵说"是贯穿始终的。在他的诗作中，风神独绝的神韵诗占了主流，尤其是模山范水、批风抹月的"山水清音"，冲和淡远，风致清新，继承王维、孟浩然一派的家数，含情绵渺而出之纡徐曲折，惨淡经营却不露斧凿痕迹，词句明隽圆润，音节流利跌宕，代表了其诗的主要成就和特色。王士禛 24 岁时在济南大明湖所赋《秋柳四首》，为其成名之作，大江南北和者不下数十家。下面就是《秋柳》中的一首②：

秋来何处最销魂？残照西风白下门。他日差池春燕影，只今憔悴晚烟痕。
愁生陌上黄骢曲，梦远江南乌夜村。莫听临风三弄笛，玉关哀怨总难论。

诗中博取秋柳凋伤的自然意象和历史兴废的人事意象，把对秋柳的感伤推向了久远的历史、无限的空间，使人感到秋柳无时不关情，秋柳无处不销魂，秋柳无人不伤神，表达了易代之际世人心态上物是人非、盛景难再的幻灭感。此外，他在南京作的《秦淮杂诗》，在扬州作的《冶春绝句》，都委婉、曲折地表现了对朝代更替的感伤。如《秦淮杂诗》第一首③：

年来肠断秣陵舟，梦绕秦淮水上楼。
十日雨丝风片里，浓春烟景似残秋。

诗作含蓄空灵，把鼎革后的失落与迷茫，转向超脱和玄远，具有幽静淡泊之美。再如

---

① 参考黄霖、袁世硕、孙静：《中国文学史》（第四册），高等教育出版社，2017，第 232-238 页。
② （清）王士禛撰，李毓芙等整理：《渔洋精华录集释》，上海古籍出版社，1999，第 68 页。
③ 陈友琴选注：《中国古典文学作品选读·元明清诗一百首》，上海古籍出版社，1982，第 115 页。

他的《再过露筋祠》①：

> 翠羽明珰尚伊然，湖云祠树碧于烟。
> 行人系缆月初堕，门外野风开白莲。

再看《寄陈伯玑金陵》一诗②：

> 东风作意吹杨柳，绿到芜城第几桥？
> 欲折一枝寄相忆，隔江残笛雨潇潇。

前者描绘水乡河湖纵横的宁谧景色，宛然如画，特别是风神清秀的白莲，既实写祠外之景，又虚应神像与贞女，"不即不离，天然入妙"，引发读者想象和联想，余音袅袅。后者思念孤居南京的朋友，但诗歌并不直白抒情，借"杨柳""残笛"等意象所携带的丰厚信息，辅以眼前的"潇潇"雨景，自然让人感受到与朋友之间真挚的友情。

入蜀使粤诗的变异，是王士禛宗宋的反映和结果。他分别于康熙十一年（1672年）典试四川和二十四年（1685年）祭告南海时所作《蜀道集》《南海集》，如施闰章所说："往日篇章清如水，年来才力重如山。"（《学馀诗集》，《施愚山全集》）意境开阔，气概不凡，风格苍劲雄放。《晚登夔府东城楼望八阵图》《定军山诸葛公墓下作》《南阳》《荥泽渡河二首》等，即景感怀，吊古伤今，格调激越，气韵沉健。如《登白帝城》③：

> 赤甲白盐相向生，丹青绝壁斗峥嵘。千江一线虎须口，万里孤帆鱼复城。
> 跃马雄图馀垒迹，卧龙遗庙枕潮声。飞楼直上闻哀角，落日涛头气不平。

该诗凭古吊今，刻画古城形胜，抒发自己的兴亡之感，声情悲壮，风格类似杜甫。

还有，他的《茅山进香曲》清新自然，《大风渡江四首》轻捷明快，《悼亡诗·哭张宜人作》旖旎缠绵等，表现出多方面的艺术特点。但就总体来看，他最擅长的还是神韵诗，他的作品充分体现了他的诗歌理论，并最终奠定了他在文学史上的地位。

作为诗的支脉，词这种文体发生较晚，一般认为词体兴于唐五代，大盛于两宋。山东作家对词的发展也做出了重要贡献，如李之仪、晁补之、李清照、辛弃疾、周密等皆有名作传世，其中李清照和辛弃疾两位大词人，因籍贯都是济南，字或号中都有"安"字，被后人称为"济南二安"。王士禛说："张南湖论词派有：一曰婉约，一曰豪放。仆谓婉约以易安为宗，豪放惟幼安居首，皆吾济南人，难乎为继矣。"李清照和辛弃疾一主婉约，一主豪放，成为中国词史上两座高峰。

---

① （清）王士禛撰，李毓芙等整理：《渔洋精华录集释》，上海古籍出版社，1999，第138页。
② （清）王士禛撰，李毓芙等整理：《渔洋精华录集释》，上海古籍出版社，1999，第288页。
③ 李毓芙选注：《王渔洋诗文选注》，齐鲁书社，1982，第175页。

李清照①（1084—约1155年，图6-4），号易安居士，济南章丘（今山东济南市章丘区）人。李清照出生于书香门第，其父李格非是"苏门后四学士"之一，工辞章，母王氏亦知书达理。宋徽宗建中靖国元年（1101年），李清照与赵明诚在汴京成婚，二人皆喜文爱诗，尤其醉心于金石、书画的搜集整理。由于靖康之变，李清照夫妇南渡，不久赵明诚去世，李清照漂泊杭州、金华等地，以孤苦而终。

图6-4 李清照像

李清照能诗擅词，尤以词闻名。她论词强调协律，推崇典雅，提出词"别是一家"之说，反对以作诗文之法作词。她的词集皆已散佚，后人辑有《漱玉词》。

以靖康南渡为界，李清照的词大致可分为前后两个时期，前期多写其待字闺中的悠闲生活以及婚后的甜蜜之情、"才下眉头，又上心头"的相思之苦。后期往往多悲叹身世飘零和形单影只，风格感伤凄凉。

《凤凰台上忆吹箫》是她前期的重要代表作②：

香冷金猊，被翻红浪，起来人未梳头。任宝奁闲掩，日上帘钩。生怕闲愁暗恨，多少事、欲说还休。今年瘦，非干病酒，不是悲秋。

明朝，这回去也，千万遍《阳关》，也即难留。念武陵春晚，云锁重楼。记有楼前绿水，应念我、终日凝眸。凝眸处，从今又属，几段新愁。

李清照在词中写出了婚后独守的萧索寂寞。由于丈夫不在，女主人公不仅懒于收拾屋子，而且懒于梳妆打扮，相思之苦令之辗转反侧，日渐消瘦。凝眸四顾，惟有楼前流水与自己相伴不弃。这首词用了不少典故，然而读起来明白如话，词中所表达的思念和愁苦之情也很容易引起共鸣。

《声声慢·寻寻觅觅》是她后期的重要代表作③：

寻寻觅觅，冷冷清清，凄凄惨惨戚戚。乍暖还寒时候，最难将息。三杯两盏淡酒，怎敌他、晚来风急？雁过也，正伤心，却是旧时相识。

满地黄花堆积。憔悴损，如今有谁堪摘？守着窗儿，独自怎生得黑？梧桐更兼细雨，到黄昏、点点滴滴。这次第，怎一个愁字了得！

这首词通过描写晚秋时节的所见、所闻、所思、所感，抒发了因国破家亡、流落他乡的孤寂悲凉和愁苦落寞。词作开头连用多个叠字，非常真切地抒写了作者的心情，下片"点

---

① 参考莫砺锋、黄天骥：《中国文学史》（第三册），高等教育出版社，2017，第104-106页。
② 龙榆生编选：《唐宋名家词选》，上海古籍出版社，1980，第205页。所据为《乐府雅词》，文字与常见的出自《唐宋诸贤绝妙词选》的版本差别较大。
③ 龙榆生编选：《唐宋名家词选》，上海古籍出版社，1980，第206页。

点滴滴"又与上片形成前后照应,气韵贯通,刻意渲染愁情,如泣如诉,一字一泪,真实地表达了作者孤独寂寞的忧伤情绪和忐忑难安的心境。全词风格深沉凝重,合于与哀怨凄苦的心境,极富艺术感染力。

图6-5 济南稼轩故里辛弃疾塑像

辛弃疾①(1140—1207年,图6-5),原字坦夫,后改字幼安,中年后别号稼轩居士,历城(今山东济南市历城区)人。辛弃疾生于金国,青年时参与耿京起义,历经艰险而归南宋。他曾在江西、湖南、福建等地为守臣,创建飞虎军。由于与主和派政见不合,屡遭劾奏,仕途起起落落,最终认识到报国之愿难成而退隐山野。开禧三年(1207年),辛弃疾病逝,享年68岁,后获赠少师,谥号"忠敏"。有《稼轩长短句》存世。

辛弃疾文武双全,其词作独树一帜,王国维评价说:"南宋词人,其堪与北宋人颉颃者,唯一幼安耳!"②他与苏轼并称"苏辛",与李清照并称"济南二安"。辛弃疾平生以恢复中原为志,努力建功立业,但命运多舛,壮志难酬,于是把满腔激情和对国家命运的关切、忧虑全都寓之于词中。他的词艺术风格多样,以豪放为主,沉雄豪迈又不乏细腻柔媚。他的词作善于化用典故,借古讽今,抒写力图恢复国家统一的爱国热情,倾诉壮志难酬的悲愤,对当时执政者的屈辱求和颇多谴责。同时,辛弃疾借鉴苏轼以诗为词的写法,开创了以文为词的先河。

《永遇乐·京口北固亭怀古》是他的重要代表作品③:

千古江山,英雄无觅,孙仲谋处。舞榭歌台,风流总被,雨打风吹去。斜阳草树,寻常巷陌,人道寄奴曾住。想当年,金戈铁马,气吞万里如虎。

元嘉草草,封狼居胥,赢得仓皇北顾。四十三年,望中犹记,烽火扬州路。可堪回首,佛狸祠下,一片神鸦社鼓。凭谁问:廉颇老矣,尚能饭否?

该词系怀古之作,其中用典较多,但仔细读来,这些典故却用得自然贴切,恰到好处。词的背景地在京口,这自然想到与之相关的孙权和刘裕,词最后以廉颇自比,又水到渠成地归结到英雄迟暮之感。全篇沉郁顿挫,慷慨悲凉。

二、散文

同诗歌一样,齐鲁大地亦是散文的热土,名家名著丛出,就其影响来说,先秦时期结

---

① 参考莫砺锋、黄天骥:《中国文学史》(第三册),高等教育出版社,2017,第130-138页。
② 王国维:《人间词话》,人民文学出版社,1960,第213页。
③ 龙榆生编选:《唐宋名家词选》,上海古籍出版社,1980,第255页。

撰而成的《论语》《孟子》《左传》等经史散文尤其深远。

（一）《论语》①

《论语》的文学色彩首先表现为用具体的生活片断展示了孔子及其弟子的形象、性格。《论语》只是记录了孔子言论的一些片断，而非完整表现孔子一生，但《论语》通过对孔子言行举止、生活习惯的记述，表现出了他亲切感人的文化巨人形象。此外，《论语》还言简意赅地描绘了孔子弟子们的形象，如耿直鲁莽的子路、安贫乐道的颜回、聪明机智的子贡等。《论语》的编撰者本意未必在于塑造人物形象，但不少人物的性格特点仍然是跃于楮墨之间，这成为《论语》重要的文学成就。

《论语》的文学性还体现在以形象的语言来表达深刻的道理上。如，"岁寒，然后知松柏之后凋也"（《论语·子罕》），"饭疏食饮水，曲肱而枕之，乐亦在其中矣。不义而富且贵，于我如浮云"（《论语·述而》）等，寥寥几句，形象、简约地表达了深刻的哲理，令人回味无穷。

《论语》还常常使用丰富的语气词，使文句流露出丰富而强烈的情感。如"贤哉，回也！一箪食，一瓢饮，在陋巷，人不堪其忧，回也不改其乐。贤哉，回也！"（《论语·雍也》）这几句话采用倒装、对比等表达方式，对颜回安贫乐道的自在心境给予了赞赏。又如"甚矣，吾衰也！久矣，吾不复梦见周公。"（《论语·述而》）此句"矣""也"等语气词的使用，把对自身衰老的感叹和对周公的思慕表现得低徊无限。

总之，《论语》言近旨远、词约义丰，形象隽永，这使它成为先秦早期散文的重要形态。

（二）《孟子》②

《孟子》散文的首要特点是长于论辩。孟子善于运用类比推理，在论辩中常常欲擒故纵，反复诘难，迂回曲折地把对方引入自己预设的结论中。如《孟子·梁惠王下》：

> 孟子谓齐宣王曰："王之臣有托其妻子于其友而之楚游者，比其反也，则冻馁其妻子，则如之何？"王曰："弃之。"曰："士师不能治士，则如之何？"王曰："已之。"曰："四境之内不治，则如之何？"王顾左右而言他。

孟子此处意在批评齐宣王的"失职"，他设定了两个问题，使齐宣王顺着自己的思路，得出两个不言自明的结论，而后由此类推，使齐宣王陷入自我否定的结论中而无可应对，只得"顾左右而言他"。孟子往往巧妙设问，徐徐而谈，引人入彀，"辞不迫切而意以独至"③。《孟子》散文的这一特点在一些长篇论辩文中表现得更是酣畅淋漓。

---

① 参考聂石樵、李炳海：《中国文学史》（第一册），高等教育出版社，2017，第95-96页。
② 参考聂石樵、李炳海：《中国文学史》（第一册），高等教育出版社，2017，第97-99页。
③ （清）阮元校刻：《十三经注疏》，赵岐《孟子章句·题辞》，中华书局，1980，第2663页。

《孟子》散文的另一个特点是"长于譬喻",在论辩中善打比方,把抽象的道理具体、生动地表现出来。从逻辑上来说,虽然某些说法存在牵强之处,但却增强了孟子说理的形象性,具有很强的艺术感染力。《孟子》中的比喻大多简短而贴切,取像浅近,表义深远,如"民之归仁也,犹水之就下,兽之走圹也"(《孟子·离娄上》),以一个简单的比喻,表现民众归仁的必然趋势。再如,"以若所为,求若所欲,犹缘木而求鱼也"(《孟子·梁惠王上》),生动、形象地揭示出欲以霸道达到"辟土地,朝秦楚,莅中国,而抚四夷"的目的,是多么荒唐可笑。《孟子》中也有少数情节曲折、生动有趣的寓言故事,如"齐人有一妻一妾"(《孟子·离娄下》),这个故事中人物形神毕肖,结构首尾完整,情节生动,具有很强的戏剧性,成功地通过齐人这一形象辛辣地讽刺了官场中一些人寡廉鲜耻、虚伪丑陋。

　　《孟子》散文还有一个重要特点是"气势浩然"。这种风格源于孟子的人格修养。孟子曾说:"我善养吾浩然之气。"(《孟子·公孙丑上》)孟子所讲的"养气"是指按照人的"本心",对仁义德行进行不懈的培育和提升,久而久之,这种修养升华出一种至大至刚、充塞于天地之间的"浩然之气"。具有这种"浩然之气"的人,"说大人,则藐之"(《孟子·尽心下》),在精神上首先压倒对方,能够做到藐视政治权势,鄙夷物质贪欲,气概非凡,刚正不阿,无私无畏,写起文章来,自然就情感激越,辞锋犀利,气势磅礴。苏辙曾评价说:"今观其文章,宽厚弘博,充乎天地之间,称其气之小大。"①可以说,孟子内在精神修养上的浩然正气是构成《孟子》气势充沛的根本原因。此外,《孟子》还大量使用排偶句、叠句等修辞手法来加强文章的气势,使文气磅礴,沛然莫之能御。

　　《孟子》的语言明白晓畅,平实浅近,同时又精练准确,它继承并发展了《论语》《左传》《国语》等作品所开创的书面语言表达形式,形成了精练简约、深入浅出的语言风格。可以说,我国古代两千多年的标准书面语在《孟子》一书中已经基本成熟了。

(三)《左传》②

　　《左传》(图6-6)是先秦时期编年体史书的典范作品,其叙事完整、写人生动,同样具有很高的文学成就。《左传》叙事最突出的成就在于描写战争,书中记录了大大小小几百次战争,不仅城濮之战、崤之战、邲之战、鄢陵之战等大战的描述精彩生动,而且众多的小战役也写得各具特色。《左传》写战争不局限于对交战过程的记叙,而是深入揭示战争起因、酝酿过程及其战争结果。例如城濮之战的叙述,文中对战争爆发的背景和直接原因都有交代,在行文中又不断揭示晋胜楚败的原因:晋文公整饬军纪,遵守诺言,倾听臣下意见,晋国上下齐心协力;楚方则是君臣意见相歧,主帅子玉恃兵而骄,一意孤行,盲目进军。在城濮之战结果的叙事方面,不仅叙写了晋师大胜,晋文公霸主地位得以确立,而且

---

① 参考(宋)苏辙撰,曾枣庄、马德富校点:《栾城集·上枢密韩太尉书》,上海古籍出版社,1987,第477页。
② 参考聂石樵、李炳海:《中国文学史》(第一册),高等教育出版社,2017,第79-84页。

还扩展出了战争的余波：子玉战败羞愧自杀，晋文公回国后赏功罚罪，最后以"君子"之言赞扬了晋文公的霸业。《左传》对事件因果关系的叙述往往存在道德化与神秘化的特点，这主要受限于春秋时代人们的世界观和认识水平，具有当时的时代特色。

《左传》是编年体，人物的言行、事迹往往分散记录在事件发生的相关年代，很少对某一人物集中描写，只有把同一人物的事迹前后联系起来，才能获得人物完整的形象。《左传》中许多重要政治人物，如郑庄公、晋文公、楚灵王、郑子产、齐晏婴等，都是通过多年行迹的积累来表现的。《左传》中还有一些人物并不是反复出现，而是仅在某一时、某一事中出现，表现的仅仅是其一生中的某一片断，反映的是其性格中的某一方面，这些形象也大都生动传神，能给读者留下难以磨灭的印象，如齐晋鞌之战中代君就俘的逢丑父等。

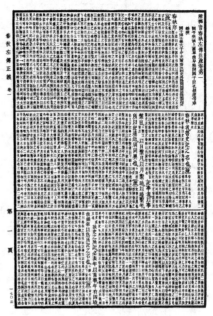

图6-6 阮元校刻《十三经注疏》之《春秋左传正义》书影

《左传》有些描写还展现了人物性格的丰富性和复杂性，在一定程度、一定范围里表现了人物性格的变化。晋文公是《左传》中着力赞颂的人物。他由一个贵公子成长为政治家，由四处流亡到一代霸主，人物性格有一个曲折的发展、成长过程。楚灵王是《左传》中遭到否定的国君形象，他即位前争强好胜、野心勃勃、弑王自立，即位后他残暴、骄奢、狂妄种种，都显示出他是个昏君。但通过另外一些事件，《左传》又表现了他宽容纳谏、知过能改、不记旧怨、性格风趣等特点，刻画出人物形象性格的复杂性。《左传》一般不对人物进行外貌、心理等静态描写，而是借助行动、对话来表现人物，往往通过人物在重大历史事件中的言行来展现人物性格。例如，成公二年（公元前589年）的齐晋鞌之战，《左传》对战争场面和人物个性作了这样叙述的：

> 郤克伤于矢，流血及屦，未绝鼓音，曰："余病矣！"张侯曰："自始合，而矢贯余手及肘，余折以御，左轮朱殷，岂敢言病？吾子忍之！"缓曰："自始合，苟有险，余必下推车，子岂识之？然子病矣！"张侯曰："师之耳目，在吾旗鼓，进退从之。此车一人殿之，可以集事，若之何其以病败君之大事也？擐甲执兵，固即死也。病未及死，吾子勉之！"左并辔，右援枹而鼓，马逸不能止，师从之。齐师败绩。逐之，三周华不注。①

---

① 杨伯峻编著：《春秋左传注》，中华书局，1981，第791–792页。

卻克受伤，解张、郑丘缓鼓励他坚持战斗，当时战场上紧张激烈的场面可想而知。三人同仇敌忾、视死如归的气概，在对话和行动描写中也得到充分表现。

《左传》多用细节描写，例如描述战争过程、叙述政治事件等。作为历史著作，有些描写内容完全可以不写或略写，但《左传》却大量地描写了这些琐事细节，这使得它们在叙事的生动性和人物形象性方面产生了显著的文学价值。例如宣公二年（公元前 607 年）的宋郑大棘之战，其中狂狡倒戟出郑人而使自己被俘，华元食士而忘其御羊斟，华元逃归后与羊斟的对话，城者之讴等，都不是这次战争的重要事件，如果去除这些细节叙述，则必然使得整个叙事枯燥不少，文学性大减。又如宣公四年（公元前 605 年）记郑公子归生弑其君这一重大历史事件时，还写了公子宋食指大动，郑灵公食大夫鼋不与公子宋，公子宋怒而染指于鼎等细节，整个事变由食无鼋这件小事引起，而公子宋的贪馋好怒，公子归生的迟疑懦弱、郑灵公的昏庸可笑都在这些细节的描写中得以表现出来。再如哀公十六年（公元前 479 年）记楚国白公之乱这一政治事件，在记述叶公子高平叛时，文章没有着重写叶公的重大军政措施，而就叶公是否该戴头盔这一细节反复渲染：

  叶公亦至，及北门，或遇之，曰："君胡不胄？国人望君如望慈父母焉。盗贼之矢若伤君，是绝民望也。若之何不胄？"乃胄而进。又遇一人曰："君胡胄？国人望君如望岁焉，日日以几。若见君面，是得艾也。民知不死，其亦夫有奋心。犹将旌君以徇于国；而又掩面以绝民望，不亦甚乎！"乃免胄而进。①

此段突出了国人对叶公的爱戴和叶公急于争取国人的心理。叶公平叛之所以成功，他的可贵之处，在叶公胄与免胄变换的细节中表现出来。

《左传》中的记言文字，主要是行人应答和大夫辞令，具有辞令之美。这类记言文字无不"文典而美"，"语博而奥"，简洁精练，委曲达意，婉而有致，栩栩如生。例如僖公三十年（公元前 630 年）"烛之武退秦师"的说辞，秦晋联合攻郑，烛之武作为郑使出说秦伯。他着重对秦、晋、郑三国之间的利害关系做了具体的分析。先把郑国之存亡放在一边："郑既知亡矣。"再叙述郑亡并无利于秦："焉用亡郑以陪邻，邻之厚，君之薄也。"然后归结到保存郑国于秦有益无害："若舍郑以为东道主，行李之往来，共其乏困，君亦无所害。"最后还补叙昔日晋对秦之忘恩负义以加强说服力。说辞有意置郑国利害于不顾，而处处为秦国考虑，委婉而多姿，谨严而周密。因此，能打动秦穆公之心，不但使他退兵，还留秦将杞子等三人率军助郑守卫。晋人也只好退兵，郑国得以保全，充分显示了烛之武说辞的分量。《左传》中的行人辞令、大夫谏说佳作甚多，如隐公三年（公元前 720 年）石碏谏宠州吁，隐公五年（公元前 718 年）臧僖伯谏观鱼，桓公二年（公元前 710 年）臧哀伯谏纳郜鼎，桓公六年（公元前 706 年）梁谏追楚师，僖公五年（公元前 655 年）宫之奇谏假道，僖公十五年（公元前 645 年）阴饴甥对秦伯，僖公二十六（公元前 634 年）年展

---

① 杨伯峻编著：《春秋左传注》，中华书局，1981，第 1703-1704 页。

喜犒师，宣公三年（公元前 606 年）王孙满对楚子，成公十三年（公元前 578 年）吕相绝秦，襄公三十一年（公元前 542 年）子产坏晋馆垣，等等。这些辞令，由于行人身份及对象的不同而风格各异，有的委婉谦恭，不卑不亢；有的词锋犀利，刚柔相济。这些辞令又因事因人不同而具有不同的个性特点，但都用词典雅，渊懿美茂，生气勃勃。《左传》的辞令之美，"谅非经营草创，出自一时，琢磨润色，独成一手"（《史通·申左》）。由于当时的外交已十分讲究辞令，再加上史家记述时又善意修饰，因而文采斐然。

三、小说

齐鲁文学之小说（上） 齐鲁文学之小说（下）

山东作家创作小说的历史可以追溯到汉代东方朔。齐鲁大地涌现出大批小说作家，短篇小说作家有《述异记》的作者任昉，《冤魂志》《集灵记》的作者颜之推，《酉阳杂俎》的作者段成式。长篇小说方面，山东作家贡献更大，《水浒传》的作者施耐庵、《金瓶梅》的作者兰陵笑笑生、《续金瓶梅》的作者丁耀亢等都被很多人认定为山东人。短篇小说创作方面，成就最高的当属《聊斋志异》的作者蒲松龄。

蒲松龄[①]（1640—1715 年，图 6-7），字留仙，一字剑臣，号柳泉，明崇祯十三年（1640 年）生于淄川蒲家庄（今属山东淄博市淄川区）。蒲松龄一生位卑家贫，他 25 岁前后与兄弟分居，只分得些许薄产。他志在博得一第，专意攻读，无暇顾及家计，但子女接连出生，迫于生计压力，曾南游应聘做幕僚，在同乡宝应县令孙蕙衙门里帮办文牍，一年后北归。不久到本县毕际友家坐馆做塾师，边教读边应考，至 70 岁才撤帐归家，终其余年。蒲松龄"喜人谈鬼"，"雅爱搜神"[②]，从青年时期便热衷于记述奇闻异事、撰作狐鬼故事。康熙十八年春，他曾将部分篇章结集成册，定名为《聊斋志异》，后有所增补，终成一代文学名著。

图6-7　蒲松龄故居的塑像

《聊斋志异》的题材多是谈鬼说狐，其所抒写的内容却非常贴近社会人生。在大部分的篇章里，与狐鬼花妖发生交往的是书生、文人，发生的事情与他们的生活境遇休戚相关，即便是没有直接的关系，也没有超出他们所关注的社会领域，从而表现了一种既宽广而又集中的视角。联系作者蒲松龄一生的境遇和他言志抒情的诗文作品，可知他笔下的狐鬼故事大部分多植根于他个人的生活感受，表现出他对社会、人生的思考。

《聊斋志异》首先属意于科举中书生失意和考官无能的描绘。蒲松龄长期困于场屋，

[①] 参考黄霖、袁世硕、孙静：《中国文学史》（第四册），高等教育出版社，2017，第 268-288 页。
[②] （清）蒲松龄：《聊斋自志》；蒲松龄著，张友鹤辑校：《聊斋志异》（三会本），中华书局，1962，第 1 页。

感受最强烈的是科举弊端,其中的关键在于考官的昏庸,黜佳才而进庸劣。《聊斋志异》里有许多篇章不遗余力地对科场考官进行冷嘲热讽,嬉笑怒骂,以成文章。《司文郎》篇的核心情节是一位盲僧人凭嗅觉能判别出文章的优劣,这与科场上的结果形成鲜明的反差,小说借盲僧的愤怒之语表现出了对考官们的不屑和轻蔑:"仆虽盲于目,而不盲于鼻,今帘中人并鼻亦盲矣!"①这是讽刺考官无眼无珠。《贾奉雉》中有一位异人,他给贾奉雉提供的中试方法竟然是拿拙劣文章去应试,说:"帘内诸官,皆以此等物事进身,恐不能因阅君文,另换一副眼睛肺肠也。"②他教导贾奉雉将落卷连缀成文,在科场中神差鬼使地写了出来,竟中了经魁。放榜后,贾奉雉再读其文,汗流浃背,感到这是"以金盆玉碗贮狗矢,真无颜出见同人"③。这些讽刺的矛头仅指向科场考官,虽然还不够深刻,但也表达出像作者一样怀才不遇的文士们的愤懑心情。

《聊斋志异》抒写了众多的狐鬼花妖与书生交往的故事,这也多是蒲松龄在落寞的生活处境中生发出的幻影。一类情节比较单纯,如《绿衣女》《连琐》《香玉》等,大体是写一位书生或读书山寺,或书斋临近郊野,忽有少女来到,或吟咏,或嬉戏,给寂寞的书生带来了欢乐,数度相会,方知非人,这应当是他长期坐馆,久处在孤独落寞境遇中的精神补偿。他长期在缙绅人家做塾师,一年中只在年节间返家小住几日,他曾在题为《家居》的诗里感慨说:"久以鹤梅当妻子,直将家舍作邮亭。"④独自生活的寂寞,不免假想象自遣自慰,这正如他在独居毕氏宅第外花园时曾有诗云:"石丈犹堪文字友,薇花定结欢喜缘"(《逃暑石隐园》)⑤。《绿衣女》《香玉》等篇,将这种自遣寂寞的诗意转化成了幻想故事。还有些故事中,以女性形象出现的狐鬼形象不只解除了苦读书生的寂寞,还使书生得到事业上也获得进展。写河间徐生坐鬼馆的《爱奴》却是这样一番景象:鬼馆东家蒋夫人礼遇徐生,徐生为她"既从儿懒,又责儿工"大发脾气,她赶忙"遣婢谢过",最后还将徐生喜爱的婢女相赠,"聊慰客馆寂寞"。篇末异史氏曰:"夫人教子,无异人世,而所以待师之厚也,不亦贤乎!"⑥这正是一般做塾师的书生们的心愿。狐女凤仙将穷秀才刘赤水带到了家中,狐翁对女婿们"以贫富为爱憎",凤仙以丈夫"不能为床头人吐气"为憾,留下一面镜子相激励。刘赤水"朝夕悬之,如对师保,如此二年,一举而捷"。篇末异史氏曰:"吾愿恒河沙数仙人,并遣娇女婚嫁人间,则贫穷海中,少苦众生矣!"(《凤仙》)⑦这体现着像作者一样困于场屋的书生们的天真幻想。

《聊斋志异》描写花妖狐魅的故事里充满了幻想,幻想是对现实的超越,这些故事不受人间伦理道德,特别是所谓"男女大防"的约束。蒲松龄借着这种幻想自由,写出了众

---

① (清)蒲松龄著,张友鹤辑校:《聊斋志异》(三会本),中华书局,1962,第1101页。
② (清)蒲松龄著,张友鹤辑校:《聊斋志异》(三会本),中华书局,1962,第1359-1360页。
③ (清)蒲松龄著,张友鹤辑校:《聊斋志异》(三会本),中华书局,1962,第1361页。
④ 盛伟编:《蒲松龄全集·聊斋诗集》,学林出版社,2007,第204页。
⑤ 盛伟编:《蒲松龄全集·聊斋诗集》,学林出版社,2007,第160页。
⑥ (清)蒲松龄著,张友鹤辑校:《聊斋志异》(三会本),中华书局,1962,第1191-1196页。
⑦ (清)蒲松龄著,张友鹤辑校:《聊斋志异》(三会本),中华书局,1962,第1177-1184页。

多摆脱了妇道闺范的拘束、同书生自主相亲相爱的女性，也写出了为道德理性所禁忌的婚姻之外的男女情爱。因此，除了作为现实的一种补偿和超越，其中还蕴含对两性关系的思索。例如《白秋练》中白鳍豚精与慕生相爱，是以吟诗为纽带和内容的，诗在他们的生命和爱情中是不可或缺的凭证。《娇娜》带有对两性关系的思索性的内涵，小说前半部分是写孔雪笠对美丽的狐女娇娜一见钟情，但二人年龄差距太大，有缘无分，后半部分写孔雪笠与另一狐女松姑成婚，多年后再遇娇娜时不平凡的经历：娇娜等人遭受雷劫，孔雪笠奋不顾身从鬼物爪中抢救下娇娜，被暴雷震毙；娇娜不顾男女大防与孔雪笠口吻相接，将丹丸度入其口中，求他复活。作者最后自道其心事："余于孔生，不羡其得艳妻，而羡其得腻友也。观其容可以忘饥，听其声可以解颐，得此良友，时一谈讌，则色授神与，尤胜于颠倒衣裳矣。"①体味小说情节和夫子自道，可知作者是用了并不确切的语言表达了他感觉到的一个人生问题：得到"艳妻"不算美满，更重要的是心灵、精神上契合如"腻友"，美满的婚姻应是两者的统一。

《聊斋志异》中的故事在情节上多是记叙详尽而曲折，很多篇章特别以情节的跌宕起伏称胜。例如《王桂庵》记：王桂庵江上初逢芸娘，后沿江苦苦寻访而不得，再后又偶入一江村，却意外地再见芸娘；二人新婚北归，却又由于王桂庵的一句戏言致使芸娘投江；经年之后，王桂庵自河南返家途中，又突然见到未死的芸娘及她身边咿呀学语中的幼子，小说移步换景，有"山重水复，柳暗花明"之趣。《西湖主》一篇：陈弼教在洞庭湖落水，意外没死，却又意外闯入湖君禁苑，于是遭遇了"犯驾当死"之忧，忧患将解除时，却又在公主的红巾上题下诗句，到了行将被捉、必死无疑的地步，却陡地化险为夷，变凶为吉，做了湖君的东床快婿，小说在情节上极尽展转腾挪之事，其故事性、趣味性胜过了内容的意义。

《聊斋志异》中许多篇章带有诗化倾向。文言小说中有诗，通常是人物以诗代言，六朝志怪小说已开其端，唐人传奇更多沿用，明代传奇小说如《剪灯馀话》等亦具此特点。小说中人物过多以歌诗通情达意，最后极可能成为小说的累赘。《聊斋志异》中只是偶尔使用，而且极少写出整首的诗词，由此显出作者的艺术匠心。譬如《公孙九娘》：九娘于洞房枕上吟诗二首，哭诉不幸的身世，凄婉动人，写出其内心苦情，巧妙地点出了本篇的主歌；《连琐》开头写连琐和杨于畏的联吟，既是两人产生联系的契机，又营造出了幽森的气氛。别出心裁的是《白秋练》，在他们充满波折的恋爱、结婚的过程中，而自始至终以吟诗构建情节：慕生喜吟诗，得到了白秋练的爱情，受阻后彼此以吟诗作药方，医好相思之疾，白秋练临死还嘱咐慕生："一吟杜甫《梦李白》诗，死当不朽。"②将诗与爱情绾合在一起，赋予了神奇的力量，故事的奇异性从而被诗意化。《宦娘》《黄英》则是另一种情况，整个故事是借助传统的诗歌意象建构的。《宦娘》中的爱情婚姻是以音乐为媒介，宦娘由爱温如春的琴艺而爱其人，宦娘为温如春谋得的妻子良工善筝，全篇的构思便是建立在古诗名句

---

① （清）蒲松龄著，张友鹤辑校：《聊斋志异》（三会本），中华书局，1962，第65页。
② （清）蒲松龄著，张友鹤辑校：《聊斋志异》（三会本），中华书局，1962，第1488页。

"琴瑟友之"的意蕴上。《黄英》写菊精,则是借陶渊明诗歌中的菊花意象做反面文章。

《聊斋志异》的叙事也吸取了古典诗歌崇尚含蓄蕴藉的特点。作者虽然用全知的视点,却经常故作含糊,造成扑朔迷离的效果。例如《花姑子》[①]开头写安幼舆暮归:

> 经华岳山中,迷窜山谷中,心大恐。一矢之外,忽见灯火,趋投之。数武中,见一叟,伛偻曳杖,斜径疾行。安停足,方欲致问。叟先诘谁何。安以迷途告,且言灯火处必是山村,将以投止。叟曰:"此非安乐乡。幸老夫来,可从去,茅庐可以下榻。"安大悦,从行数里许,睹小村。更扣荆扉,一妪出,启关曰:"郎子来耶?"叟曰:"诺。"

这段叙述里有很多伏笔,设置了不少悬念,待读完全篇方才知道"灯火"是什么,老者何以要疾行,老妪何以知道"郎子"要来,这一切又是意味着什么。这种写法对读者有吸引力,能让读者产生审美过程的愉悦感。《西湖主》最后一段是:陈弼教入赘洞庭湖君家,自然是成了仙,又写他仍在人间家中,一如常人。他的一位友人舟过洞庭,受到他的款待,返里后却见他仍在家中,问:"昨在洞庭,何归之速?"他笑着答曰:"君误矣,吾岂有分身术耶!"[②]是耶?非耶?答案留给读者。其他如《连琐》《劳山道士》《绿衣女》等,都是结而不尽,余韵袅袅。

《聊斋志异》是文言小说,运用的是古代文人们所通用的"古文"语言。总体来说,其语言特点保持了文言体式的基本规范,适应小说叙事的要求,采用了唐宋以来古文辞日趋平易的风格,又糅合了一些口语因素,形成了叙述语言平易简洁,人物语言灵活多样的特点,并在叙事状物写人诸方面达到了真切晓畅而有意味的境界,实现了各自的艺术理想。

《聊斋志异》的人物语言所占比重大,也因人因事而多样化。在保持文言基本体式的限度内,人物语言有雅、俗之别。雅人雅语,不妨有人掉书袋,杂用骈俪的句子;俗人语、婆子语带生活气息,时而插入口头俚词俗语。其中也有庄、谐之别,慧心女以诗传情,闺房戏谑竟至曲解经书,戏用孔孟之语,这都增强了文言小说的小说性,进一步拉大了与传记文的距离,更富有生活气息和趣味。

《聊斋志异》(青柯亭刊本见图 6-8)一出,就风行天下,翻刻本竞相问世,相继出现了注释本、评点本,成为小说中的畅销书,直到《红楼梦》面世,这个势头也未减弱。影响更大的是,它还引起不少作者竞相追随仿作,从而使文言小说出现了再度蔚兴的局面。

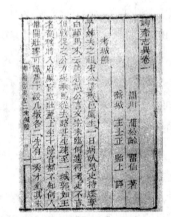

图6-8 《聊斋志异》青柯亭刻本

---

① (清)蒲松龄著,张友鹤辑校:《聊斋志异》(三会本),中华书局,1962,第 634 页。
② (清)蒲松龄著,张友鹤辑校:《聊斋志异》(三会本),中华书局,1962,第 653 页。

第二节 齐鲁传统艺术

> 在宽泛意义上,艺术、文学都是人类感性思维方式的表现之一。齐鲁文化源远流长、灿烂辉煌,艺术的表现形式不但突破了传统艺术琴棋书画、诗词歌赋的范畴,而且以多样的表现形式向人们呈现了齐鲁大地的丰富内涵和文化多样性。时至今日,齐鲁书画艺术以及以民间音乐、传统戏剧、民间舞蹈和民间美术等为代表的类型丰富、门类繁多的艺术样式,既蕴含着齐鲁大地几千年文化的感性思维和表达样式,又以"艺术活化石"的现实魅力延续着山东人对艺术生活的感受与理解。接下来,就让我们一起领略齐风鲁韵的艺术之光!

齐鲁传统艺术历史悠久,从史前时期的刻画符号到进入文明社会,齐鲁传统艺术,如绘画艺术、汉画像石、书法篆刻、古代建筑、雕塑碑刻、工艺美术、民间音乐、传统戏剧、民间舞蹈和民间美术等等,内容广泛,形式多样,丰富多彩。

齐鲁绘画艺术　齐鲁书法艺术　齐鲁雕塑艺术

齐鲁传统艺术不仅充分体现齐鲁文化的精神价值和追求,对齐鲁文化产生久远的影响,而且也成为中国传统文化的标识之一,享誉海内外。本节以齐鲁传统书画艺术和其他民间艺术为代表,欲以窥一斑见全貌。

一、书画艺术

齐鲁书法和绘画艺术是齐鲁文化的重要组成部分,齐鲁文化又深刻地影响着齐鲁书法和绘画艺术的发展进程,两者相辅相成,与时共进。在绵延久远的历史长河里,山东人所富有的灵性和质朴,通过他们辛勤的创作为后人留下了风采各异的艺术华章,这些书画作品表现出各具风骨、浑然天成的艺术魅力。涌现出像王羲之、王献之、颜真卿、展子虔、张择端、赵孟𫖯等一大批著名的书画艺术家,下面重点介绍王羲之、王献之、颜真卿、张择端和赵孟𫖯的书画艺术成就。

东晋时期,齐鲁书法艺术取得辉煌的成绩,最具代表性的是王羲之和王献之父子二人。王羲之(321—379年①,图6-9),字逸少,琅邪临沂(今山东临沂市)人,东晋宰相王导的从子。王羲之出身于两晋时期的门阀大

图6-9　王羲之像

---

① 关于王羲之的生卒年,主要有两种说法,一说是321—379年,另一说是303—361年。

145

族琅邪王氏。西晋覆亡后,举族迁居山阴(今浙江绍兴市)。王氏家学底蕴深厚,世代为官、传承儒学、玄学和道教,王羲之深受家学熏陶,官至东晋右军将军,人称"王右军"。

王羲之最杰出的贡献就是书法艺术。他初学于卫夫人,广学钟繇等书法所长,遍观南北诸家名迹碑刻,成一家之法。他继承了前人的书法艺术成就,在此基础上,勤学苦练,创新发展,其楷书、行书、草书尤为精湛,他的书法"为古今之冠,论者称其笔势,以为飘若浮云,矫若惊龙。"(《晋书·王羲之传》)他的行书和楷书摆脱了以往带有篆书、隶书的痕迹,达到了收放自如、气势恢宏的境界,将中国的书法艺术发展到一个新阶段。他的《兰亭集序》《乐毅论》《十七帖》等作品最为知名。

《兰亭集序》(图6-10)创作于东晋永和九年(353年),王羲之与四十余位志同道合的士人,在会稽山阴兰亭为修禊盛会,"群贤毕至,少长咸集","天朗气清,惠风和畅"(《晋书·王羲之传》),见此景致,让他文思泉涌,挥毫成章,一气呵成。通篇文章,气势恢宏,神清骨秀,成为历代书法精品,被誉为"天下第一行书"。王羲之被后世尊称为"书圣"。

图6-10　王羲之书《兰亭集序》

琅邪王氏子孙受家学传承的影响,多擅长书法,除了王羲之之外,唯有王献之书法成就最高。王献之(344—386年),字子敬,王羲之第七子,官至中书令,人称"王大令"。他少负盛名,"高迈不羁""风流为一时之冠"(《晋书·王献之传》)。他酷爱书法,"工草隶,善丹青"(《晋书·王献之传》),甚得其父赏识。他积极探索,勇于创新,其书法虽师承其父,但并不局限于此,其行书、草书在中国书法史上颇具特色,为魏晋以来的楷书、草书做出了卓越贡献,与其父并称"二王"。其代表作有《鸭头丸帖》《洛神赋十三行》《中秋帖》等。

王献之的行书代表作《鸭头丸帖》(图6-11)为唐人临摹本,为其书"秀媚飘洒,灵动自然,婉转妍媚无不得体适中"[①]。充分体现了王献之书法艺术的鲜明个性,其笔画连绵流注,势不可挡,大有一倾千里之势,这一风格发展到唐代,演变为张旭、怀素的狂草,成为极具自由奔放的书法艺术风格。

---

① 中央美术学院美术史系美术史教研室编著:《中国美术简史》,中国青年出版社,2010,第121页。

唐代齐鲁书法家首推颜真卿。颜真卿（709—785年），字清臣，琅邪临沂（今山东临沂市）人，是北朝著名教育家颜之推的五世从孙。颜真卿"少勤学业，有词藻，尤工书"（《旧唐书·颜真卿传》）。开元年间参加科举考试，中进士甲科，为人忠直，幼年丧父，以孝事亲，忠孝立身。颜真卿生活在唐朝由盛转衰的历史时期，"安史之乱"爆发后，他以平原太守身份与从兄颜杲卿全力以赴抗击叛军，立下赫赫战功。官至吏部尚书、太子太师，封鲁郡公，人称"颜鲁公"。后遭奸人排挤、陷害，建中四年（783年），被叛将淮宁节度使李希烈软禁两年后，以身殉国。史家对他忠贞不屈给予高度评价，认为"如清臣富于学，守其正，全其节，是文之杰也"（《旧唐书·颜真卿传》）。

颜真卿出身于以儒学传家、擅长书法、家训渊源深厚的名门，自幼受家学熏陶，后师从褚遂良、张旭学习书法。颜真卿传世作品较多，前后风格多有变化，其正楷端庄雄伟，笔势开张，雍容大度，颇具盛唐风范，其行书则遒劲舒和，刚柔相济，世称"颜体"。柳公权的楷书遒劲严整，独创新意，与"颜体"并称为"颜筋柳骨"。"颜体"个性鲜明，人品与书品高度融合，正如宋代文学家欧阳修所说："斯人忠义出于天性，故其字画刚劲独立，不袭前迹，挺然奇伟，有似其为人。"（《集古录跋尾·唐颜鲁公二十二字帖》）其代表作主要有《多宝塔碑》《颜勤礼碑》（图6-12）、《麻姑仙坛记》《祭侄文稿》等。

图6-11　王献之书《鸭头丸帖》（上海博物馆藏）

图6-12　颜真卿书《颜勤礼碑》（局部）

《祭侄文稿》（图6-13），书于乾元元年（758年），此文是因为侄子颜季明抗击安禄山叛军中惨遭叛军砍头而亡，归葬时，仅存首骨。颜真卿悲愤至极，挥笔写下这篇悲痛欲绝、感情真挚的旷世祭文，被誉为"天下第二行书"。陈琛在《停云阁帖题记》中称："此帖纵笔豪放，一泻千里，时出遒劲，杂以流丽，或如篆籀，或如镌刻，其妙解处，殆出天造，岂非当公注思为文而于字画无意于工，而反极其工邪！"

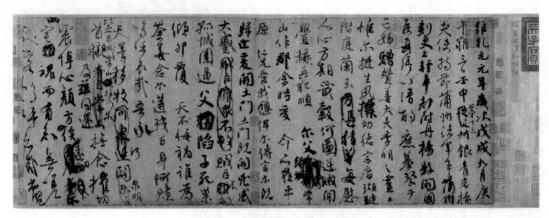

图6-13　颜真卿书《祭侄文稿》

北宋时期齐鲁最具代表性的绘画家是张择端。张择端，生卒时间不详，字正道，又字文友，东武（今山东诸城市）人。他和众多的儒学之士有同样的志向，先是以专攻儒学欲以走科举之路，北宋宣和年间曾任翰林待诏，后学绘画，颇有所成，曾在宫廷画院供职，尤其擅长建筑、桥梁、舟车、城郭等风俗题材的绘画。他的作品除了蜚声古今中外的《清明上河图》外，还有《西湖争标图》（又名《金明池争标图》，现藏天津艺术博物馆），此西湖乃是汴京城西金明池，描绘了举行龙舟竞赛的盛况。

从中唐以后，中国古代的商业贸易经济逐步发展起来，经过五代十国时期的发展，及至北宋，商品经济、市镇经济、城市商贸等发展到一个新阶段。不仅如此，中唐以后，中国文化发展到两宋时期，出现了极其精致、繁盛的景象[①]，各种艺术创作令人耳目一新，这些艺术佳作充分地反映了当时社会生活的方方面面，如商贸经济的发展盛况。除了文献记载，还可以通过《清明上河图》一睹北宋汴京城的繁华。

《清明上河图》（图6-14），长528.7厘米，高24.8厘米。全卷画有不同阶层的人物771人，各种动物牲畜有90多头，不同型号的车辆有20多辆，大小船舶20余艘，房屋三十余幢，一百余间。全卷以全景式构图，借助严谨精细的笔法，将清明时节北宋汴京城近郊和城市里汴河两岸各行各业的生活情境以及当时的风土人情形象地展示出来。全卷内容分为三部分：开首为郊区农村风光；中段是以虹桥为中心的汴河及其两岸车船运输、手工业和商业贸易活动；后段描绘了城门内外、街道上的店铺鳞次栉比，熙熙攘攘的人群摩肩接踵，车水马龙的繁华景象。它生动地再现了宋代城市的社会生活，不仅仅是一幅杰出的绘画艺术作品，其写实手法使得这幅宋代风俗画成为研究宋代历史极其宝贵的图像资料。《清明上河图》因其丰富的社会生活内容，深厚的历史写实手法，呼之欲出的生动艺术表现力和感染力，成为中国古代绘画史上不朽的艺术作品，对后世产生深远影响。

---

① 陈寅恪：《金明馆丛稿二编·邓广铭宋史职官志考证序》，"华夏民族之文化，历数千载之演进，造极于赵宋之世。"生活·读书·新知三联书店，2001，第277页。

第六章／齐鲁传统文学与艺术

图6-14　张择端《清明上河图》（局部，北京故宫博物院藏）

元代齐鲁著名的书画大家赵孟頫及其创作的《鹊华秋色图》最负盛名。赵孟頫（1254—1322年），字子昂，号松雪道人，湖州（今浙江湖州市吴兴区）人。宋宗室秦王赵德芳之后，被荐入京为官，官至翰林学士承旨、荣禄大夫。元世祖至元二十九年（1292年）至元成宗元贞元年（1295年），他入山东，赴任同知济南路总管府事。他工书画，擅诗文，多才多艺，他的绘画独具风格，"其画山水、木石、花竹、人马，尤精致。"（《元史·赵孟頫传》）为后世视为稀世珍宝。其绘画代表作有《鹊华秋色图》等。

《鹊华秋色图》（图6-15），长90.2厘米，高28.4厘米，创作于元成宗贞元元年（1295年），是赵孟頫为慰藉好友祖籍济南历城人周密思乡之情的作品，该图描绘了秋季济南城北的鹊山与华不注山附近的自然风光。画中景物布局自然，刻绘精细，画面清润秀美，呈现出世外桃源般的诗意。画作以实地景物为参照，体现了实景与画境、自然与艺术的巧妙呼应，是元代青绿山水画作的代表之一，为上乘佳作。

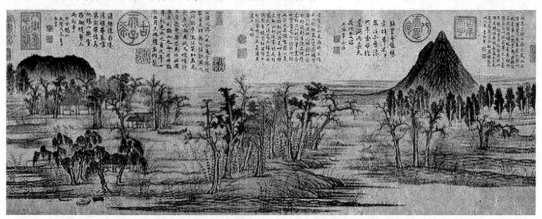

图6-15　赵孟頫《鹊华秋色图》（局部，中国台北故宫博物院藏）

总之，山东人以及在山东任职的外乡人（如赵孟頫和郑板桥等）共同创造了齐鲁书画艺术，他们因为生活在齐鲁大地，深受齐鲁文化的熏陶，更加了解山东，更加理解山东人。在他们的作品里无不向世人展示着山东人的温良敦厚、中正和谐、优雅宁静、恬淡悠远、深沉内敛、人道合一的精神追求。齐鲁书画艺术不仅是齐鲁文化的重要成果，也是中国传统书画艺术的重要成果，在中国书画史上占有独特的地位，对后世产生深远影响。

二、民间音乐

（一）聊斋俚曲

俚曲，即曲牌采用民间流传的俗曲小调。聊斋俚曲是清初文学家蒲松龄创作的独具特色的地方小曲，流传地区主要在今山东淄博市的淄川区和博山区一带。蒲松龄将自己创作的唱本配以当时流传的俗曲时调，形成一种独特的音乐文学体裁，因蒲松龄斋名为"聊斋"，故称"聊斋俚曲"，也有人称"蒲松龄俚曲"。

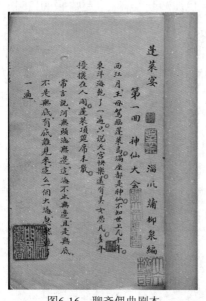

图6-16 聊斋俚曲剧本

聊斋俚曲（图6-16）曲目有《耍孩儿》《玉娥郎》《粉红莲》和《叠断桥》等。蒲松龄创作的俚曲可分为两种：一种是叙事体的说唱文学，如《寒森曲》《姑妇曲》等；一种是代言体戏剧体裁，如《墙头记》《磨难曲》等。其思想内容也可分为两类：一类是政治性的，对当时的社会黑暗进行抨击和揭露；另一类是伦理性的，通过对家庭成员间的反常关系描写，揭露封建伦理道德的虚伪和丑恶。这些俚曲的唱词和道白都是未加雕饰的民间语言，乡土气息浓厚，诙谐幽默，泼辣爽快，感染力很强。无论是在文学方面，还是在音乐方面，均具有极高价值。

聊斋俚曲生动地反映了封建时代晚期的人民生活，长期在民间传唱流传，成为山东地区独树一帜的群众性说唱艺术形式。自清代至今，每逢正月十五"扮玩"，蒲家庄一带的村民便将俚曲的片段作为"扮玩"的唱词，有的还装扮成俚曲中的大怪、二怪、王银匠、仙姑、狐精等，到城区、乡镇演出。至于蒲松龄以《耍孩儿》《呀呀油》《玉娥郎》《哭皇天》等常用曲牌写成的俚曲，在田间路途、街头巷尾，更是老少尽晓。2006年，被誉为我国明清俗曲活化石的"聊斋俚曲"，入选首批国家级非物质文化遗产名录。

（二）鲁西南鼓吹乐

山东鼓吹乐分布很广，鲁西南鼓吹乐是其中最重要也最具代表性的一部分，是一种以唢呐为主要演奏乐器的民间艺术形式。它以嘉祥鼓吹乐为典型代表，主要分布在山东济宁、枣庄、菏泽三市及周边地区，主要依赖节日庆典、婚丧嫁娶等民俗活动而存在。

鲁西南鼓吹乐的历史沿革至少可以追溯到 300 多年前。另外，根据鲁西南鼓吹乐经常演奏的曲目来看，有些是宋、元以来的杂剧曲牌，如《混江龙》《滚绣球》等。大量的则是明、清时期流传的小曲、曲牌，如《山坡羊》《锁南枝》《一江风》《明天子》《叠断桥》《采茶儿》等。因此，鲁西南鼓吹乐有可能早在明朝时期就已经在当地流传。

在长期的传承实践中，鲁西南鼓吹乐形成了丰富的曲目家族、多样的调类系统、精湛的演奏技艺、数以百计的民间乐班和数以千计的鼓乐传人。代表性曲目有《百鸟朝凤》《六字开门》《一枝花》《大合套》《风搅雪》《抬花轿》等，曲目总数在 300 支以上；代表性演奏家有任同祥、贾瑞启、袁子文、魏永堂等；代表性乐班仅嘉祥一县就有：以杨兴云为代表的杨家班，演奏风格古朴典雅，庄严肃穆；以曹瑞启为代表的曹家班，演奏音色纯正，柔和甜美；以任同祥为代表的任家班，演奏音色明亮，感情细腻；以赵兴玉为代表的赵家班，演奏音色宽厚，高昂明亮；以贾传秀为代表的贾家班，演奏音色清脆，激荡起伏。鲁西南鼓吹乐风格独特，质朴豪放，高亢激昂，具有较高的艺术价值。1996 年，嘉祥县被文化部命名为"中国民间艺术（唢呐）之乡"。

三、传统戏剧

（一）柳子戏

柳子戏又名弦子戏，山东古老剧种之一，是以元、明、清以来流传于中原一带的民间俗曲小令为基础，并吸收高腔、青阳、乱弹、昆腔、罗罗、皮黄等声腔的部分剧目及唱腔，逐渐发展演变而成。因曲牌中有一种柳子调，故得名柳子戏，流行于山东、河南、江苏北部、河北南部、安徽北部广大地区。流传于运河以东的曲阜、泰安、临沂、莒县、沂南一带的柳子戏，习惯称为弦子戏；黄河以北则称为北（百）调子、糠窝窝；在临清田庄称为吹腔。柳子在清代中叶盛极一时，曾与昆腔、弋阳腔、梆子腔合称为"南昆、北弋、东柳、西梆"。

柳子戏主要由俗曲和柳子两部分构成，俗曲部分比重较大，现存曲牌 100 余支，曲调一般分为越调、平调、下调、二八调、昆调、转调等。俗曲以三弦、横笛、笙等乐器伴奏，演唱时可用挂叙的方法，在长短句中插入大段七字句或十字句的唱词，音乐风格委婉动听，能够表现复杂细腻的心理情感。柳子属板式变化体，用通俗的七字句演唱，伴奏乐器主要有竹笛、笙、三弦。有人用"九腔十八调七十二咳咳"形容柳子戏腔调的丰富多彩。柳子戏具有北方粗犷豪放的声腔特点，地域色彩非常明显。

柳子戏现存的传统剧目有 200 多出，其代表剧目包括《孙安动本》《张飞闯辕门》《白兔记》《金锁记》《燕青打擂》《打登州》《鞭打芦花》《锅大缸》等。柳子戏传统的角色行当分为四生、四旦、四花脸,三大门头十二行。柳子戏的形成与发展,容纳了明清以来盛行的各种古老声腔,经过充分吸收融合而成,保存有曲牌600多支,在中国北方戏曲及元代散曲的研究方面具有不可替代的重要价值。相比其他剧种,柳子戏最能代表山东地方戏特点,更具有民间文化代表性。

(二) 柳琴戏

图6-17 临沂柳琴戏表演《喝面叶》

柳琴戏(图6-17)是鲁南地区地方剧种,因主奏乐器柳琴形似一片柳叶而得名。因其曲调优美,演唱时尾音翻高或有帮和,故俗称拉魂腔,形成于清代嘉庆、道光年间,主要分布在江苏、山东、安徽、河南四省接壤地区。1953年正式定名为柳琴戏。

柳琴戏的唱腔以徵调式与宫调式为主,徵调式温和缠绵,宫调式明快刚劲。在柳琴戏演唱中,这种同主音调式转换的手法无处不在,在中国戏曲演唱中显得异常独特。柳琴戏的唱腔曲调包括起板、导板、拉腔、射腔、叶里藏花、回龙调、四六长腔、男女拉拉腔、叠断桥、打牙牌等,其板式大致可分为慢板、二行板、数板、紧板和五字紧板等。柳叶琴、笛子、坠琴、二胡、板胡、唢呐、笙及板鼓、大锣等是柳琴戏主要的伴奏乐器。

柳琴戏的角色有自己特殊的名称,在小头、二头、二脚梁子、老头、老拐、大生、勾脚、毛腿子、奸白脸等行当中,小头即闺门旦,二头即青衣,二脚梁子即青衣兼花旦,老头即老旦,老拐即彩旦,大生即老生,勾脚即丑,毛腿子即花脸,奸白脸即白面。柳琴戏的表演粗犷朴实,节奏明快,乡土气息浓厚,演员的身段、步法明显带有民间歌舞的特点。唱腔除有慢板、二行板、紧板等板式变化外,唱段的起、转、收都有一定的程式性板头。柳琴戏传统剧目丰富,多取材于历史故事和民间传说,共有本戏、折子戏180个,连台本戏41个,代表性剧目包括《四平山》《八盘山》《鲜花记》《鱼篮记》《断双钉》《小鳌山》《雁门关》《白罗衫》《喝面叶》《小书房》等。

(三) 五音戏

五音戏(图6-18)发源于山东章丘、历城一带,有据可考的五音戏发源地是济南市章丘区文祖街道办事处青野村,

图6-18 山东章丘"五音戏之乡"青野村民的五音戏表演

距今至少有 100 余年的历史。以流行地区不同分东、西、北三路，以章丘为中心的称西路（西到济南、东到淄博），临朐、沂源一带为东路，惠民、济阳一带为北路。其发生、发展、定型大致经历了秧歌腔、五人班和五音戏三个时期，是我国北方地区比较少见的剧种之一。

五音戏的剧词生活气息浓厚，群众词汇丰富，具有民间口头文学的特点。其特点是先吐字，后行腔，咬字清楚，曲调口语化，旋律变化多。演唱时基本用本嗓，女腔尾音旋律延长，后尾用假嗓翻高，极具抒情性。最初，五音戏的表演以二小（小旦、小生）戏、三小（小旦、小生、小丑）戏为主，无文场伴奏，内容多反映民间生活，后经发展增添了文场伴奏，剧目也更为丰富。

五音戏的传统剧目据统计有 160 余出，主要有《王小赶脚》《王二姐思夫》《拐磨子》《彩楼记》《王定保借当》《墙头记》《王林休妻》《王婆说媒》《张四姐落凡》《松林会》《亲家顶嘴》等。

在五音戏的发展历史中，产生了许多著名演员。例如，李德兴以唱腔出众著称；高桂芳以唱词华丽闻名；王焕奎以表演淋漓享誉；邓洪山以唱做俱佳称雄。李、高、王、邓被称为四大名旦，尤其是邓洪山作为"五音戏"表演的集大成者，唱腔朴实简约、柔和婉转，被百姓形象地比喻为"一嘟噜一穗儿，喜的人掉泪儿"，其"飘眉""送目""飞老鸹"等技巧堪称戏曲表演一绝。20 世纪 30 年代，邓洪山到上海百代公司灌制唱片，因其唱腔优美动听，唱片公司赠送"五音泰斗"的锦旗，"五音戏"也由此定名。

（四）茂腔

茂腔是流行于山东潍坊、青岛、日照等地的地方戏曲，最初因在演唱中肘悬小鼓，一边击节拍一边演唱，故得名"肘子鼓"；还有一种说法叫"肘股子"，表示演员演唱时边歌边舞、扭动臀部的情态。茂腔大约在清代道光年间已广泛流传于山东半岛一带，流传过程中吸收本地花鼓秧歌等唱腔和形式。因其上下句结尾处的"噢嗬罕"三字耍腔别具特点，所以又称"噢嗬罕"或"老拐调"。1895 年左右，苏北人"老满洲"携儿女沿临沂向北演唱，将柳琴戏唱腔融合到"本肘鼓"中，形成了尾音翻高八度的新唱法，当地群众称之为"打冒"或"打鸣"，取其谐音，"本肘鼓"逐步衍变成"茂肘鼓"，20 世纪 50 年代定名茂腔。

茂腔曲调质朴自然，唱腔委婉幽怨，通俗易懂，具有典型的北方音乐特点和鲜明的地方风格与乡土气息。茂腔中女腔尤为发达，给人以悲凉哀怨之感。一是它的音乐唱腔，基本上以当地说唱小调（老拐调）为骨干，又广泛吸取了胶州大秧歌、胶州八角鼓、西河大鼓、诸城秧歌调等曲调，形成一种大调式的板腔体系，因而具有乡土特色和群众基础。尤其是"大悠板"（又称悲调）中的哭头声腔，酷似当地妇女哭的腔调，"冒调"一般是在五音上翻高八度，令人心旷神怡，唱词运用方言俚语，浅显易懂，诙谐有趣。二是所演剧目内容，一般取自当地民间生活，尤以二小戏、三小戏为基本戏。这些戏大都真切反映了农村妇女的生活和愿望，最能引起妇女共鸣，故茂腔俗称"拴老婆橛子戏"，2006年成为国家级非物质文化遗产之一。

茂腔的传统剧目大多反映民间生活，其代表剧目有《东京》《西京》《南京》和《北京》"四大京"，以及《罗衫记》《玉杯记》《风筝记》《蜜蜂记》《火龙记》《钥匙记》《丝兰记》和《绒线记》"八大记"。胶州曾有民谣"茂腔一唱，饼子贴在锅台上，锄头锄到庄稼上，花针扎在指头上"，这说明茂腔具有较强的艺术感染力和生命力。

（五）山东梆子

山东梆子是山东地方戏曲中较古老的剧种之一，是在明代由陕西秦腔逐步演变而来，至今已有300多年历史，主要流行于山东菏泽、济宁、泰安等地的大部分县市，以及聊城、临沂等地区的广大城镇乡村。因流行区域不同，群众对其称呼亦有别：以菏泽为中心的，习称"曹州梆子"；以济宁、汶上为中心的，称为"汶上梆子"或"下路调"，总称"高调"，以区别于流行在鲁西南、豫北、冀南的"平调"。山东梆子与平调、莱芜梆子以及苏北、皖北的"沙河调"都有一定的血缘关系，而与豫东的"祥符调"关系则更为密切。

山东梆子表演程式和柳子戏等古老剧种近似，身段工架粗犷健壮，音乐高亢激昂，慷慨悲壮，和其他梆子同具"繁音激楚，热耳酸心"的特点。唱腔属于板腔体，板式齐全而有自己的特点和较严的程式规范，常用的有慢板、破字慢板、一句正板、流水板、一鼓二锣、二八板、起板、栽板、飞板、羊黄、倒板等。唢呐和弦乐曲牌亦十分丰富。根据不同的剧情、人物使用不同的曲牌，如皇帝上朝用"出天子"，百官朝拜用"朝天子"，元帅发兵用"五马"，安营扎寨用"落马会"，反派人物出游用"王八令"等。过去，红脸、黑脸全用大本腔（即本嗓），旦角最初也用大本腔，尾音带讴，后来大都改用二本腔（即假嗓）演唱。伴奏乐器起初用的是大弦、二弦、三弦，后来换用板胡、二胡做主奏乐器。近些年来，又增添了笙、阮、琵琶等。

山东梆子传统剧目很多，汶上县大曹班经常上演的戏就有600出之多。其流行剧目有"四大征"，即《穆桂英征东》《秦英征西》《姚刚征南》和《雷振海征北》。

（六）吕剧

吕剧是山东代表性的地方剧种，过去曾叫化妆扬琴或扬琴戏，系由民间说唱艺术山东扬琴演变而来，迄今有100年历史，流行于山东和江苏、安徽部分地区，起源于山东以北黄河三角洲一带。

吕剧由曲艺扬琴发展为戏曲。山东扬琴是距今200余年前在山东西南部农村产生的一种曲调优美、生活气息浓郁的说唱艺术。1900年，广饶县谭家村扬琴艺人时殿元最先把《王小赶脚》的扬琴脚本改为化妆演出的脚本，演出时虽仍唱着扬琴唱腔，但因载歌载舞、诙谐横生，深受群众欢迎。艺人们为了把这种演出形式和坐唱扬琴相区别，称之为化妆扬琴。时殿元首创化妆扬琴获得成功后，其他琴书艺人纷纷效仿，在山东各地广泛传播。特别是进入城市之后，化妆扬琴在角色、唱腔、服装、道具、舞美等方面更加戏剧化，逐渐发展成为一个具有鲜明地域特色的剧种，流行地域扩大到惠民、潍坊、烟台30多个地区。

吕剧名称由来说法有四：一是当地群众根据《王小赶脚》采用驴形道具，给化妆扬琴起名为"驴戏"；二是根据坠琴演奏时手指上下不断"捋"的特点，称为"捋戏"；三是由于所演剧目中多有爱情故事，所以人们称之为"侣戏"；四是吕字系"驴""闾""缕"的谐音字，故在用文字标明剧种时，写作吕剧。

吕剧角色多是小生、小旦、小丑，唱词和道白取自民间用语，唱词通俗易懂，唱腔朴实无华。伴奏乐器以坠胡、二胡、三弦为主。吕剧传统剧目以生活小戏为主体，计有80余出，多反映下层人民的日常生活，内容表现家庭伦理、风土人情、恋爱婚姻、儿女情长，如经常上演的《王小赶脚》《小姑贤》《双换妻》《王汉喜借年》《王定保借当》《兰桥会》《空槽记》《站花墙》《双生赶船》《小秃闹房》《拿懒汉》《王天保下苏州》等。一些优秀剧目如《李二嫂改嫁》《姊妹易嫁》《西垅地》《逼婚记》《小借年》等，相继被搬上银幕或荧屏（图6-19），流传塞北江南，享誉海内外。

图6-19　《吕剧经典剧目精选DVD》封面

四、民间舞蹈

（一）海阳大秧歌

海阳大秧歌是山东三大秧歌之一，流行于山东半岛南翼、黄海之滨海阳市一带，是一种集歌、舞、戏于一体的民间艺术形式，以豪放、古朴的表演风格、严谨的表演程式、恢宏的表演气势和丰富多样的内容形式著称于世。

海阳大秧歌的历史，据现有资料记载，实创于明代，兴盛时期大致在清朝中期。当地流传这样一首民谣："乡下秧歌进了城，先拜娘娘后耍景；海阳大秧歌正月十五不进城，过日来了撵出城。"这说明秧歌已成为庆贺节日不可缺少的活动内容。

海阳大秧歌表演（图6-20）内容丰富，队伍结构严谨，主要由三部分组成。出行时排在最前列的是执事部分，由三眼铳、彩旗、香盘、大锣组成；其次是乐

图6-20　海阳大秧歌表演

队,有大鼓、大锣、大钹、小钹、堂锣等;随后是舞队,一般扮有各类角色几十人,其中又分为指挥者——乐大夫;集体表演者——花鼓、小嫚、霸王鞭;双人表演者——货郎与翠花、箍漏匠与王大娘、丑婆与傻小子、老头与老婆、相公与媳妇等;排在最后的是秧歌剧人物及戏曲杂扮者。秧歌队常用阵式有"二龙吐须""八卦斗""龙摆尾""龙盘尾""二龙绞柱""三鱼争头""众星捧月"等。海阳大秧歌舞蹈动作的突出特点是跑扭结合,舞者在奔跑中扭动,女性扭腰挽扇,上步抖肩,活泼大方;男性颤步晃头,挥臂换肩,爽朗风趣。

  海阳大秧歌的音乐由伴奏和唱腔两部分组成,伴奏以打击乐为主,也插入皮、竹、管、弦等乐器合奏,打击乐伴奏节奏均匀,唱腔主要有《大夫调》《跑四川调》《货郎调》《花鼓调》以及各类民间小调。海阳大秧歌因受不同地理环境、风土人情影响,逐步形成了两种不同的流派风格,即"大架子秧歌"与"小架子秧歌"。"大架子秧歌"受民间武术和戏剧表演影响较大,重整体气氛与人物塑造,有"锣鼓造气势,动作利架势"之说。"小架子秧歌"以打击乐和唢呐、笙、笛等竹管乐器配合伴奏,秧歌舞蹈动作幅度小,力度不大,以走阵式为主,俗有"跑秧歌"之说。

  近年来,海阳大秧歌进一步得到了继承、发展、改革和繁荣。1983年,北京舞蹈学院民间舞系把海阳大秧歌正式列为中国汉族民间舞蹈必修教材。1996年,海阳市被文化部命名为"中国民间艺术之乡"。2006年,海阳大秧歌被列入国家首批非物质文化遗产名录。

(二) 胶州秧歌

  胶州秧歌又称地秧歌,俗称扭断腰、三道弯,是山东省三大秧歌之一。胶州秧歌迄今已有300多年历史,主要流传在山东即墨、黄岛、胶南、高密等地。舞蹈、唱腔、伴奏均有一定程式。演员10人分为鼓子、棒槌、翠花、扇女、小嫚5个行当,表演程式有十字梅、大摆队、正挖心、反挖心、两扇门等,伴奏乐器除唢呐外,还有大锣、堂鼓、铙钹、小镲、手锣等,唱腔曲牌30余个。1860年后,在胶州秧歌基础上创立了秧歌小戏,有35个剧本。

  胶州秧歌的演员基本编制为24人,如增加人数必须是双数递增,秧歌队需有一至二人的组织领导者,俗称"秧歌爷"。还有一人由秧歌队的教练或老演员来充任,叫"伞头"。伞头必须眼明手快、头脑灵活、口齿伶俐,在演出前念些顺口溜或吉祥话。除此之外,还要有3至5人的教练,专管训练演员并兼做演员。秧歌的5种角色一般每种2人或者4人,每种角色的人数不能是单数。翠花为青年妇女和姑娘,表演时动作大方、舒展,表现妇女的泼辣开朗、姑娘温柔娴静的性格。小嫚为少女,表演动作天真、活泼、俏丽。鼓子和棒槌均为中青年男性,鼓子潇洒诙谐,棒槌英武矫健。

  胶州秧歌的舞蹈动作,以婀娜多姿、舒展大方的舞姿,"三弯九动十八态"的动律,形成了具有韧性与曲线美的"三道弯"外在形态。动作细腻,柔美流畅,注重形体传情,着重刻画人物内在心态,使得舞姿有着一种浓烈的柔美流畅感。胶州秧歌的音乐伴奏一般采用旋律优美、音调多变、节奏明快、乡土气息浓郁、羽调式的民间吹打乐。

（三）鼓子秧歌

鼓子秧歌分布在今山东鲁北平原的商河地区，是山东三大秧歌之一，源于北宋，成于明，盛于清。据说北宋年间，商河一带连年受灾，包公从河南到此放粮，赈济灾民，并由属下把鼓子秧歌传授给当地百姓。后来每逢新春佳节，人们就跑起秧歌，以示对包公的感激之情，流传至今，相沿成俗。

鼓子秧歌队伍庞大，人数众多，角色各异。秧歌队伍中有伞头、鼓子、棒槌、腊花、丑角五种角色，表演风格迥异，韵味独特。现存鼓子秧歌主要分为"行程"和"跑场"两部分，"行程"是舞队在行进或进入场地前的舞蹈，"跑场"是表演的主体，又分不同角色表演的"文场"和"武场"。鼓子秧歌表演所跑的场子队形极为丰富，有"牛鼻钳""勾心梅""一街二门""六六大顺""里四外八""八条街""四门斗"百余种。"伞头"动作圆润，"鼓子"粗犷豪放，"棒槌"轻巧敏捷，"腊花"泼辣大方，而颠颤、划圆、蹲扑、跳窜等动作为各角色所共有。

商河鼓子秧歌是北方四大民间舞蹈之一，以铿锵有力的节奏、变化繁多的套路、粗犷豪放的动作和极具表演力的民间艺术手法，被誉为"汉民族民间男性舞蹈的代表"。鼓子秧歌舞者众多，组织严密，形式完整，舞技健美，气势磅礴。鼓子秧歌在商河已成为地地道道的全民性舞蹈，全县近千个自然村，村村跑秧歌，能表演的人有10万之多，800多个村都能组织秧歌队。

鼓子秧歌多次参加全国民间艺术大赛，屡获大奖。1993年，受中国文联和文化部派遣赴西欧德、法两国进行文化交流，被当地各大媒体誉为"民族舞蹈之经典""迷人的东方芭蕾"。1996年，商河县被文化部授予"中国民间艺术之乡"称号。2006年，商河鼓子秧歌入选第一批国家级非物质文化遗产名录。

五、民间美术

（一）杨家埠木版年画

杨家埠村在山东潍坊市东北15千米处，由于盛产木版年画而远近闻名。杨家埠木版年画同天津杨柳青木版年画、苏州桃花坞木版年画并称中国民间三大木版年画。

杨家埠木版年画兴起于明代，至今已有400多年历史。清代达到鼎盛期，杨家埠曾一度出现"画店百家、画种过千、画版上万"的盛景，除满足当地民间需要外，还远销江苏、安徽、山西、河南、河北、东北三省和内蒙古等地。进入秋季，各路画商云集，大街两旁张灯结彩，年画挂满街头，每年前来选购画作的商人多达数千人。

图6-21 杨家埠木版年画《招财童子至》

杨家埠木版年画（图6-21）表现内容丰富多彩，主要包括6大类，即过新年、结婚、农忙等风俗类，年年发财、金鱼满堂等大吉大利类，门神、财神、寿星、灶王等招福辟邪类，包公上任、三顾茅庐、八仙过海等传说典故类，打拳卖艺、升官图等娱乐讽刺类，三阳开泰、开市大吉、四季花鸟等瑞兽祥禽花卉风景类。喜庆吉祥是杨家埠木版年画主题，吉祥如意、欢乐新年、恭喜发财、年年有余等，构成了农民新春祥和欢乐、祈盼富贵平安的特点。

杨家埠木版年画根植于民间，长期以来形成了鲜明的艺术特点，在表现手法上，通过概括、象征、寓意和浪漫主义手法来体现主题。构图完整、饱满、匀称，造型夸张、粗犷、朴实，线条简练、挺拔流畅，色彩艳丽、火爆，对比强烈，富有装饰性和浓郁的生活气息，充分体现了北方农民粗犷、奔放、豪爽、勤劳、幽默、爱憎分明的性格特点。

杨家埠木版年画制作工艺也别具特色，全以手工操作并用传统方式制作。艺人首先用柳枝木炭条、香灰作画，名为朽稿，在朽稿基础上再完成正稿，描出线稿，反贴在梨木版上供雕刻，分别雕出线版和色版。再经过调色、夹纸、兑版、处理跑色等，手工印刷。年画印出后，还要再手工补点上各种颜色进行简单描绘。年画生产分绘画、雕刻、印刷、装裱等几道工序，每道工序都极为精细、准确。

杨家埠木版年画以浓郁的乡土气息和淳朴鲜明的艺术风格驰名中外。2002年，杨家埠村76岁的年画民间艺人杨洛书被联合国教科文组织授予"民间工艺美术大师"荣誉称号。2006年，杨家埠木版年画入选中国首批国家级非物质文化遗产名录。

（二）扑灰年画

扑灰年画是民间年画中一个古老画种，亦称民间写意画。始见于明代，盛行于清代，距今已有500年历史。从现有资料来看，全国只有山东高密一地保存有这种年画，主要产地在高密市姜庄、夏庄一带30多个村庄。

所谓扑灰，即用柳枝烧灰，描线作底版，一次复印多张。艺人继而在印出的稿上粉脸、手，敷彩，描金，勾线，最后在重点部位涂上明油即成。扑灰年画画面色调明快，构图巧妙大方，全幅多用对比色，主体部分加中间色，既协调了色彩对比，又加强了人物造型美感。扑灰年画技法独特，以色代墨，线条豪放流畅，写意味浓，格调明快，是刻版印刷出现之前，中国的一种古老的生产方法。

早期的扑灰年画以水墨为主，从清代道光年间逐步发展为以色代墨，并趋向艳丽。起初题材是灶王、财神，后来转到用于布置美化房间的各种年画，内容围绕中国传统习俗，大多是福寿有余、孝道为先之类。表现福禄寿喜的年画，画面上有手拄龙头拐杖、手捧大寿桃、脚踏祥云或骑仙鹿的老寿星，并有古松、仙鹤相衬，两边配以对联；表现孝道的年画比较有代表性的是《二十四孝图》。

扑灰年画由于内容喜庆而受到人们的喜爱，常常用于民户节日张贴，代表作有《姑嫂闲话》《踢毽子》《富贵平安》《八仙庆寿》《牛郎织女》《福寿双全》《双童献寿》《四季花屏》《家堂》等。主要体裁有中堂、条屏、对联、窗旁、灶画、炕头画、供奉画、年历等，按题材分类主要有供奉家堂、文武财神、八仙、吉祥喜庆、故事戏曲、历史典故、风景花卉、历史人物等，堪称农村社会生活的缩影和民俗生活的大观园。

（三） 高密剪纸

高密剪纸历史悠久。早在 5000 多年前氏族社会图腾艺术繁盛时期，图腾艺术中的物象开始以图案的形式显示不同意义的寄寓，出现了简练夸张的锯齿纹、月牙纹、水波纹、弧形线、弦线、圆点等表现手法。汉以后特别是明洪武初年，大批移民从山西、河南、河北、江南等地汇集高密，各地的剪纸艺术逐步渗入高密剪纸艺术之中，融南糅北，兼收并蓄，形成了高密剪纸的独特艺术风格。

高密剪纸（图6-22和图6-23），题材广泛，花草虫鱼、飞禽走兽和人物皆可入剪。所剪事物，大多取材于民间传说、生活习俗、神话和戏曲故事等。剪纸作者大都是民间妇女，作品不拘成法，粗犷中见清秀，拙朴中藏精巧，反映出独特的民族审美观。在艺术上运用了对立统一的手法，块与线组成黑、白、灰色调，对比强烈，富有韵律感；线条刚劲挺拔，有金石味；造型稚拙粗犷而不呆板，夸张变形而不失真。运用阴剪和阳剪手法，巧用黑块和细线，善使锯齿纹和光滑面，有定规而不拘束，剪出了粗犷而精巧、简约且灵秀、生动又传神的艺术效果。

图6-22 高密剪纸作品《钱龙引进》

图6-23 高密剪纸作品《八仙过海》

高密剪纸在形象刻画上注重夸张而不失真，善用拟人手法表现心中形象。例如《霸王出世》，凶猛的老虎是一个充满母爱的形象，虎仔懂事地躲在母亲胸前，笑吟吟吸吮乳汁。高密剪纸《牛》风格迥异，巧妙地运用砖砌纹装饰牛的嘴巴，再用大小旋涡形风动纹与周身整齐的锯齿毛发形成动与静的强烈对比，正面的牛只有两条腿，像人一样站立着，拟人手法令人叫绝。

1993年，高密被文化部授予"中国民间剪纸艺术之乡"称号。1997年，牛年全国生肖邮票图案即从高密民间剪纸中诞生。2008年，高密剪纸被列入国家级非物质文化遗产目录。

本章小结

综上所述，文学艺术修养是任何文化个体全面发展必不可缺的一部分。高尚的文学、艺术修养包括人的文艺创作能力、艺术修养能力以及对文学艺术技巧的把握能力等。以此为基点，我们会发现在齐鲁文化源远流长的历史长河中，山东籍文学家、艺术家层出不穷，他们的作品和思想共同构成了齐鲁文化深沉厚重的华章。同时，通过对本章的梳理，我们可以得到以下几点认识。

第一，在文学方面，从《诗经》时代开始，齐鲁古代文人所取得了一定的成就，无论从诗歌、散文还是小说等形式上看，还是从实际的艺术成就和影响上看，齐鲁古典文学都是中国文学史不可或缺的重要组成部分。

第二，齐鲁传统艺术的成就斐然，书法、绘画、民间戏曲、舞蹈和音乐等多种艺术门类共同繁荣，王羲之的行书、张择端的《清明上河图》成为中国传统书画艺术的标志性成果，聊斋俚曲、海阳大秧歌、杨家埠木版年画、高密剪纸等皆入选文化部首批国家级非物质文化遗产名录。这些都为中国艺术事业的繁荣发展增光添彩。

第三，学史可以看成败、鉴得失、知兴替；学诗可以情飞扬、志高昂、人灵秀；学伦理可以知廉耻、懂荣辱、辨是非。无论是昨天、今天还是明天，齐鲁文学艺术一直散发着永恒的魅力。我们应该弘扬温故知新、继往开来的精神，通过齐鲁文学艺术的学习，努力实现齐鲁文学艺术的创造性转化、创新性发展。

思考与实践

一、思考题

1. 结合具体作品，谈谈《聊斋志异》与其他志怪小说之间有何异同？
2. 想一想，与京剧《穆桂英挂帅》、昆曲《牡丹亭》相比较，山东的地方戏有什么艺术特点？
3. 结合齐鲁古代书画艺术作品，谈谈你对齐鲁传统书画艺术家及其作品的认识。
4. 为什么现在有人说"年味越来越淡""戏曲跟不上时代"了呢？
5. 中国新型城镇化趋势的兴起，使传统民俗发生了哪些变化？

二、实践题

1. 研学活动：选择合适的时间，到山东淄博市淄川蒲松龄纪念馆参观考察，借以加深对蒲松龄及《聊斋志异》的认识。

2. 以《鹊华秋色图》为例，到济南鹊山、华山做实地考察，体会赵孟頫绘画的艺术风格，撰写一篇体会短文，并与同学相互交流分享。

3. 从网络平台搜索一些吕剧唱段，看看自己能不能听清它的曲辞念白？总结一下它们有哪些独特的方言特点和曲调韵味？

参考文献

[1] 周振甫. 诗经译注[M]. 北京：中华书局，2002.

[2] 杨伯峻. 春秋左传注[M]. 北京：中华书局，1981.

[3] 杨伯峻. 孟子译注[M]. 北京：中华书局，1960.

[4] 黄霖，袁世硕，孙静. 中国文学史[M]（第四册）. 北京：高等教育出版社，2017.

[5] 莫砺锋，黄天骥. 中国文学史[M]（第三册）. 北京：高等教育出版社，2017.

[6] 聂石樵，李炳海. 中国文学史[M]（第一册）. 北京：高等教育出版社，2017.

[7] 李伯齐. 山东分体文学史[M]. 济南：齐鲁书社，2005.

[8] （明）李攀龙. 沧溟先生集[M]. 包敬第标校. 上海：上海古籍出版社，1992.

[9] （清）王士禛撰，李毓芙等整理. 渔洋精华录集释[M]. 上海：上海古籍出版社，1999.

[10] 余冠英编选. 乐府诗选[M]. 北京：人民文学出版社，1959.

[11] 李毓芙. 王渔洋诗文选注[M]. 济南：齐鲁书社，1982.

[12] 龙榆生. 唐宋名家词选[M]. 上海：上海古籍出版社，1980.

[13] 陈友琴. 中国古典文学作品选读：元明清诗一百首[M]. 上海：上海古籍出版社，1982.

[14] （清）蒲松龄著，张友鹤辑校. 聊斋志异（三会本）[M]. 北京：中华书局，1962.

[15] 中央美术学院美术史系中国美术史教研室编著. 中国美术简史[M]. 北京：中国青年出版社，2010.

[16] 王墉. 中国书法简史[M]. 北京：高等教育出版社，2004.

[17] 刘雁，付强. 山东艺术史[M]. 济南：山东人民出版社，2018.

[18] 刘德龙. 风情山东[M]. 济南：山东人民出版社，2008.

[19] 张士闪. 乡民艺术的文化解读[M]. 济南：山东人民出版社，2006.

[20] 朱振华. 扮玩：鲁中三德范的年节生活[M]. 济南：齐鲁书社，2019.

 读书笔记

第七章

齐鲁传统科学技术

山东人民勤劳、勇敢、智慧，除了在思想文化领域取得了辉煌的成就，在几千年的文明岁月中，也创造了辉煌灿烂的古代科技文化，为中华文化做出了巨大的贡献。早在先秦时期，今山东地区就是中国的科学技术中心。秦汉以后，齐鲁科技在中国科学技术史中继续占有重要地位。就山东科技历史的发展阶段而言，春秋战国是一个飞跃时期，汉代取得了长足发展，元明达到鼎盛时期。

在山东科学技术发展史上，从春秋战国到宋元明清，无论是在数学、医学和天文学领域，还是在农学和手工业技术等方面，都取得了辉煌的科技成就，并涌现出墨子、鲁班、扁鹊、仓公、刘洪、刘徽、何承天、贾思勰等一大批杰出的科技名家。他们如同璀璨的星辰闪耀于中国古代科技发展的历史苍穹，他们用自己的聪明才智和辛勤汗水，在古代科技的各个领域都精心培植出了令人叹为观止的累累硕果，为后人留下了无尽的宝贵财富。本章我们就来进行一次关于齐鲁传统科技文化发展成就的巡礼。

第一节　齐鲁中医学

> 作为自然的生命体，人的生命是有限的，从出生到老去，人的一生会遇上各种各样的疾病。为了挽救人们的生命，自古以来就出现了像神农尝百草一样为民解除病痛的医者，他们殚精竭虑研究病理、药理，为人类的医学发展做出了自己的贡献。古今中外，不同地区、不同民族都诞生了自己的医学和医生，在我国则出现了中医学。下面我们就来了解一下齐鲁大地上的传统中医学的发展情况。

中医学是我国传统科学技术的重要组成部分，也是中华民族对世界文明发展做出的重要贡献之一。山东地区的古代医学成就同样令人瞩目，在中华民族的古代科技成就宝库中，具有不可忽视的重要历史地位。

一、先秦时期的山东医学

山东地区的中医学起源于商代，据有关研究，今山东地区在商代就已经使用草药治病。山东地区的中医基础理论则产生于春秋战国时期，当时，麻风、疟疾等疾病名称已经见诸史籍记载。随着医学逐渐从巫术中分离出来，在山东地区，医学也走上了独立发展的道路。《周礼·天官序官》中记有"疾医"一职，即专司内科之医官，齐国、鲁国均设有此职位，此为山东地区中医内科之始。

战国时期，山东地区开始有医书问世，由经验医学上升为理论。这个时期出现的我国古代伟大的医学家扁鹊就是齐人。

扁鹊，本名秦越人，其生卒年不详，战国时期山东医学家的杰出代表，也是中国传统医学的伟大先驱者。由于扁鹊曾安家于齐国渤海卢邑（今山东济南市长清区），并长期以此为中心行医于列国，所以后人便常以"卢医"来指代那些医术高超的良医。因他的医术极其高超，人们遂将他比作上古传说中的神医扁鹊，故习惯上称其为"扁鹊"（图7-1）。先秦的一些典籍以及司马迁的《史记》中记载了他颇具传奇色彩的生平事迹。

扁鹊精通各科医学，据《史记·扁鹊仓公列传》记载：扁鹊"过邯郸，闻贵妇人，即为带下医；过洛阳，闻周人

图7-1　东汉画像石——扁鹊针灸图
（1950年出土于山东微山县两城镇）

爱老人，即为耳目痹医；来入咸阳，闻秦人爱小儿，即为小儿医，随俗为变。"可见其医术之全面，也因之而名扬天下。

扁鹊最擅长的是切脉和望诊，同时也精通汤药和针灸等多种医学技艺。可以说，是他奠定了中医"望、闻、问、切"四诊法的基础。司马迁在《史记·扁鹊仓公列传》中记载的他为齐桓侯诊病的传奇故事，最能说明其"四诊法"的出神入化之境：

> 扁鹊过齐，齐桓侯客之。入朝见，曰："君有疾在腠理，不治将深。"桓侯曰："寡人无疾。"扁鹊出，桓侯谓左右曰："医之好利也，欲以不疾者为功。"后五日，扁鹊复见，曰："君有疾在血脉，不治恐深。"桓侯曰："寡人无疾。"扁鹊出，桓侯不悦。后五日，扁鹊复见，曰："君有疾在肠胃间，不治将深。"桓侯不应。扁鹊出，桓侯不悦。后五日，扁鹊复见，望见桓侯而退走。桓侯使人问其故。扁鹊曰："疾之居腠理也，汤熨之所及也；在血脉，针石之所及也；其在肠胃，酒醪之所及也；其在骨髓，虽司命无奈之何。今在骨髓，臣是以无请也。"后五日，桓侯体病，使人召扁鹊，扁鹊已逃去。桓侯遂死。①

扁鹊在长期的行医过程中，总结了前辈医者和民间传统中的治疗方法，并融入自己的诊断心得，在理论和实践两方面都为传统医学做出了杰出贡献。扁鹊的医学成就在中国传统医学史上占有重要地位，是早期医学最重要的奠基人之一，中医学界历来将扁鹊奉为中国古代医学的鼻祖。

二、秦汉时期的山东医学成就

秦汉时期，山东的医学得到了进一步的发展。其中，山东特产、名贵滋补中药——阿胶即于秦代问世。

中医药学认为，阿胶具有补血滋阴、润燥和止血之功能，一般被用于治疗血虚萎黄、眩晕心悸、心烦不眠、肺燥咳嗽等症状。在我国的传统中医药学中，阿胶与人参、鹿茸并称"中医三宝"。由于

> 东阿有井大如轮，深六七丈，岁常煮胶以贡天府。……
> 大抵古方所用多是牛皮，后世乃贵驴皮。……当以黄透如琥珀色，或光黑如瑿漆者为真。
> ——（明）李时珍《本草纲目》

---

① 这段文字的白话译文：扁鹊行医来到齐国，当他见到齐桓侯（一说为蔡国的蔡桓侯）时，说："您有小病在皮肤和肌肉之间，不治将会深入体内。"桓侯说："我没有病。"扁鹊离开王宫后，桓侯对身边的人不以为然地说："医生就是喜欢功利，他是想把没病的人说成是自己治疗的功劳。"过了五天，扁鹊再去见桓侯，说："您的病已在血脉里，不治恐怕会深入体内。"桓侯不高兴地说："我没有病。"过了五天，扁鹊又去见桓侯，说："您的病已在肠胃间，不治将更深侵入体内。"桓侯听后更不高兴了，直接懒得搭理他。再过了五天，扁鹊又去，看见桓侯就向后退，跑走了。桓侯派人问他为什么要跑。扁鹊说："疾病在皮肉之间，汤剂、药熨的效力就能达到治病的目的；疾病在血脉中，用针刺和砭石的效力就能达到治病的目的；疾病在肠胃中，药酒的效力就能达到治病的目的；疾病进入骨髓，就是掌管生命的神也无可奈何。现在疾病已进入他的骨髓了，所以我不再要求为他治病了。"又过了五天，桓侯重病暴发，派人再去召请扁鹊时，扁鹊已离开了齐国。于是，桓侯就此不治身亡了。

它"出东阿（今山东东阿县），故曰阿胶"（《神农本草经》）。阿胶主要采用驴皮为原料熬制加工而成，所以又名"驴皮胶"。另外，据东阿当地传说，阿胶是由傅氏和尚发明用驴皮加工成胶传于后人的，为了纪念他，故亦称作"傅致（制）胶"。当时，阿胶的熬制原料除了驴皮之外，还有牛皮、鹿皮等。在汉代以前，《神农本草经》之前是以"胶"入药，未有"阿胶"之名。至汉《神农本草经》始有"阿胶"及"傅致胶"之名。

图7-2　淳于意像

西汉时期，山东医学的杰出代表人物是淳于意。淳于意（约公元前215—前140年，图7-2），临淄（今山东淄博市临淄区）人。由于他曾担任过齐国的太仓令，所以也被称为"仓公"。他医术高超，精通诊脉，治病有奇效。《史记》记载了他的25例医案，称为"诊籍"，是中国早期医学史的珍贵记录，是中国现存最早的医案。

淳于意自幼热爱医学，前后拜公孙光、公乘阳庆两位大医学家为师，学习据说是黄帝、扁鹊等人所著的《脉书》《药论》等书。他精通望、闻、问、切四道，尤其擅长望诊和切脉。淳于意专志医学，淡泊名利，长期在民间行医，深受平民百姓的爱戴。

由于淳于意的医术出神入化，名气越来越大，当时的吴王、济南王、胶西王、赵王等都曾试图召他当宫廷医生为自己服务，但都被他拒绝了。淳于意的耿直引起了高门权贵的嫉恨，于是他们罗织罪名，把淳于意关进监狱，处以肉刑，并送去长安执行。他的女儿淳于缇萦毅然决然地跟随父亲去长安，并上书汉文帝，痛陈父亲的无辜与冤枉，并愿意充为官婢，代父受刑。汉文帝非常感动，不仅免去了淳于意的罪名，还废除了肉刑。这就是著名的"缇萦救父"的故事。淳于意在应诏回答汉文帝询问时，叙述了自己学医、行医的经过、业务专长、诊疗效果、病例等，史称"诊籍"，从中可以反映他的医疗思想主张及贡献。

淳于意在治病救人的同时，还广收门徒，精心传授医术，仅见诸《史记·扁鹊仓公列传》的就有6人，其中有临淄人宋邑、冯信、唐安等。东汉时期，素有"医圣"美誉的名医张仲景在其名作《伤寒杂病论》的序文中曾说："上古有神农、黄帝、岐伯……中世有长桑、扁鹊，汉有公乘阳庆及仓公，下此以往，未之闻也。"[①]由此可以看出淳于意在我国古代医学史上所占有的重要地位。

三、魏晋南北朝时期的山东医学家代表

魏晋南北朝时期，中医已发展成为一门有理论、有实践，且内部分化成熟的学科，而山东医学家的中医药理论在其中占有重要地位。同时，这一时期山东地区又诞生了许多优秀的医学家，其中最具有代表性的是王叔和。

---

① （汉）张仲景著，吴雄志撰次：《吴述重订伤寒杂病论》，辽宁科学技术出版社，2017，第1页。

王叔和（201—280年，图7-3），名熙，高平人[①]。他生活的年代横跨东汉、曹魏、西晋三朝，是魏晋时期的医学名家，他在医学上有两大贡献：一是重新搜集整理出了一度散佚的张仲景的医学名著《伤寒论》，二是撰写了《脉经》。

王叔和生活在充满动荡与混乱的年代，当时许多书简都散落佚失或残缺不全了，即使是只不过时隔才仅仅几十年的张仲景编撰的《伤寒杂病论》[②]，也是同样的命运。时任太医令的王叔和意识到这部医书的巨大价值，便下定决心使这部旷世医书恢复其本来面貌。于是，他到各地寻找该书的存本或残本，费尽千辛万苦，终于整理和修复出了张仲景的这一名作，使其得以保留下来。我们今天能见到《伤寒论》，王叔和居功至伟。清代名医徐大椿曾感慨道："苟无叔和，焉有此书。"

图7-3　王叔和像

王叔和的另一大贡献就是撰著了《脉经》。脉学是中国传统医学的重要组成部分，但是在魏晋时期还没有受到一般医生的重视与广泛使用。张仲景曾在《伤寒杂病论》自序里指出，现在的很多医学家对脉学知识缺乏了解，在诊断疾病的时候也不重视诊脉，这样很可能造成诊断不明，对于患者来说是很危险的，是对患者的生命安全不负责任。面对这种情况，王叔和搜集了扁鹊、仓公、华佗、张仲景等人的医学著作，加上自己长期行医的心得体会，完成了《脉经》。在这部脉学专著中，总结并发展了西晋以前的脉学经验，他结合生理、病理及病的征候等展开研究，阐明了便于临床应用的脉理；他还根据脉搏的生理与病理变化状况梳理出了浮、芤、洪、滑、数、促、弦、紧、沉、伏、革、实、微、涩、细、软、弱、虚、散、缓、迟、结、代、动等24种脉象，从而使脉学正式成为中医诊断疾病的一门科学。另外，他还提出，医者掌握各种脉象是切脉的关键，而正确地诊断又是治疗的基础，由此便将切脉、症状、治疗三者有机地结合了起来，这是他对传统医学的一个重要贡献。《脉经》（图7-4）是我国第一部完整而系统的脉学专著，至今依然是培养中医人才的基本教材之一。

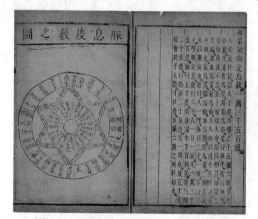

图7-4　《脉经》明万历年间刻本书影

[①] 关于王叔和的籍贯今属何地，学界观点不一。一种观点认为是山东高平，即今山东济宁市境内（一说为今济宁金乡县，一说为今济宁微山县，一说为今济宁邹城市西南）；另一种观点则认为是山西高平市。

[②] 《伤寒杂病论》是东汉名医张仲景所著的一部论述外感病与内科杂病为主要内容的中国传统医学典籍，大约成书于200—210年，后散佚。后来经王叔和等人的收集整理校勘，分编为《伤寒论》和《金匮要略》两部，得以重现并保留后世。其中，《伤寒论》系原著中关于伤寒的部分，共10卷，著论22篇，记述了397条治疗方法等，共计5万余字。王叔和将其命名为《伤寒论》。

四、隋唐宋金元时期的山东医学家代表

隋唐宋金元时期，中医学不断发展，日益完善。在山东地区，则涌现了一批杰出的医学世家，其中最为著名的是钱乙和成无己。

钱乙（约1032—1113年），字仲阳，东平郓州（今山东东平县）人，生活在北宋仁宗到徽宗年间。钱乙主治儿科，是中国医学史上第一位闻名于世的儿科专家。他医术高明，因治好了宋神宗的儿子仪国公的病而名噪一时，官至太医丞。清代《四库全书总目提要》中曾称赞“钱乙幼科，冠绝一代”。他的《小儿药证直诀》一书是我国现存第一部以完整的本来面目传世的儿科著作，书中首次系统总结了对小儿的辨证施治法。由于他的突出贡献，儿科学成为一门系统化、理论化的学科。钱乙也因此而被后人尊称为“儿科之圣”“幼科之鼻祖”。

成无己（约1063—1156年），聊摄（今山东聊城西）人，宋金时期的著名医学家。他曾先后为宋金两代的御医，出入宫廷治疗权贵，但同时也广泛救治贫苦百姓。他在今山东聊城一带行医几十年，医术高超。靖康之变后，他被金朝贵族挟持，被迫为他们行医，终生无法回到故乡，最后以93岁高龄客逝异乡。

成无己对古代医学经典《内经》《难经》和《伤寒论》等都颇有研究。他特别看重《伤寒论》，花费了几十年的时间进行钻研，对其进行全面注释，有《伤寒论注释》（图7-5）10卷流传于世。该书是现存最早的全面注解《伤寒论》的著作，影响深远。另外，他还著有《伤寒明理论》4卷，在这部书中他既发扬了前人经典作品的思想，又注入了自己大量的心得体会，具有较高的医学价值。

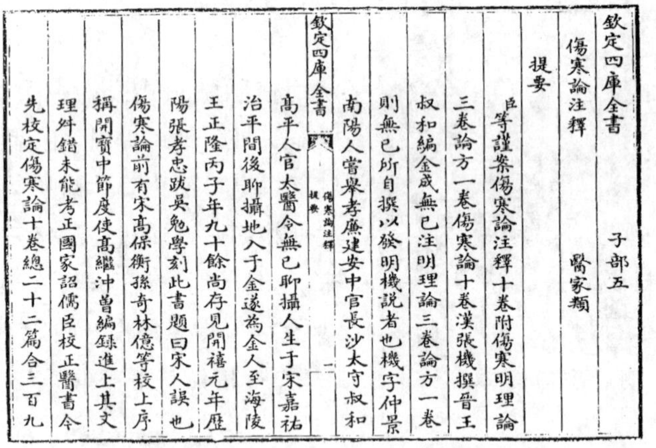
欽定四庫全書　子部五
傷寒論注釋　醫家類
提要
臣等謹案傷寒論注釋十卷附傷寒明理論
三卷論方一卷傷寒論十卷漢張機撰晉王
叔和編金成無已注明理論三卷論方一卷
則無已所自撰以發明機說者也機字仲景
南陽人嘗舉孝廉建安中官長沙太守叔和
欽定四庫全書　傷寒論注釋　提要　一
高平人官太醫令無已聊攝人生于宋嘉祐
治平間後聊攝地入于金遂為金人至海陵
王正隆丙子年九十餘尚存見開禧元年歷
陽張孝忠跋吴勉學刻此書題曰宋人誤也
傷寒論前有宋高保衡孫奇林億等校上序
稱開寶中節度使高繼沖曾編錄進上其文
理舛錯未能考正國家詔儒臣校正醫書令
先校定傷寒論十卷總二十二篇合三百九

图7-5　《钦定四库全书》中成无己《伤寒论注释》一书提要

在成无己之前的时代及与他同时代的医学家中，不乏对《伤寒论》进行研究的人，但他们都没有对《伤寒论》进行像成无己这般全面的注释与研究。不仅如此，成无己还对《内经》《难经》等其他古人的医学著作进行了广泛研究，以通贯的眼光将这些著作的理论和材

料融入他对《伤寒论》的注释，开拓之功甚大。不过，由于没有前辈可以效仿，他做这项工作的难度也可想而知。他生活的时代正是王朝更迭、国家残破的时代，书籍的搜集和整理都遇到了很大困难，所以，到他完成这项工作的时候，已是八十多岁的高龄了。成无己所进行的这项研究整理工作，在伤寒学派的医学发展史上具有重要意义。可以说，如果没有他的努力，《伤寒论》的艰深文字就很难被后世医家所理解和掌握。

五、明清时期山东传统医学的发展

明清时期，传统中医学进入鼎盛时期。这一时期，山东医家在总结、整理、鉴别和订定前人经验的基础上，也纷纷著书立说，形成了一股热潮，并由此催生了一批本土的中医药学大师，主要代表人物有王象晋、毕荩臣、黄元御、刘奎、綦沣等。

王象晋（1561—1653年），字荩臣，号康宇（一作康宁），自称明农隐士、好生居士。桓台新城（今山东桓台县）人。明亡之前一直为官，入清后不问政事，潜心于学术，在医学和农学领域都取得了很大成就。

王象晋一生著述很多，约有30余种，但多因明清易代的缘故，毁于战乱。流传到现在的有《二如亭群芳谱》28卷、《赐闲堂集》20卷，以及《清寤斋心赏编》《剪桐载笔》《奏张诗余台壁》等。他的医学知识功底非常深厚，其著作有不少都与医学有关，如《保安堂三补简便验方》《保世药石》《神应心书》及《卫生铃释》等，其中后三种惜已失传。

王象晋非常喜爱收集药方，从年轻的时候起，只要在杂书中看见药方医方，便会抄录下来。王象晋目睹了明清易代中百姓的惨状，为了减少黎民百姓的痛苦，他将心思都放在医学上，从各地搜集了大量灵验的药方。经过日积月累，由他汇集、整理而成的《保安堂三补简便验方》一书共收录800余个药方，包括验方、单方等，治疗范围覆盖内、外、儿、妇等各科。该书分为春、夏、秋、冬四集，是王象晋仅存的一部医药著作。

毕荩臣（1595—1642年），字致吾，新城（今山东桓台县）人，明代太医院名医。他幼年曾入私塾读书，后因家庭贫困而被迫辍学，之后拜当地名医刘南川为师学医，数年后得到了刘氏真传，临床施药多有奇效，以至于世人赞誉他为孙思邈再世。后来，他被官府保举进京，授太医院吏目之职。

毕荩臣诊治病症时，擅于审度阴阳平衡，以及考察四时气候变化对病情的影响，一般只须服用他开的一两剂药，多数病人便都能痊愈。他对于伤寒、外感症的治疗有独到的研究，尤为精专。不仅如此，他往往能及时判断痘疹等流行性疾患，挽救垂危。一次，青城县令病重腹胀，几天粒米不进，当地名医判定他已断无活理。可是，经毕荩臣前去诊治后，只开了重药一剂让其服下，不久便转危而愈了。

毕荩臣堪称医者仁心的表率，他对前来求医者，从不论贫富贵贱，皆依次尽心诊治。他还常带些成药送给病家，从不索高价，因而深得人们尊敬。明崇祯十五年（1642年），清军袭扰山东，攻破新城，其时毕荩臣也参加了守城抗清斗争，结果城破被执，不屈而死，时年47岁。

图7-6 黄元御故居的塑像

黄元御（1705—1758年，图7-6），名玉璐，字元御，一字坤载，号研农，别号玉楸子，昌邑（今山东昌邑市）人，清代著名中医学家。他非常重视中国传统医书，毕生尊奉黄帝、岐伯、扁鹊、张仲景等先贤。由于他曾经解决了乾隆皇帝的疑难杂症，被乾隆帝亲书"妙悟岐黄"以示褒奖。

黄元御一生除了行医治病之外，还勤于从事医学理论著述。其医学著作仅在《清史稿》中列述的就有11种之多。其中，他所撰著的《素灵微蕴》《四圣心源》《长沙药解》《伤寒说意》《玉楸药解》《伤寒悬解》《金匮悬解》《四圣悬解》等八部医书，被世人奉为"黄氏医书八种"，对后世医家影响深远。黄元御本人也在民间享有"黄药师""一代宗师"等很高的赞誉，乾隆帝曾亲书"仁道药济"匾额以褒扬其一生。

刘奎是清代山东的另一位医学名家。刘奎，字文甫，号松峰，山东诸城（其出生地今属山东五莲县）人，生卒年不详。他是清代名臣刘墉之堂弟，系清朝乾隆后期至嘉庆年间的一代医学大家。

刘奎自幼聪慧好学，勤于苦读，积累了深厚的学识。当时，其叔父刘统勋和刘墉父子皆为朝中重臣，多次推荐他为官做事，但刘奎志趣却不在此，终未入仕。后来，经刘统勋介绍，他跟随京城名医郭右陶学习临床医术，发奋攻读医学，精研《内经》《难经》等医学典籍，学问大为长进。刘奎目睹当时瘟疫横行乡里所造成的惨状，格外重视对瘟疫病症的诊治研究，并最终在这个领域取得了突出成就。他所创用的瘟疫统治八法中的除秽、解毒、针刮、罨熨等法，在治疫中屡显良效，是中医临床的经典宝库。他的医学著作主要有与其子合著的《瘟疫论类编》和《松峰说疫》等。其中，《松峰说疫》一书包含述古、论治、杂疫、辨疑、诸方、运气等六卷，在"杂疫"卷中列病症140余种、方剂200个。这部著作发展了汉代"医圣"张景仲的学说，不仅为后世中医界所推崇，而且后来还流传到了日本等国，影响广泛。

綦沣（约1760—1840年），字汇东，清代山东武定府利津县（今山东利津县）人，曾先后担任过清朝翰林院检讨、国子监学正等官职。他对经学颇有研究，著有《四书汇解》《周礼辑要》等。同时，綦沣兼修医学，并擅长治疗内科、妇科，以及痘疹、瘟疫等疾病。

綦沣在自己的行医实践中，总结出了针对内科、妇科病症的三焦辩证、六经分证、舍证从脉、舍脉从证的诊治原则；对于痘疹、瘟疫病症，他则提出了标本缓急、同病异治、异病同治、上病下取、下病上取等辨证施治的原则，从而形成一套行之有效的医道医术。

綦沣行医多年，积累了丰富的治疗经验。在此基础上，他博采各家之长，著成《医宗辑要》（图7-7）一书。该书共13卷，14册，约30万字。书中记载了病例500多个，包括内、外、妇、儿、瘟疫、痘疹等科；列处方2000多个，验方、便方、自拟方200多个。这部医书条理清楚，注解翔实，通俗易懂，既有传统中医理论阐述，又有作者的独到见解，是一部内容丰富的中医临床治疗的参考书，也是我国传统中医学的宝贵遗产之一。

图7-7　綦沣著《医宗辑要》手抄本书影

总之，中医学是我国传统文化的瑰宝之一，而齐鲁传统医学则在中医学领域谱写了精彩的华章。从战国神医扁鹊的"望闻问切"四诊法，到魏晋时期王叔和的《脉经》问世，以及各个历史发展时期山东医学家所创造的医学灿烂成就，无一不是中国医学发展史上的重要坐标。他们用医者"仁心"拯救生命于病痛之中，更以不断探索、勇于创新的精神推动了我国传统中医学的进步和发展。

第二节　齐鲁农学

> 农业在传统的农耕社会里是立国之本。在漫长的古代社会中，农业经济构成了中华古代文明的基石。我国的长江、黄河流域是世界农业发源地之一。山东位于黄河流域的下游地区，齐鲁大地也是华夏文明中较早进行农业开垦的地区，为我国古代农业生产技术的发展做出了重要贡献，现在就让我们领略一下古代山东的农学成就。

一、山东农业经济的发展概貌

农业是传统社会中的核心经济形态，具有极其重要的地位。山东是中国最早的农业发源地之一。在距今约7400～6200年的北辛文化时期，已经开始了农耕和劳作，产生了原始农业。在大汶口文化时期，山东地区的主要农作物是粟。据历史记载和考古发现，山东地区还是我国最早种植小麦的地区之一。山东种植小麦距今已有4000年的历史。有学者认为，是山东地区的莱人最早培育了小麦。

夏代（公元前21—前16世纪），政府重视开沟挖渠，引水灌溉，以促进农业生产的发展，此时山东地区的兖州、青州是比较发达的农业区。到商代，山东地区的先民已能种植黍、稷、粟、麦、秕、稻、菽等多种农作物了。随着蚕丝和麻类纺织业的发展，至周代，齐、鲁已是千里桑麻之地。

春秋战国时期（公元前770—前221年），是农业大发展的重要时期，主要表现为铁器开始应用于农业生产，特别是铁农具和牛耕的发明，成为农业突出进步的主要标志。据记载，齐国有多处冶铁作坊。这一时期的铁农具种类很多，有铁犁铧、铁锸、铁锤、铁锄、铁铲、铁镰等，其中最重要的是铁犁铧的出现。考古发掘中，山东多地都有战国的铁犁出土，说明犁耕已在山东地区广泛使用。

秦汉时期，山东农业在春秋战国生产力大发展的基础上又有了重大突破。牛耕在山东地区基本普及，在山东出土的汉画像石上常见"牛耕图"（图7-8）。同时，垄作和条播技术也得到应用。不仅如此，这一时期在农业生产中施肥也已受到了人们的普遍重视。西汉时期，北方农作物的栽培已不限于耐旱品种，水稻已经由南方引种成功，而且有了较大面积的种植。琅琊郡的稻县（今山东高密市西南），就是在种稻的过程中引潍河河水灌溉，开垦了稻田一万顷，所以得到了"稻县"的名称。西汉时期，山东还出现了一位著名的农业科学家氾胜之，他撰写的农学著作《氾胜之书》，在中国农学发展史上占有非常重要的历史地位。

图7-8　汉画像石拓片——汉代牛耕图（山东滕州汉画像石馆藏）

魏晋南北朝时期，军阀割据，战乱频仍，统一国家分崩离析，各民族统治者之间矛盾尖锐，致使农业生产遭到极大破坏。特别是汉末和西晋末年的两次全国性大动乱，对经济的发展产生了毁灭性影响。由于山东地区地理位置重要，各方势力在这里的争夺异常激烈，长期处于战乱状态，由此导致土地荒芜，人口减少，农业遭到严重破坏。但是，尽管如此，这一时期山东地区在农业生产技术和农学研究方面仍然取得了一定的进步与发展。其中，北魏杰出的山东农学家贾思勰撰写了著名的农学著作《齐民要术》，对后世产生了深远的历史影响。

隋唐时期，全国重新出现了大一统局面，经济快速恢复，人口迅速增长。山东地区的农业生产也因之获得了迅速发展。在隋代和中唐以前，山东已成为全国主要的粮食产区之一。唐代开元、天宝年间，每年要将几百万粟米漕运至关中。隋唐政府在山东地区广泛兴修水利。特别是当时的大运河，流经山东地区。唐代对大运河进一步进行修建和扩展。武则天长安年间，北海（今山东青州市东）县令窦琰主持开成窦公渠，引白浪河水入渠，蜿蜒30余里，灌溉了广大田地。高密的夷安泽，东西百余里，溉田万顷。太宗贞观年间，在今峄城筑十三陂积蓄承、泇二水溉田，建成山东最早的水库塘坝灌区。各种水利工程的兴建，使得山东成为唐代水利事业最发达的地区之一。农业的振兴，使山东的粮食产量居全国前列。不过，唐末的战乱则使山东的水稻生产再次遭到了严重破坏。

到了宋朝，山东农业进入一个新的发展阶段。这一时期，山东地区传统农具的发展已较完备，种类齐全。农作物的种类比前代更加增多，一些农作物的优良品种得到进一步推广，主要种植粟、黍、麦、豆，以及枣、桑、麻和水稻等。宋神宗以后，随着农田水利工程的大规模兴修，山东水稻种植面积不断扩大。除了山区以外，大部分州县都开辟了稻田，江东早稻、占城稻等优良品种也先后在山东各地传播。水稻的引进和广泛种植，使许多在旱作农业条件下无法开垦的水田和淤田得到了合理利用，大大促进了山东农业生产的发展。

元代大力兴建农田水利设施，促进农业发展。政府责成劝农官及掌管水利的事务官巡行督察水利设施的修建。唐宋元时期出现的水转翻车、水转筒车、水转高车、水磨、水砻、水碾、水转连磨、水转大纺车等，都是以水为动力的灌溉工具和加工工具，得到广泛应用。这一时期，山东在农业技术方面的著述影响最大的是王祯撰写的《农书》。

明清时期，中国传统农业发展达到顶峰，并涌现出一批著名的农学家，其中山东籍的代表是王象晋，他撰著有《二如亭群芳谱》28卷（图7-9）。此外，明清时期商品经济发展较快，山东人民不仅开始大量种植棉花、花生、烟草、大豆等经济作物，又有许多新作物也传入山东。例如，在山东，花生的种植最早见于清代乾隆年间文献的记载。据乾隆十四年（1749年）《临清州志》与乾隆四十七年（1782年）《邱县志》记载，本地出落花甜（即落花生）。

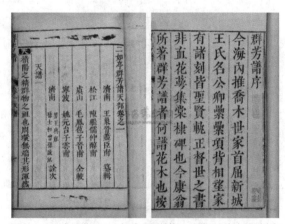

图7-9　王象晋辑《二如亭群芳谱》明代天启年间刻本

嘉庆时期，花生在山东的种植逐渐由运河一带地区向东部推广，并形成了泰安和青州两大种植区。在胶东，大量种植番薯。在鲁东南一带地方，番薯也已日益成为广大劳动人民的主要粮食作物。另外，清代山东地区还传入了马铃薯、辣椒、甘蓝、番茄等。由于外来作物的引进，山东农作物的结构也发生了新的变化，小麦、甘薯、玉米等逐步成为重要的粮食作物，棉花、花生、烟草及其他经济作物也逐渐占有较大比重，棉花发展尤快，丝绸生产闻名全国。

二、山东农学家及其著作

古代山东曾出现过一批重要的农学家,他们的农学研究成就在中国农业科学发展史上占有非常重要的地位。其中,影响最大的是氾胜之、贾思勰和王祯。

(一)氾胜之与《氾胜之书》

氾胜之[①](图7-10),氾水(今山东曹县北)人,其生卒年不详,大约生活在公元前1世纪的西汉末期。他是西汉时期山东著名农学家。

氾胜之非常重视对农业技术的研究,注意搜集、整理农民的生产经验,积累了丰富的农业知识。汉成帝时,他曾任议郎,知农事,后官至黄门侍郎。《晋书·食货志》载:"昔汉遣轻车使者氾胜之督三辅种麦,而关中遂穰。"即汉成帝时,他曾受命以"轻车使者"的名义,在三辅地区(今陕西关中平原)督导

图7-10 氾胜之塑像

种植小麦生产,并使该地区获得了丰收。他还在总结黄河流域的农业生产经验的基础上,创造性地提出了精耕细作的区田法,以及溲种法、穗选法、嫁接法等农业种植技术。

氾胜之的著作《氾胜之书》是西汉晚期一部重要的农学著作,也是我国现存的第一部农学专著。书中记载了当时黄河中游地区的耕作原理与规律、作物栽培技术,以及种子选育等农业生产知识,内容十分丰富。尽管该书在宋代时即已散佚,现存辑本虽然远非该书全貌,但也比较集中地反映了氾胜之的重农思想。从中可以看出,氾胜之把粮食布帛看作国计民生的命脉,因而特别重视对农业生产经验的总结。其中,他对农业生产最重要的贡献就是总结并推广了区田法,即把土地分成若干个小区(也就是小块),做成区田。每一块小区的四周打上土埂,将小区内的土地整平,然后深挖,使得每一小区互相分割开来,适当调整土壤的成分以增强土壤的保水保肥能力,同时推行密植,注意灌溉。区田法的推广和运用,大大提高了关中地区单位面积的农作物产量。

总之,《氾胜之书》第一次系统地总结、阐述了北方农业生产的全过程,对于研究汉代农业经济和生产水平有着极高的参考价值。它不仅在我国农业发展史和农学史上占有非常重要的地位,而且对于我们今天的农业生产也具有一定的实践意义。

(二)贾思勰与《齐民要术》

贾思勰,北魏青州益都(今属山东寿光市)人,生卒年不详,北魏杰出的农学家,曾

---

① 关于氾胜之的"之"字,是否为人名,史籍说法不一,有争议。一种说法其名为氾胜,而无"之"字。

任北魏高阳郡（今山东淄博市临淄区）太守。卸任后，他专注于对农学知识的钻研，并经常向有经验的老农请教，积累了丰富的农业科学知识。之后，他在认真整理、总结这些农业生产经验和知识的基础上，编撰了影响深远的农学著作《齐民要术》一书。

西晋末年，北方黄河流域一带长期处于战乱状态，农业生产遭到了严重破坏。北魏统一后，北魏孝文帝于太和九年（485年）下令各地实行均田制，促进了北方农业科学技术、农业生产的恢复和发展，这也为贾思勰编撰《齐民要术》奠定了社会基础。为了收集更多的材料，贾思勰深入基层社会，收集民间的谚语、歌谣，访问有经验的老农，并亲自参加农业活动。他重视前人的研究成果，引证前人著作达150多种，而他所引用的这些珍贵农书大都早已失传。所以，正是由于贾思勰的引用，才使得其部分内容得以保存下来。

《齐民要术》（图7-11）共10卷92篇，12万余字。该书内容非常丰富，涵盖了农、林、牧、副、渔等多方面的农业生产范畴。其中，前五卷介绍了粮食、油料作物、染料作物、蔬菜、果树、桑等作物的栽培技术；第六卷记述的是禽畜和鱼类的养殖技术；第七、八、九卷记述的是农副产品加工、储运，包括酿造、醃制储藏、果品加工、烹饪、制糖等生产技术；第十卷则介绍了有实用价值的热带、亚热带植物等。

图7-11 《齐民要术》清光绪年间刻本书影

《齐民要术》是我国古代一部系统的农学著作，也是世界上现存最早、最完整的农学著作。同时，它也是古代山东地区农学技术发展水平的代表，不仅对当时农业生产的发展起了促进作用，而且泽及后世。

（三） 王祯与《农书》

王祯（1271－1368年），字伯善，东平（今山东东平县）人，元代山东农学家。关于王祯的生平活动，可考的史料极少，史书中仅记载他曾做过两任县尹。王祯的历史贡献集中体现在他所著述的农学专著《农书》（亦名《王祯农书》）中。

《农书》共37卷，281幅插图，约13.6万字。全书由"农桑通诀""谷谱"和"农器图谱"三大部分组成。其中，"农桑通诀"概述了我国农业生产的起源和发展历史，系统介绍了农业生产的各个环节，涉及林、牧、副、渔等各项技术和经验；"谷谱"分别介绍了谷子、水稻、麦子、瓜、果、蔬菜等作物的起源、特性和栽培方法；而"农器图谱"则介绍了农业生产工具和农业机械的构造与制造方法，真实再现了当时的农具实物形象，具有极高的科学史价值。

王祯的《农书》是在综合了黄河流域旱田耕作和江南水田耕作两方面生产经验的基础上写成的，在中国农学史上占有极为重要的地位。王祯继承了前人在农学研究上所取得的成果，总结了元朝以前农业生产实践所积累的丰富经验与先进技术，全面、系统地阐述与解释了广义农业生产所包括的内容和所覆盖的范围，使人们对狭义的农业以外的农业生产的内容和范围，以及农业生产中的客观因素与主观因素等各个方面，都有了比较清晰的认识。

王祯既是山东人，又曾在安徽、江西等地做过地方官，并且还有在江、浙一带生活的经历。他每到一处，常常深入农村进行实地观察。因此，在他所撰写的《农书》里，无论是记述耕作技术，还是农具的制造使用，或是栽桑养蚕技术等，总是时时顾及南北差别，致力于其间的相互交流，这一点是王祯《农书》以前的农学著作所不及的。此外，《农书》中的"农器图谱"部分也是王祯在古农书中的一大创造。在王祯《农书》以前，论述农具的书多没有图谱，而《农书》中的"农器图谱"部分却占了全书篇幅的约五分之四，插图200多幅，涉及的农具达105种，可以说是琳琅满目、丰富多彩、别具一格（图7-12）。

在古代社会，山东地区的农学家除以上所介绍的三位代表性人物之外，前面曾介绍过的明代在医学方面颇有建树的王象晋，也在农学研究方面取得了不容忽视的重要成就。他所编撰的《二如亭群芳谱》一书，汇集了我国16世纪以前的农学主要成果，该书按照天、谷、蔬、果、茶竹、桑麻葛棉、药、木、岁、花、卉、鹤鱼等12个谱分类，并且对每一种植物都详细叙述形态、特征、栽培、

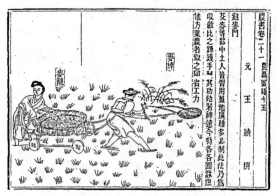

图7-12　王祯《农书》中的"农器图谱"插图之一

利用方法、典故等，这是其他农书所不及的。王象晋不仅重视对农作物的研究，而且还身体力行地对研究成果大力推广。比如，明万历年间传入我国的甘薯，最早在福建种植，当他知道这个情况后，就想方设法地引入山东，并用几年的时间反复栽培、观察、试验。经过扎实的试种之后，他不仅认为甘薯是可以在北方推广的，而且还将自己的种植经验毫无保留地公布出来，从而推动了甘薯这种农作物在山东地区的推广种植。

总之，山东区域具备各类地质地貌，并且还有绵长的海岸线，又地处暖温带，属于季风气候，这样的地理环境和气候特别适合发展农业、手工业、商业贸易、鱼盐业、桑麻业等。但是，无论多业并举是如何繁荣了齐鲁大地上的经济，却都无法取代农业在历朝历代经济中的核心地位。也正是由于古代山东人对农业生产的高度关注，才孕育出了氾胜之、贾思勰、王祯等一批流芳百世的著名农学家。他们不仅是齐鲁农学的杰出代表，更是中国传统农学发展的标志性重要人物。

第三节 齐鲁手工技艺

> 手工业与每个人的日常生活息息相关，衣食住行都离不开它，古代山东的劳动人民和技术专家为了改善和提高人民的生活质量，在扩大手工业生产规模和发明创造，以及改进手工业技艺方面都做出了很大贡献，值得我们认真研究与整理。那么，古代山东的手工业究竟经历了怎样的发展历程？在手工技艺方面都留下了哪些宝贵的历史遗产呢？下面就让我们来加以认识和了解。

一、古代山东手工业的发展

手工业的发展，同人们的生活密切相关，涉及行业较多。手工业内的分工也随着时代的发展而越来越细密。山东地区作为中华文明的起源地之一，早在新石器时期到商周时期就有辉煌的成就。在考古发掘的过程中有大量陶瓷器与青铜器出土。到了春秋战国时期，山东手工业生产技术发展更盛，有车工业、冶炼铸造业、皮革业、印染业、雕琢业、制陶业等，并且明显出现了私营大手工业与个体小手工业者的区别。私营大手工业，主要经营盐、铁；个体小手工业，主要有车工、陶工、木工、编织、结网等。

秦汉以后，山东手工业进一步发展，行业分工深化，纺织业、盐铁业、冶矿业、陶瓷业、酿酒业、采煤业齐头并进，成为我国古代国民经济的重要组成部分。

（一）纺织业

纺织业是古代山东地区手工业的重要组成部分之一。汉代齐地纺织手工业的发展首屈一指，其纺织品品种、质地、构图等技术工艺都达到了相当高的水平。当时临淄、定陶、亢父（今山东济宁市）不仅是山东地区的三大纺织中心，也是全国的丝织中心。兖州的漆、丝、绨、缟被认为是养生送终的优秀用具。鲁地之缟，则以质地轻、图案精美闻名天下。这个时期，山东地区的纺织业还较普遍地使用了当时最先进的织机，在山东多地出土的汉画像石和临沂汉墓出土的帛画上，都发现了织机的图像。

魏晋南北朝时期，由于桑麻种植逐步扩大，山东的纺织业在全国处于领先水平。《齐民要术》中，有许多关于纺织原料蚕丝、大麻、植物染料、羊毛等的生产和加工制作方法。

唐宋时期，山东地区的丝织品生产，在品种、质量和产量上都居全国首位，至宋代更加发达，京东东路（今山东）是全国最为繁荣的丝织品生产中心之一。除官营纺织作坊外，山东民间丝织业也极为繁荣。当时，山东麻织业也很发达，麻布产地主要集中在莱州（今山东莱州市）、淄州（今山东淄博市淄川区）、沂州（今山东临沂市）等地。

元代，山东纺织业仍然兴盛。由于国家统一，山东地区的手工业生产也有一定程度的恢复和发展，一些传统的手工业比前代有所进步，生产规模和地区布局也有所扩大。

> 五月梅始黄，蚕凋桑柘空，
> 鲁人重织作，机杼鸣帘栊。
> ——（唐）李白《五月东鲁行答汶上君》

明清时期，山东地区的棉织、丝织技术有了新的发展。明代中期，山东棉花棉布的征收量已居北方前列。官营丝织作坊除设于京师外，山东济南是其分设地之一。此外，周村（今山东淄博市周村区）成为丝织业中心。据《淄川乡土志》记载：清朝乾隆年间，"蚕丝本境天然之大宗，每届春令，比户饲之……本境虽能缫丝，而仍售于邻境周村商贾织造"。由此可见周村丝织业之兴盛（图 7-13）。清代中叶前后，山东纺织业进一步发展，已有 60 个州县开展棉纺织生产，并形成几个重要的商品布输出区。济南府齐东（今山东邹平市、博兴县一带）、章丘、邹平、长山一带所产棉布多在周村集散，输入东北等地，形成产业辐射和共同市场。

图7-13　清代纺织作坊的编织机具

（二）陶瓷业

陶瓷业也是山东地区手工业的重要组成部分。秦汉时期，山东地区的制陶业取得了一定进展，陶工们掌握了铅釉制作技术，烧制出了低温绿色釉陶器。此外，山东地区的漆器制造业也很发达，山东是全国著名的漆器制造中心之一。

魏晋南北朝时期，由于长期战乱，山东地区陶瓷业的发展虽然受到了一定的影响，但仍取得了不小的进步。目前发现的山东最早的瓷窑遗址是北朝晚期淄博的寨里窑和枣庄的中陈郝窑。它们主要烧制青瓷，特点是胎体厚实坚硬，胎质颗粒较粗，胎色灰白而夹杂黑点；釉以青褐、青黄色居多，器型有罐、瓶、碗、盘、壶等；瓷器造型浑厚凝重，颇具北方粗放风格。图 7-14 所示便是淄博寨里窑烧制的北朝青瓷莲花尊（仿品），原件于 1982 年出土，收藏于中国（淄博）陶瓷博物馆。

图7-14　淄博寨里窑烧制的北朝青瓷莲花尊仿品

隋唐以来，山东又有一批新窑场崛起。至五代，山东瓷器烧造业遍地开花，淄博、枣庄、泰安、潍坊、临沂、聊城、济宁等地都有窑址发现。这些瓷窑烧造特点五花八门，装饰手法和釉色各有所长，器形浑圆庄重，品类贴近生活，多具备实用价值，有碗、盘、杯、壶、钵、罐、瓶、盆等。瓷器生产除传统的寨里窑烧造青釉瓷外，还出现了黑釉瓷和白瓷，并使用匣钵，使陶瓷烧成工艺发生了重大变革。例如，兴起于唐中期的磁村窑（今山东淄博市淄川区西南）以生产黑釉瓷独步一时。盛唐以后，甚为珍贵的茶叶末釉和油滴釉瓷器也开始出现。

陶艺发展到了明代又进入一个新的阶段。明代以前的瓷器以青瓷为主，明代之后以白瓷为主，特别是青花、五彩成明代白瓷的主要产品。山东博山逐步发展成为山东陶瓷的生产和销售中心。从清初到清代中期，淄博陶瓷业迅速发展，博山以"瓷城"闻名遐迩。

（三）制盐业

制盐业是山东地区的传统手工业。山东历来是中国的重要产盐区，而食盐生产则是古代重要的手工业部门。魏晋南北朝时期，山东青州是全国第二大产盐区，制盐业相当发达。唐中后期，官方在青州设置榷盐院，专门对北部沿海的制盐业进行管理和征税。山东盐业发展到宋金元时期，出现了全面扩展的势头，主要表现在产业规模扩大、从业人员增多、盐场制度完备、制盐技术提高等方面。元明清时期，山东沿海不断开辟新的盐场，以提高食盐产量。山东盐业的开发及其产值对于那个时代而言，具有十分重要的意义。

（四）冶炼业

冶炼业是关系到我国古代社会中的国计民生的关键产业，历朝历代都相当重视。而山东冶炼业在古代中国长期占据领先地位。秦汉时期，山东冶炼技术发展迅速，制钢工艺和青铜技术都有很大突破。2012年在汉代东平陵城遗址（今山东济南市章丘区境内）考古发现的冶铁业遗迹（图7-15）及出土的汉代铁器（图7-16）表明，当时这里已是相当发达的冶铁基地了。虽然魏晋南北朝时期冶金业呈现较为低迷的状态，但是山东依然是全国重要的铜产地。隋唐时期，山东冶炼业进一步发展，冶炼技术提高，黄金冶采技术出现。北宋时期，山东矿业十分兴盛，发现了若干新矿区。与此同时，采煤业作为山东新兴的手工业部门，开始崭露头角，以淄博煤业为典型。元代以后，济南、莱芜是全国重要的冶铁矿区。

图7-15 东平陵城遗址发现的汉代冶铁作坊遗迹

图7-16 东平陵城遗址出土的汉代铁锤和铁斧（济南章丘龙山文化博物馆藏）

明朝初期，山东的冶炼技术和生产能力在全国处于先进行列，主要有铁、铅、金、银、煤等矿冶业。随着民营矿业的发展，明代后期出现了不少规模较大的制铁工场。山东的主要铁冶场集中在济南府的泰安、莱芜与青州府的益都颜神镇（今属山东淄博市博山区）等地。明中期以后，山东的冶铁技术有了普遍提高，在泰安、莱芜及颜神镇等冶铁集中的地方，已普遍采用焦炭冶炼技术，表明民营铁冶已达到了较高的生产水平。此外，随着民营矿业的发展，商人直接支配生产的现象也逐步出现，工场制度和商品经济进一步发展。清代前期，铁矿主要由民间经营，山东海阳铁矿是当时国内重要的铁矿之一。

> 兰陵美酒郁金香，玉碗盛来琥珀光。
> 但使主人能醉客，不知何处是他乡。
> ——（唐）李白《客中行》

此外，山东的制酒业、化工技术等手工业也都取得了显著的发展成就。唐朝诗人李白漫游东鲁时所写的《客中行》，就是对兰陵（今山东兰陵县）所产美酒的赞誉。

二、古代山东的手工业技艺成就

历史上的齐鲁大地人才荟萃，能工巧匠众多，他们以自己的聪明才智，创造发明出了异彩纷呈的手工技艺成就。

（一）先秦发明制造家墨子与鲁班

春秋战国时期的山东滕州人墨子（墨翟），不仅是一位伟大的思想家、教育家，而且也是一位伟大的科学家。他精通手工技艺，其技艺之高超，堪与当时闻名天下的巧匠鲁班相媲美。史书记载：墨子擅长防守城池，在止楚攻宋时与公输般进行的攻防演练中，已充分地体现了他在这方面的才能和造诣。他曾花费三年的时间，精心研制出一种能够飞行的木鸢；他还是一个制造车辆的能手，可以在不到一日的时间内制造出载重30石（相当于约150千克）的车子。他所造的车子运行迅速又省力，且经久耐用，为当时的人们所赞赏。

墨子不仅谙熟当时各种兵器、机械和工程建筑的制造技术，而且有不少发明创造。在《墨子》一书的"备城门""备水""备穴""备蛾""影帝祠"和"杂守"等篇中，他详细地介绍和阐述了城门的悬门结构，城门和城内外各种防御设施的构造，弩、桔槔和各种攻守器械的制造工艺，以及水道和地道的构筑技术。他所论及的这些器械和设施，对后世的军事活动有着很大的影响。

与墨子同时代的鲁班，则堪称这一时期山东地区手工制造行业的代表性人物。鲁班（约公元前507—前444年，图7-17），姬姓，公输氏，名般，又称公输子、公输盘、班输、鲁般。因他是鲁国人，"般"与"班"又同音，古时通用，所以人们常常称他为鲁班。他出身于工匠世

图7-17 鲁班像

家,从小就跟随家人参加过许多土木建筑工程,从而掌握了生产劳动的多种技能,并积累了丰富的实践经验。

《事物绀珠》《物原》和《古史考》等不少古籍中记载,木工使用的不少工具器械都是鲁班创制的,如曲尺、墨斗、刨子、钻子、锯子等。这些木工工具的发明使当时的工匠们从繁重的劳动中解放出来,劳动效率成倍提高,土木工艺出现了崭新的面貌。后来,人们为了纪念这位能工巨匠,将他尊为中国土木工匠的始祖。

鲁班还曾发明制作了许多农具和生活用具。先进农具的发明和使用是促进中国古代农业发达的重要条件之一。史籍《物原·器原》中称,鲁班制作了砻、磨、碾子,这些粮食加工机械在当时是很先进的。另外,《古史考》中还记载,鲁班制作了铲等。

(二) 齐国手工业技术典籍《考工记》

《考工记》(图 7-18)是我国目前所见年代最早的手工业技术文献。关于《考工记》的作者和成书年代,学术界长期以来有不同看法。根据郭沫若考证,《考工记》的作者是齐国人,因为书中使用的是齐国度量衡、齐国地名和齐国方言。因此,目前主流看法认为,《考工记》是齐国官方编修的手工业工艺技术专著,作者为齐稷下学宫的学者。该书主体内容编纂于春秋末至战国初,部分内容补于战国中晚期。

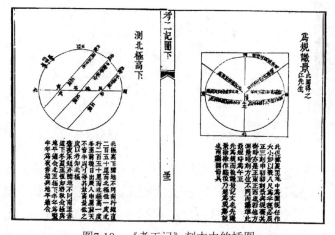

图7-18 《考工记》刻本中的插图

《考工记》在中国科技史、工艺美术史和文化史上都占有重要地位。全书记述了木工、金工、皮革、染色、刮磨、陶瓷等 6 大类 30 个工种的内容,反映出当时中国所达到的科技及工艺水平。此外,《考工记》还有数学、地理学、力学、声学、建筑学等多方面的知识和经验总结。《考工记》中记载了我国古代创制的六种铜锡比例不同的合金成分配比,称为"六齐",是中国也是世界上最早的合金配制记载,故其科学价值被许多学者所关注。

(三) 宋元时期的机械制造家燕肃与王祯

北宋时期,山东出现了一位杰出的科学家、机械制造家燕肃。燕肃(961—1040 年),字穆之,一字仲穆,祖籍青州益都(今属山东青州市),定居曹州(今山东曹县)。他于宋真宗大中祥符年间考取进士,后官至龙图阁直学士,人称"燕龙图"。他学识渊博,精通天文地理,尤其对海潮规律有着深入的研究。大中祥符九年(1016 年),他利用在沿海州郡做官的机会,到廉州、雷州、化州、恩州、广州、惠州、潮州、越州、明州等地沿海进行实地观察，分析、研究海潮的规律，历时十年，最终写出了专著《海潮论》，并绘制了《海潮图》（已失传），为当时的渔业生产和海上交通提供了可靠资料。

燕肃在机械制造方面的成就特别突出。宋仁宗天圣五年（1027年），他任工部郎中时，成功复制了指南车和记里鼓车（图7-19），并广泛用于部队行军和道路测量等方面。燕肃还是中国古代计时器——莲花漏（图7-20）的发明者。宋天圣八年（1030年），燕肃在旧漏刻的基础上，创制了新的漏刻，因其顶端是一朵莲花，故称莲花漏。这种刻漏制作简单，计时准确，设计精巧，便于推广。莲花漏法颁行通用后，受到各方面的称赞，朝官夏竦为莲花漏作铭，称其"秒忽无差"。宋代著名文学家苏轼在其《徐州莲花漏铭并序》中曾说："故龙图阁直学士、礼部侍郎燕公肃，以创物之智闻名于天下，作莲花漏，世服其精。凡公所临必为之，今州郡往往而在，虽有巧者，莫能损益。"①

图7-19　记里鼓车复原模型

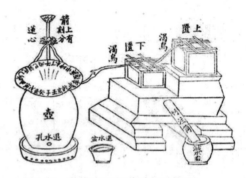

图7-20　燕肃发明的莲花漏示意图

图7-21　王祯《农书》中的高转筒车图

元代农学家王祯也是一位杰出的机械学家。王祯的《农书》中有许多他设计、制作和改进的农具与农产品加工机械，也有他独立创制的水利灌溉器具。他发明的以水为动力的水转翻车，节省了人力畜力，大大提高了灌田效率。他发明的适用于高坡低田灌溉的机械——高转筒车（图7-21），能将水运送至60米的高处，去灌溉农田。他在普通水磨的基础上，通过改变传动装置，制造了水轮三事，使这种机械兼有磨面、脱粒、碾米三种功能，发挥"变而能通，一机三事"的作用。

王祯还改进了印刷术，他已使用三万多个活字，并设计了转轮排字架，让活字按照音韵依次排列，在排版时转动字轮盘，从而极大地提高了排字效率。元成宗大德二年（1298年），王祯就用这种转轮排字架排印了《旌德县志》。不仅如此，王

---

① （清）姚鼐纂集，胡士明、李祚唐标校：《古文辞类纂》，上海古籍出版社，2016，第676页。

祯还写了《造活字印书法》一文，将它附在《农书》之末，这是我国最早系统论述活字印刷术的珍贵文献。

由上可见，充满智慧的古代山东人，在传统手工技艺方面曾创造出了令后人惊叹的杰出成就。除以上所介绍的内容之外，古代山东的手工制造业成就还有很多。例如，早在东夷文化时期，东夷人就已经掌握了制作弓箭的技能；夏朝时期的工匠、薛国（今山东滕州市东南）人奚仲，发明了世界上最古老的两轮马车，被后世尊为"造车鼻祖"，等等。此外，临淄作为古代山东最发达的大都会，不仅商贸发达，在纺织、制瓷等手工业方面也都走在了全国前列，具有重要的历史地位。

第四节 齐鲁数学与天文学

> 数学和天文学的关系非常密切。在以农业为本的古代传统社会里，天文测算和历法编制更是关系到一个国家经济安全的重要方面。那么，古代山东的科学家们在数学和天文学这两个领域曾做出过怎样的贡献？都取得了哪些重要成就呢？下面就让我们步入齐鲁传统数学与天文学的历史殿堂，加以领略。

在中华民族几千年的科技文明史中，山东地区所取得的数学与天文学成就是不容忽视的。其中，先秦时期的甘德、墨子，东汉时期的刘洪、徐岳，魏晋南北朝时期的何承天、刘徽，明清时期的薛凤祚等，堪称山东古代数学和天文学的杰出代表人物，他们为我国古代科学的发展做出了杰出贡献。

一、先秦时期的山东数学与天文学成就

先秦时期，山东地区的数学和天文学都取得了令人瞩目的突出成就，在这两个领域做出了重要贡献的代表人物是甘德和墨子。

（一） 甘德及其天文学成就

甘德，战国时齐国人，生卒年不详，大约生活于公元前4世纪中期，是先秦时期著名的天文学家，也是中国古代天文学的先驱。他是世界上最古老的恒星表的编制者，也是木卫三星宿的最早发现者。另外，他还著有《天文星占》8卷、《岁星经》等天文学著作。后人把他与石申各自撰写的天文学著作编在一起，称作《甘石星经》（图 7-22）。这部书虽大部分已失传，但残卷仍是世界上现存最早的天文学著作。

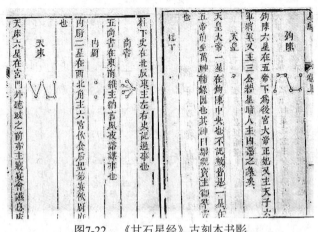

图7-22 《甘石星经》古刻本书影

甘德对行星运动进行了长期观测和定量研究。他发现了火星和金星的逆行现象，指出其"去而复还为勾"，"再勾为巳"，把行星从顺行到逆行，再到顺行的运动轨迹，十分形象地描述为"巳"字形。另外，他还建立了行星会合周期（接连两次晨见东方的时间间距）的概念，并测得木星、金星和水星的会合周期值分别为400日（应为398.9日）、587.25日（应为583.9日）和136日（应为115.9日）。不仅如此，他还给出木星和水星在一个会合周期内见、伏的日数，给出金星在一个会合周期内顺行、逆行和伏的日数，而且指出在不同的会合周期中，金星顺行、逆行和伏的日数可能在一定幅度内变化的现象。尽管甘德的这些定量描述还比较粗疏，但却为后世的行星位置计算奠定了基石。

此外，甘德还对天空中的恒星做了长期、细致的观测，建立了我国最早的恒星表，据考证这也是世界上最古老的恒星表。

（二）墨子的数学成就

墨子，不仅是一位伟大的思想家，同时也是中国历史上第一个从理性高度看待数学问题的科学家，在数学领域取得了诸多值得重视的成就。墨子曾给出了一系列数学概念的命题和定义，这些命题和定义都具有高度的抽象性和严密性，其中比较重要的数学概念如下。

第一，关于"倍""平"的定义。墨子说："倍，为二也。"（《墨子·经上》）原数加一次，或原数乘以二称为"倍"，如二尺为一尺的"倍"。关于"平"的定义，墨子说："平，同高也。"（《墨子·经上》）也就是同样的高度称为"平"。这与欧几里得几何学定理"平行线间的公垂线相等"意思相同。

第二，关于"同长"的定义。墨子说："同长，以正相尽也。"（《墨子·经上》）也就是说两个物体的长度相互比较，正好一一对应，完全相等，称为"同长"。

第三，关于"中"的定义。墨子说："中，同长也。"（《墨子·经上》）这里的"中"指物体的对称中心，也就是物体的中心为与物体表面距离都相等的点。

第四，关于"圆"的定义。墨子说："圆，一中同长也。"（《墨子·经上》）这里的"圆"

即圆,墨子指出圆可用圆规画出,也可用圆规进行检验。圆规在墨子之前早已得到广泛应用,但给予圆以精确的定义,则是墨子的贡献。墨子关于圆的定义与欧几里得几何学中圆的定义完全一致。

第五,关于正方形的定义。墨子说,四个角都为直角、四条边长度相等的四边形即为正方形,正方形可用直角曲尺"矩"来画图和检验。与欧几里得几何学中的正方形定义也是一致的。

第六,关于直线的定义。墨子说,三点共线即为直线。三点共线为直线的定义,在后世测量物体的高度和距离方面得到广泛的应用。晋代数学家刘徽在测量学专著《海岛算经》中,就是应用三点共线来测高和测远的。汉以后弩机上的瞄准器"望山"也是据此发明的。

此外,墨子还对十进位值制进行了论述。我国早在商代就已经比较普遍地应用了十进制记数法,墨子则是对位值制概念进行总结和阐述的第一个科学家。他明确指出,在不同位数上的数码,其数值不同。例如,在相同的数位上,1 小于 5,而在不同的数位上,1 可多于 5。这是因为在同一数位上(个位、十位、百位、千位……),5 包含了 1,而当 1 处于较高的数位上时,则反过来 1 包含了 5。十进制的发明是中国对于世界数学发展的一个重大贡献。

二、两汉时期的山东数学与天文学成就

两汉时期,山东地区的数学和天文学方面又取得了一些新的发展。其中,东汉时期的数学家、天文学家刘洪及其弟子徐岳所取得的成就尤为突出。

(一) "算圣"刘洪及其成就

刘洪(约 140—206 年),字元卓,东汉泰山郡蒙阴(今山东蒙阴县)人,东汉鲁王刘兴后裔。汉桓帝延熹年间,他"以校尉应太史徵,拜郎中",后迁任常山长史、山阳太守等官职。他是我国古代杰出的天文学家和数学家、珠算发明者和月球运动不均匀性理论的发现者。

在天文历法研究方面,过去人们对于朔望月(一个月份的时间长度)和回归年长度值(一年的时间长度)已经进行了长期的测算工作,取得过较好的数据。但刘洪发现,依据前人所取用的这两个数值进行历法编纂和节气推演存在较大误差。他经过数十年的潜心摸索,大胆地提出了前人所取用的朔望月和回归年长度值均偏大的正确结论,从而给予了上述历法的误差以合理的解释。在刘洪所制定的《乾象历》中,他取一朔望月长度为 $29+773/1457$ 日,误差从东汉四分历的 20 余秒降至 4 秒左右;取回归年长度为 $365+145/589$ 日,误差从东汉四分历的 660 余秒降至 330 秒左右。

月亮的近地点在不断向前移动,月亮的运动有徐有疾,这两个重要的天文现象在东汉早期就引起了人们的热烈讨论。对这两个问题,刘洪做了很多的研究与总结。针对第一个

问题，刘洪给出了独特的定量描述的方法。测出的近点月的长度为 27.55476 日，和现在的测值 27.55455 日相差甚微。中国古代的近点月概念和它的长度的计算方法从此确立，这是刘洪关于月亮运动研究的一大贡献。针对第二个问题，刘洪确立了中国古代计算月亮运动不均匀性改正值的传统方法。首次给出了白道和黄道约成古度 6°1′ 的交角。即使在世界范围内，刘洪也是目前可考的第一个提出月球运动不均匀性的天文学家。他的天文学成就集中体现在其撰写的《乾象历》中。《乾象历》是我国第一部根据月球运动不均匀性而制定的历法，对后世历代历法的修订产生了深远影响。

在数学研究方面，刘洪于公元190年发明了"正负数珠算"，其弟子徐岳在其撰著的《数术记遗》一书中记道："刘会稽（即刘洪），博识多闻，偏于术数……隶首注术，乃有多种……其一积算。"珠算的算具即现代算盘（图7-23）的前身。因此，刘洪被后人尊为"珠算"的早期奠基人、"算圣"等。

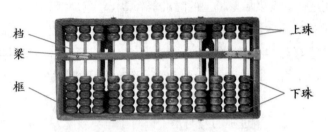

图7-23 现代民间广泛使用过的算盘结构图

（二）数学家徐岳及其成就

徐岳（？—220年），字公和，东莱（今山东莱州市）人，东汉时期著名的数学家和天文学家，"算圣"刘洪的弟子。汉灵帝时，刘洪把自己编修的"乾象历"传授给了徐岳。在此基础上，徐岳继续潜心研究晦、朔、弦、望、日月交食等月球运动现象和规律，进一步完善了"乾象历"。三国时，这部历法在吴国得以推行。历法的研究也为徐岳从事"算学"研究打下了坚实基础。

在数学研究方面，徐岳在广泛搜集前人留下的数学资料的基础上，撰写出《数术记遗》（图 7-24）、《算经要用》等数学著作。其中，《数术记遗》一书以问答的形式介绍了古代 14 种计算方法，即积算（筹算）、太乙算、两仪算、三才算、五行算、八卦算、九宫算、运筹算、了知算、成数算、把头算、龟算、珠算、计数（心算）等。在这部书中，徐岳在世界上第一次为"珠

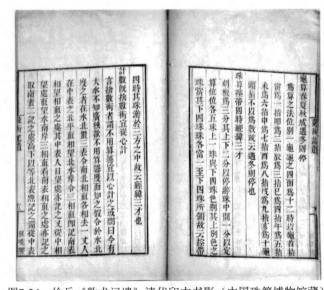

图7-24 徐岳《数术记遗》清代印本书影（中国珠算博物馆藏）

算"定名,并明确了其计算方法,亦即现在珠算中的五升十进制。同时,他在书中还设计出了珠算盘的样式,发明了世界上最早的算盘——游珠算盘。徐岳的这些著述和发明为后世珠算的研制和使用提供了重要的历史参考。后人将《数术记遗》列为中国古代数学史上的"算经十书"之一。

三、魏晋南北朝时期的山东数学与天文学成就

魏晋南北朝时期,山东地区涌现出了何承天、刘徽等重要的天文学和数学家,他们在天文历法和数学研究方面都取得了光彩夺目的卓越成就。

(一) 何承天与《元嘉历》

何承天(370—447年),又名何衡阳,东海郯(今山东郯城县)人,曾任南朝宋尚书祠部郎、南台治书侍御史、尚书殿中郎兼左丞、御史中丞等职。他知识渊博、通古博今,是当时著名的天文历算学家、思想家、史学家,著有《元嘉历》2卷、《验日食法》3卷、《漏刻经》,以及《礼论》300卷、《春秋前传》《春秋杂传》和《何衡阳集》32卷(图7-25)等。

图7-25 何承天著《何衡阳集》明刻印本书影

何承天"自昔幼年,颇好历数,耽情注意,迄于白首"(《宋书·律历志中》),在天文历算研究方面做出了重要贡献。他在多年的天象观测和研究的基础上,制定了一部比过去诸种历法都更为精密的新历法,被宋文帝所采用,即著名的《元嘉历》。这部历法第一次用定朔法来安排历日,订正了旧历所订的冬至时刻和冬至时太阳所在位置,并得出春秋分晷没有长短之差的认识,这一创新性的大胆尝试,对于后世天文历法的进一步探索与发展产生了很大影响。此外,何承天还用实测的方式纠正了我国古代在利用日影测量两地实际距离方面"一寸千里"的传统说法。元嘉十九年,何承天通过实地观测证明,南北相距600里,影长差为1寸;三年后,他再次进行实测,得出了每隔1000里,影长差为3.56寸的实证结果。另外,何承天还曾得出圆周率的近似值约为3.1428的计算结果,等等。

不仅如此,何承天还认为,天体各种现象的运行虽然有一定的规律,但在运动中会存在新旧更替变化,即新的现象会产生,旧的现象则会消失。所以,人们应根据天象的变化来使历法符合它,而不能要求天象的变化来符合历法。所以,历法的编修应"随时迁革",

以与天象的实际相一致。这是一种朴素的辩证法思想的体现,在当时的历史背景下提出来,是难能可贵的。

(二) 刘徽及其数学成就

图7-26 刘徽撰《海岛算经》插图

刘徽(约225—约295年),魏晋时期山东地区的著名数学家[①],我国古典数学理论的奠基人之一。因史料记载贫乏,其生平已不可详考。刘徽是中国古代最早明确主张用逻辑推理的方式来论证数学命题的第一人,其数学著作《九章算术注》和《海岛算经》(图7-26)是我国最宝贵的数学历史遗产之一。

据史籍记载,刘徽于曹魏景初四年(240年)作《九章算术注》。《九章算术》约成书于东汉之初,共有246个问题的解法,在许多方面(如解联立方程、分数四则运算、正负数运算、几何图形的体积、面积计算等)都属于世界先进之列,但是,书中所列的解法比较原始,且缺乏必要的证明,刘徽则对此做了补充证明。

刘徽是世界上最早提出十进小数概念的人,并用十进小数来表示无理数的立方根。在代数方面,他正确地提出了正负数的概念及其加减运算的法则,改进了线性方程组的解法。在几何方面,他提出了割圆术(图7-27),即将圆周用内接或外切正多边形穷竭的一种求圆面积和圆周长的方法。他利用割圆术科学地求出了圆周率 $\pi=3.1416$ 的结果。他用割圆术从直径为2尺的圆内接正六边形开始割圆,依次得正12边形、正24边形……割得越细,正多边形面积和圆面积之差越小,即"割之弥细,所失弥少,割之又割,以至于不可割,则与圆周合体而无所失矣"[②]。他计算了3072边形面积并验证了这个值。刘徽所提出的计算圆周率的科学方法,奠定了此后千余年间中国圆周率计算在世界上的领先地位。

图7-27 刘徽求圆周率的割圆术

刘徽在数学上的贡献极多,在开方不尽的问题中提出"求徽数"的思想,这个方法与后来求无理根的近似值的方法一致,它不仅是圆周率精确计算的必要条件,而且促进了十进小数的产生;在线性方程组解法中,他创造了比直除法更简便的互乘相消法,与现今解

---

① 关于刘徽的籍贯究竟今属于山东省的何地有争议。《宋史·礼志》中称:北宋大观三年,算学祀典中把刘徽封为"淄乡男"。据此,学界有两种考证观点:一是认为他是今山东邹平市人;二是认为他是今山东淄博市淄川区人。
② (西晋)刘徽撰:《九章算术注》卷一,清乾隆武英殿聚珍版丛书本。

法基本一致；他在中国数学史上第一次提出了"不定方程问题"，建立了等差级数前 n 项和公式；他提出并定义了许多数学概念，如幂（面积）、方程（线性方程组）、正负数等。刘徽还提出了许多公认正确的判断作为证明的前提，他的大多数推理、证明都合乎逻辑，十分严谨，从而把《九章算术》及他自己提出的解法、公式建立在必然性的基础之上。

虽然刘徽没有写出自成体系的著作，但他在为《九章算术》注解时所运用的数学知识，实际上已经形成了一个独具特色，包括概念和判断，并以数学证明为其联系纽带的理论体系。

四、明末清初的山东数学与天文学成就

图7-28　薛凤祚像

明清时期，山东的古代科学家在天文学和数学领域同样也取得了诸多重要研究成果，其中成就最突出、最为著名的是明末清初的天文学家、数学家薛凤祚。

薛凤祚（1599—1680 年，图 7-28），字仪甫，号寄斋，益都金岭（今山东淄博市临淄区金岭镇）人，是明末清初卓越的天文学家、数学家。薛凤祚出身于书香门第，少承家学，后学习中国传统的天文历算方法。清顺治九年（1652年）又至南京，向波兰传教士穆尼阁学习西方新历法，其间他与穆尼阁合作，协助译介西方科学著述，其中将"对数"首次介绍到了中国。

薛凤祚学识渊博，涉猎广泛，天文、数学、地理、水利、兵法、医药、乐律无不通晓。清康熙三年（1664 年），薛凤祚将当时各家历算方法、实用科学方面的知识及其本人的天文著作汇集为《历学会通》刊行于世。这部著作分为正集、致用、考验三部分，涉及天文、数学、力学、水利、火器、兵法、乐律、医药等众多领域，内容十分丰富，集中反映了薛凤祚的学术成就，是 17 世纪中国学者所撰述的最重要的学术著作之一。①

薛凤祚是一位勤奋好学、严谨务实、有重大成就的自然科学家，他曾综合、整理和介绍了中、西、阿拉伯的天文学。其中，他的《太阴太阳诸行法原》《求岁时》两书，对太阳、地球、月亮的运行规律，黄道、赤道的夹角，都进行了实地观测和精密计算；他求出的地球绕太阳一周所需的时间，较现在公认的时间仅差 13 分 37 秒；对恒星太阳也测出其自转速度；对阿拉伯历法的木、火、土三星的运行规律，也有深入的研究和精辟的见解。

---

① 参见安作璋主编：《山东通史·明清卷》，山东人民出版社，1994，第 558 页。

在数学研究方面,薛凤祚所撰述的《比例对数表》12卷,是中国最早的一部对数专著。该书首次介绍了对数的求法、原理,编制了1～20000的常用对数表,并计算到小数点后第六位,英国著名科学史家李约瑟先生称之为"中国最早的对数表及其讨论"[①]。此外,薛凤祚还编著有《天步真原》《天学会通》等数学著作,在数学研究界享有很高的声誉。

总之,在中国古代的天文学和数学发展史上,以甘德、墨翟、刘洪、刘徽、何承天、薛凤祚等为代表的历代山东籍天文学家、数学家,都为推动我国古代天文学和数学研究领域的进步与发展,做出了难以磨灭的重要贡献。他们身上所体现出来的那种坚韧执着、忘我钻研、锐意进取和勇于创新的精神,值得后人永远传承和发扬光大下去。

本章小结

在漫长的历史发展进程中,齐鲁传统科学技术取得了极为辉煌的巨大成就。概括来说,我们可以从齐鲁传统科学技术的发展与成就中得到以下几点基本认识和重要启示。

一是穷物致知。齐鲁传统科学技术辉煌成就的取得,首先应归功于科学家们对未知事物的深入思考和钻研精神,发源于山东的儒学在其经典《大学》中说"致知在格物,物格而后知至",正是这种探索未知事物、穷物致知的精神,才使得科学家们取得了辉煌的成就。

二是关注民生。齐鲁传统科学家们在探索、钻研未知事物的时候,非常注重考虑人民的切身需要,关注民生,关心民众疾苦。比如,山东古代科学技术史上以氾胜之、贾思勰、王祯等为代表的农学成就,就是农学家们从农业发展的实际需要和普通农民的生产需要出发,认真探索农业和农学发展规律,总结农业发展经验和教训而取得的,这些农学成就反过来又大大促进了山东传统农业的发展。

三是成就辉煌。齐鲁传统科学技术取得了灿烂夺目、彪炳史册的伟大成就,诸如墨子的科学成就、鲁班的手工技艺成就、扁鹊的医学成就、刘徽的数学成就、贾思勰的农学成就等,都在中华民族的文明发展史上留下了一页页浓墨重彩的绚丽华章,值得我们骄傲和自豪,值得我们敬仰与铭记。他们的伟大成就与伟大的科学精神,对于我们增强民族自信和文化自信具有重要的促进作用。

总之,齐鲁传统科学技术所取得的辉煌成就,对于增强我们的民族自信、文化自信具有非常重要的意义,齐鲁历代科学家们的伟大人格更是激励我们发奋学习、勇于担当的精神动力。同时,齐鲁传统科学技术的丰厚遗产,也永远值得我们后人不断认真继承、研究和发扬光大。

---

① [英]李约瑟著,《中国科学技术史》翻译小组译:《中国科学技术史》第3卷《数学》,科学出版社,1978,第116页。

思考与实践

一、思考题

1. 结合所学,谈谈山东中医学对中国古代医学的主要贡献。
2. 根据山东古代农业的发展,谈谈山东农学著作的主要成就。
3. 结合所学,谈谈《考工记》一书的价值。
4. 结合所学,谈谈山东科学家在中国古代数学方面的主要贡献。

二、实践题

请以"传承齐鲁科技风采"为主题,开展一次对所在学校周边地区(或家乡)相关内容的历史调查活动,并据此设计一个相关主题展板(或网页),相互进行交流。

参考文献

[1] [英]李约瑟. 中国科学技术史:第3卷"数学"[M]. 翻译小组,译. 北京:科学出版社,1978.

[2] 李经纬,林昭庚. 中国医学通史:古代卷[M]. 北京:人民卫生出版社,2000.

[3] 甄志亚. 中国医学史[M]. 上海:上海科学技术出版社,1984.

[4] 杜瑞芝. 数学史辞典[M]. 济南:山东教育出版社,2000.

[5] 西北农学院古农学研究室. 中国古代农业科学家小传[M]. 西安:陕西科学技术出版社,1984.

[6] 安作璋. 山东通史:先秦至明清各卷,"典志""列传"[M]. 济南:山东人民出版社,1994.

[7] 傅海伦. 山东科学技术史[M]. 济南:山东人民出版社,2011.

[8] 山东省地方史志编纂委员会. 山东省志:文物志[M]. 济南:山东人民出版社,1996.

[9] 陈克守. 科技之父:墨子[M]. 济南:山东教育出版社,2016.

[10] 中国科学院山东分院历史研究所. 山东古代三大农学家[M]. 济南:山东人民出版社,1962.

[11] 万国鼎. 王祯和农书[M]. 北京:中华书局,1962.

[12] 中国大百科全书总编辑委员会. 中国大百科全书[M]. 北京:中国大百科全书出版社,2002.

[13] 李明岩. 光耀世界科学家[M]. 北京:中国戏剧出版社,2005.

[14] 陈长文. 墨子与墨家学派[M]. 长春:吉林文史出版社,2012.

[15] 解维俊. 齐都名人[M]. 天津:百花文艺出版社,2005.

 读书笔记

第八章

齐鲁传统教育

　　教育,既是文化传播的主渠道,同时也是文化的重要组成部分之一。在璀璨夺目的齐鲁文化宝库中,齐鲁传统教育以其悠久的发展历史、灿烂的丰硕成果和深远的历史影响,而在其中占居重要的地位。在两千多年漫长的历史发展进程中,齐鲁大地上曾涌现出了孔子、墨子、孟子、颜之推、郑玄、石介等一大批著名的教育思想家、活动家,及其丰厚的教育思想成果;同时,在古代传统的学校教育、家庭教育等方面都取得了卓尔不凡的杰出成就。齐鲁传统教育中的诸多优秀遗产,尤其是辉煌的齐鲁传统教育思想遗产,至今仍对于我们的学校教育和家庭教育等诸多教育领域,都具有不可忽视的重要影响作用和珍贵的启迪参考价值。

　　那么,齐鲁传统教育的珍贵遗产主要有哪些?有何重要特色?它对于我们今天的教育发展究竟有何影响与启迪?我们应从中汲取、继承和弘扬哪些优良的教育传统呢?本章我们就对此进行初步探究。

第一节　齐鲁传统教育的开端

> 古代山东的教育底蕴深厚，源远流长。那么，齐鲁传统教育的源头在哪里？它究竟开端于何时？它是如何产生的？远古时期的齐鲁教育经历了怎样的初步发展历程呢？下面我们就来揭开这一问题的神秘面纱。

什么是教育？一般认为，教育是在一定社会背景下发生的，以促进和影响人的身心发展为目标的社会活动。或者说，"教育是培养人的一种社会活动，是承传社会文化、传递生产经验和社会生活经验的基本途径"[①]。在我国古代文献典籍中，"教育"作为一个词汇的出现，目前最早可以上溯到战国时期鲁国的著名思想家、教育家孟子的《孟子·尽心上》篇中。其中记载，孟子曾说："君子有三乐，……得天下英才而教育之，三乐也。"在包括齐鲁在内的我国古代教育先贤们的心目中，教育的本质在于"以文化人"，促人向善，使人成器；"重教、乐教"则更是齐鲁传统教育文化的一个突出特点，是一代代齐鲁教育先贤薪火相传、绵延后世的一个基本的优良传统。

一、齐鲁教育的起源

教育是如何起源的呢？对此，中外学者有着多种不同的看法。其中，我国早期马克思主义教育理论家杨贤江（1895—1931年）认为，"自有人生，便有教育"。教育是帮助人类社会生活的一种手段，它起源于人类产生后，是"当时当地的人民实际生活的需要"。自有人生，便有实际生活的需要，于是也就有了教育的发生。可见，教育作为人类特有的一种社会现象，是基于人类的生存和社会生活的需要而起源的，它随着人类的产生而产生，自然也随着人类自身发展和社会发展的需要而不断发展。

齐鲁传统教育的起源与演进

齐鲁大地是中华文明的重要发祥地之一，也是中国古代教育的重要发源地之一。如前所知[②]，依据现有的考古发现，迄今所知山东省境内最早的远古人类，是生活在距今大约四五十万年前的沂源猿人。沂源猿人处于旧石器时代早期的原始人群阶段，由于当时猛兽肆虐、环境恶劣，而沂源猿人的生产力水平极度低下，只靠单个人的力量根本无法生存，所以他们过着群居生活，并使用粗陋的打制石器、木棒等原始工具采集果实、捕捉野兽，共同劳动，共同享用劳动果实。他们在同大自然进行顽强抗争的过程中，逐渐积累起如何适应自然并改造自然的社会生活、生产劳动等知识和经验。为了使后代能够掌握这些来之不易的生产劳动和生活经验，以增强他们与自然界斗争的生存本领，就促使沂源猿人开始

---

① 袁振国主编：《当代教育学（第四版）》，教育科学出版社，2010，第3页。
② 参见本书绪论部分。

在生活实践中通过言传、身教的方式将这些知识和经验传授给下一代。就这样,原始的非形式化教育伴随着他们与自然界斗争的社会生活需要而产生了。由于他们当时过的是原始公有制生活,儿童公育,所以对儿童所进行的生活知识和经验的教育,是沂源猿人群体每一位成员都负有的共同责任。

总之,就现有的已发现的考古资料而言,沂源猿人的原始教育就可以看作是齐鲁远古先民教育的发端。

二、齐鲁原始教育的初步发展

距今七八千年以前,齐鲁远古先民进入了新石器时代。山东地区在这一时期的典型文化,先后有后李文化、北辛文化、大汶口文化和龙山文化等。这一时期,齐鲁远古居民的生产工具已大为改观,社会生产力发展水平不断提高,社会分工开始出现,以制陶业为标志的原始手工业开始出现,原始农业、原始畜牧业、渔猎业等都有了长足发展;到了龙山文化时期,齐鲁远古先民已经进入了金石并用时代。与此同时,齐鲁远古居民的社会生活组织形态亦由原始人群阶段先后进入了母系氏族公社和父系氏族公社时期。

与社会生活、生产发展变化的需要相适应,齐鲁远古先民的教育内容亦随之变得越来越丰富。在生产劳动教育方面,除了石器(打制、磨制)和骨器等原始工具的制作技能教育之外,还有制陶技术教育、原始农业和畜牧业的生产技术教育等;在社会生活教育方面,则主要有取火用火(使用天然火、人工取火)等生活技能的教育,建造房屋和制衣穿衣等生活习俗教育,原始崇拜及巫术占卜等原始宗教教育,以及音乐、舞蹈和纹饰等原始艺术教育,等等。

齐鲁远古先民的早期原始教育还处在非形式化教育阶段,即其生产劳动和社会生活的知识经验和技能本领的教育,都是渗透于社会的生产劳动和社会生活过程中,是在引导儿童在实际应用中来了解和逐步掌握的。教育的方式主要是口耳相传;教育的方法则主要是通过长辈的解说、训诲和启发引导,或者通过游戏、观察、模仿等,帮助孩子们在"做中学"。至于形式化教育——早期学校教育形态的出现,则是到传说中的舜时才开始萌生。

"学校是一种历史的产物。"学校教育的产生有赖于社会生产力的较大发展、脑力和体力劳动开始出现分工、文字的产生和阶级的形成等基本条件。在山东地区,齐鲁先民在距今六千多年前开始进入了大汶口文化时期。这一时期已处于父系氏族公社阶段,其社会生产力和社会分工都有了进一步的发展,特别是齐鲁先民在这个时期还创造出了原始的图像文字(图8-1),开始用文字符号表意记事。文字的出现对促进学校教育的产生所起的影响最为直

图8-1 大汶口文化时期的原始图像文字

接。它改变了人类积累和传授知识的方式,使得知识和经验的传递变得更加丰富和准确,而教育正是借助这一新的载体,从过去仅传授直接生活经验为主转变到了以教授间接生活经验为主;同时,要掌握文字,就需要有相应的教学,这就日益需要有专门化的施教者和施教场所,由此也就促使教育逐渐从日常生活和劳动中分离出来,走出了非形式化教育阶段,进入到早期的形式化教育,即原始的学校教育形态的新阶段。因此说,文字的产生是促进学校教育萌芽的重要催化剂。

三、齐鲁早期学校教育雏形的产生

距今四千多年前,齐鲁先民进入龙山文化时期。这一时期已处于父系氏族公社晚期阶段,其社会生产力发展水平已进入金石并用的时代;在社会关系方面,此时已有了贫富分化现象,出现了贵族与平民的等级尊卑之分等阶级社会的特点。概言之,龙山文化时代的山东地区已开始跨入文明社会的门槛。传说中的"五帝"之一——舜,即生活在与之相当的同一时期。

据《孟子·离娄下》载:"舜生于诸冯,迁于负夏,卒于鸣条,东夷之人也。"[①]舜因贤能兼备而被推举为部落联盟首领后,在教育方面强化了社会伦理教育,并开始举办学校形态的教育。据《尚书·舜典》记载:舜曾命夔"典乐",以"教胄子"。可见,舜时已经有了专职"典乐"并"教胄子"的教官。不仅如此,舜时还设立了专门从事教育的场所"庠"。庠,本是贮藏谷物的地方,舜时则将其作为赡养失去劳动能力的老人之所。舜把那些年迈体弱,拥有丰富的生产、生活知识和经验的老人在这里供养起来,体现出"尊老敬老"风尚。同时,他把那些还不具备劳动能力的儿童也集中在这里由老人们照看,并让他们把自己所积累的关于生产、生活的知识、经验、风俗习惯、德行规范等讲授给孩童,由此即衍生出一种教育与被教育的关系。这样一来,"庠"就成了一种对晚辈进行教育的集体场所,这也就是学校的一种原始形态。

总之,舜时所设的"庠",既是齐鲁古代学校教育的肇始,也是中国古代学校教育的开端。

第二节 齐鲁官学与私学

在中国古代学校教育制度的发展进程中,官学与私学是贯穿其中的两条主线,齐鲁传统学校教育制度的发展亦如此。那么,官学与私学各有何特点?齐鲁官学与私学分别经历了怎样的发展历程?下面我们就一起来进行学习、了解。

---

① 据考证,一般认为:诸冯在今山东诸城市(一说在今山东菏泽市南);负夏在今山东泗水县境内;鸣条在今河南开封市附近。

所谓官学，是指由历代中央朝廷和地方官府直接举办和管辖的学校系统，包括中央官学和地方官学，实行"学在官府""学术官守"的办学方针，教育对象被贵族子弟垄断及"官师合一"等是其主要特点；所谓私学，即由私家兴办的学校，它与官学相对而言，实行的是"学术下移""有教无类"的办学方针，教育对象平民化、教学内容与办学方式的多样化等是其基本特点。

一、齐鲁官学的发展与演进

（一）先秦时期

齐鲁官学

官学在古代山东地区出现萌芽的历史，最早可以上溯到虞舜时期。如前所述，舜时即设立了进行集中教育的场所"庠"，这种原始的早期学校教育样态实质上即是官学教育的雏形。

夏朝建立后，"为政尚武"，因而其教育内容主要就是习射等军事技能。由于山东地区曾是夏朝统治前期的中心区域之一，加之生活在这里的东夷人本身即以好勇善射而著称，所以可以推论，夏代齐鲁先民的早期学校教育内容，亦应当是以习射等武艺为主。另据古籍记载，夏商时期的教育机构，除了"庠"之外，还设有"校""序""学"等。夏商时期这些早期的学校组织形态，性质上都属于官学范畴。不过，官学真正形成规模却是到西周时期的事情。

西周时期的学校有"国学"与"乡学"两类。"国学"是设在周王朝都城和诸侯国都城的学校，教育对象为王室大贵族子弟；"乡学"则是设在王都之外的其他各地方的学校，包括校、序、庠、塾"四学"，教育对象为一般贵族子弟。另外，西周时期学校教育的基本内容为礼、乐、射、御、书、数"六艺"。西周教育的总体特征即"学在官府""官师合一"。当时，齐、鲁两国的学校教育虽然也都具有以上基本特征，但由于两国具体所采取的政治、经济、文化等政策不同，因而在教育上也体现出一些相应的差别。

在鲁国，官学教育基本上就是西周教育的翻版，其最突出的特点是以"礼教"为重。当时，西周统治者确立了一整套礼制规定，推行以"礼"治天下。这样，"礼教"也就成为西周官学教育的核心内容。周初，周公封其长子伯禽至曲阜为鲁侯，因而鲁国在当时各诸侯国中的地位最高，自然也成为推行"礼教"力度最大的地区。这样一来，在鲁国的官学教育中，"礼教"氛围也便格外浓厚。

在齐国，西周初年姜尚封齐后，制定了"因其俗，简其礼，通商工之业，便鱼盐之利"和"尊贤尚功"等开放务实的建国治国方略，这对齐国的教育产生了重大影响。齐桓公时，辅相管仲实行了四民分业定居的改革，目的是使"士之子恒为士"，"农之子恒为农"，"工之子恒为工"，"商之子恒为商"。管仲推行的这种将相同职业的人相对集中居住在一起的举措，有利于形成一种良好的促进专心向学的职业教育环境，可以使年轻一代在这种职业环境的熏陶下，通过耳闻目睹和长者的言传身教，而受到相应的职业教育，更好地学会专门的职业技能。由此，齐国的教育便体现出顺应"四民分业"的职业教育特色。

春秋战国时期，社会处于急剧变革的大动荡之中，周王室势力衰落，旧有的统治秩序被打乱，在文化上则随之出现了"天子失官，学在四夷"的新现象。原有的"学在官府"的垄断地位被打破，私学开始勃兴，官学教育就此走向废弛。

（二）秦汉时期

秦统一全国后，出于政治上的需要，实行了"以法为教，以吏为师"的文教政策，这就在事实上终结了以传授文化知识为目的的学校机构的存在。新的官学教育制度的真正建立则是在汉代。

汉初，先是实行允许诸子学说并存的文教政策。到汉武帝时，又根据形势的变化，采纳董仲舒的建议，确立了"罢黜百家，独尊儒术"的文教政策，并建立起较为完善的官学体系。汉武帝时期的官办学校共分五级：中央设太学，地方则按行政等级分别设置学、校、庠、序四级。各级官学的教育内容均以修习儒家"经学"为核心。值得一提的是，汉武帝时代所创立的太学制度，主要得力于当时两位重要的儒家学者的推动：一是董仲舒，二是山东人公孙弘（图8-2）①。前者最早提出了中央政府举办太学的理论设想，而后者则直接把这一理论构想推向实践并确立为一种固定的制度。同时，汉代太学制度产生的理论基础亦源于山东之儒学。所以，汉代的官学制度从一开始就与山东儒学教育的存在和发展有着密切的关系。不仅如此，在汉代太学任教职的博士亦多出于山东地区。另外，山东还为汉代太学培养和输送了不少高素质的太学生。这也从一个侧面反映出汉代山东地方儒学教育的高度发达。因此有评论说，如果没有山东儒生的积极参与，汉代太学教育就很可能会失色不少。②

图8-2 公孙弘像

汉代的地方官学通称"郡国学"或"郡县学"。在汉代各地的官学中，山东地方官学最为兴盛，办学水平也最高。据《汉书·循吏传》称，蜀郡守文翁在蜀地兴办官学，传播儒学，历经多年的艰苦努力才使得"蜀郡学于京师者，比齐鲁焉"。这就从一个侧面反映出齐鲁儒学的领先水平，以及山东的郡国学校之发达。在汉代，山东地方官学之所以会如此突出，主要是因为山东地区自古以来就有崇礼好学之风，儒学教育底蕴深厚，因而山东官学的师资水平就相对较高，入官学读书者也较多。

---

① 公孙弘（公元前200—前121年），字季，一字次卿，齐地菑川薛（今山东寿光市南）人，西汉名臣，著名儒学学者。汉武帝时，曾两次被举荐征为太学博士；先后任御史大夫、丞相等职，政声斐然。学术方面，他在公羊学研究和儒学推广上的成就及贡献卓越，曾著有《公孙弘》十篇，惜已散佚。
② 参见孟庆旭、王玉华主编：《山东教育史》（第一卷），山东教育出版社，2015，第283-298页。

（三）魏晋南北朝时期

魏晋南北朝时期，战乱频仍，政权更迭频繁，社会长期动荡不安，致使这一时期的教育发展蒙受了严重影响，官学时兴时废，数量锐减，处于不景气的境地。处在这一时代大背景下的山东地区的官学教育亦同样如此。

三国时期，山东地区作为曹魏政权管辖的大后方，社会秩序相对稳定。由于当时山东的地方官员大都重视奖掖后学，从而促使本地区的官学教育获得了一定发展。例如，济阴太守郑袤在任时，"敬礼贤能，兴立庠序，开诱后进"（《晋书·郑袤传》）。琅邪郡管辖所在的琅邪学舍，生徒多达400余人，可见学校规模之大。

两晋时期，受社会动荡局势的影响，山东地方官学教育也不可避免地受到了严重冲击。据《晋书·文帝纪》反映，东晋末年鲁郡的学舍都已残毁不堪，郡学荒废。作为儒学中心的鲁郡尚且如此，山东其他各郡的官学教育状况自然亦就可想而知了。

北朝时期，山东地区先后受北魏、北齐等少数民族政权的统治。北魏出于稳固其统治的需要，曾在地方上推广郡国学制。这样，在山东地区的郡国、县和乡党各级都设立了官办学校，办学质量也相对较高，曾一度吸引了不少外地学生前来求学。另外，山东是北齐的主要统治区，为稳固统治，北齐对山东地区的教育也特别重视，这就使得山东的官学教育在当时也得到了一定程度的发展。但总体上来看，受社会局势等因素的影响，当时山东官学教育的衰落已是不争的事实。

（四）隋唐时期

隋朝建立之初，隋文帝采取了"崇儒兴学"的文教政策，在地方上兴建州郡县学，以及乡学、里学等各级学校。尽管由于隋朝立国时间较短，这些地方官学实际上大都有名无实，但山东地区的官学教育却表现比较突出，在全国处于领先地位。据唐代魏徵等编撰的《隋书·儒林传》记载：隋文帝为提倡儒学，曾征召"门徒千数"的山东儒学大师马光等6人到京师任职国学，授太学博士，时称"六儒"。当时，"京邑达乎四方，皆启黉校。齐、鲁、赵、魏，学者尤多，负笈追师，不远千里，讲诵之声，道路不绝"。这些记载都从一个侧面反映出当时山东官学教育的发达程度。不过，隋文帝晚年转而偏好佛教，由此使得以传授儒学为主的学校教育逐渐转衰。

唐朝建立后，奉行"崇圣尊儒"及"三教并用"的文教政策，进一步完备了教育制度，建立起庞大的学校体系。但唐代山东地方官学的情况已不可详考，仅在《山东通志·学校志》（雍正）中记载了兖州、汶上、黄县、青州等州县学创设于唐代。另有研究表明，在当时的科举取仕中，山东应考学子的数量和表现也都位居前列。据有关考证统计，唐代全国有确切姓名可考的进士大约有近千人，而山东就有108人，约占总数的10.8%。[①]这表明唐

---

① 参见李伟、魏永生著：《山东教育史》，山东人民出版社，2011，第170页。

代山东的地方学校教育在总体上是较为发达的。到唐朝中后期，随着唐王朝的国势由盛转衰，山东官学也相应地渐呈衰微之势；至五代时期，由于政局动荡不安，山东的官学教育也随之不可避免地再度走向了颓败。

（五）宋金元时期

宋金元时期是各民族政治、经济、文化交流进一步密切，社会经济进一步发展的时期。这一时期，我国古代的教育事业也呈现出持续发展的新局面。在此背景下，山东地区的官学教育也再度复兴，并有了新的发展。

宋朝建立后，为加强中央集权，稳固其统治，在政治上确立了"兴文教，抑武事"的政策，表现为：尊孔崇儒，提倡佛道；重视科举，重用文士；三次兴学，广设学校。当时，就学校数量、规模、普及程度和影响来看，地方官学在整个教育体系中所占比重最大，实际构成了宋代教育发展的主体。

在上述背景下，特别是经历了北宋的三次大规模兴学运动①，宋代山东地方的官学教育体系逐渐完备起来。同时，山东州县学的设立也早于其他地区，可谓开宋代地方兴学之先河。据史籍记载，早在宋太祖开宝年间，兖州丰符（今山东泰安市）即重建了原有的县学；宋真宗在位期间，兖州知州孙奭创建州学，"受纳生徒"，朝廷还特赐学田10顷，其收入用作办学经费，并由此形成了北宋的学田制度，这进一步促进了山东官学教育的发展。继兖州之后，青州、莱州、郓州（今山东东平、汶上县一带）、平原等各地亦大多设立了州县学，并在全国产生了一定影响，成为北宋"庆历兴学"的前奏。当"庆历兴学"运动大规模兴起后，山东各州县更是积极响应，陆续创办或扩建了不少新的州县学。此后，在"熙宁兴学"运动中，山东地区又创建了许多新学校，比较著名的有齐州（今山东济南市）州学、德平（今山东临邑县德平镇）县学、泗水县学、博州（今山东聊城市）州学等。在"崇宁兴学"运动中，山东地区则新建了武定（今山东阳信县、乐陵市等地）州学、莒州（今山东莒县、莒南县等地）州学、阳谷县学、临邑县学、博兴县学、莱芜（今山东济南市莱芜区）县学等一批地方官学。总之，经过北宋三次大规模兴学运动，山东官学教育无论是学校数量、设施规模，还是人才培养等方面的发展水平均超过了前代。

南宋与金对峙时期，山东地区处于金朝统治之下。金朝虽是北方女真族所建立的政权，但进入中原后，为稳固其统治，亦奉行"尊孔尚儒"的文教政策。金世宗在位时，诏令定制：全国各路府、节镇、防御州皆设官学，置教官，并增加生员数额。在此背景下，山东各地均先后创设或修复了一大批府、镇、州、县学。其中，办学成就最高和最具影响的是东平（今山东东平县西南）府学。该府学后来曾历经起伏，但一直延续至元代，培养出了一大批杰出人才，例如，号称"东平四杰"的阎复、徐琰、孟祺、李谦，在学成入仕后，

---

① 北宋时期，曾先后发起过三次大规模的兴学运动，分别为：宋仁宗庆历年间，由参知政事范仲淹主持发起的"庆历兴学"；宋神宗熙宁年间，由宰相王安石主持发起的"熙宁兴学"；宋徽宗崇宁年间，由尚书右仆射兼门下侍郎蔡京主持的"崇宁兴学"。这三次兴学运动是北宋统治者所奉行的"兴文教"政策的具体表现，在不同程度上推动了宋代学校教育的发展。

皆成为元初名臣；申屠致远、张孔孙、马绍、王构、雷膺等人则均在学术上多有建树，形成了当时闻名的"东平学派"。由于东平府学培养的人才众多，以至于元初民间一度流传有朝廷内外要职"半出东平府学"之说。这从一个侧面反映了当时山东地方学校教育之盛，办学成就之高。

元朝统一全国后，亦奉行"尊孔崇儒"的文教政策，在地方上按路、府、州、县四级设立学校。在此背景下，元代山东地区的路、府、州、县学得以普遍设立。据不完全统计，元代山东的府州县学总数已达到116所，数量超过了宋金时期。不仅如此，元代山东地区在科举方面的表现也比较突出，例如元仁宗延祐初年恢复开科取士后，考取元朝第一位进士状元的张起岩就是济南章丘人。当时规定全国各地取乡试合格者300人赴京会试，其中仅山东一地即分配名额达34人。这也从一个侧面反映了元代山东地区在科举方面所占有的重要地位。

元朝第一位科举状元——张起岩

张起岩（1285—1354年，图8-3），字梦臣，祖籍山东济南章丘，后迁家至山东禹城。系元代名臣，著名史学家、文学家。他天资聪颖，17岁即受察举，被任命为福山县学教谕。元仁宗延祐二年（1314年），元朝首开科举，张起岩获左榜状元及第，成为元朝的第一位科举状元，被授登州同知。在其仕宦生涯中，曾历任国子监丞、监察御史、礼部尚书、中书省参议、翰林院侍讲、中书侍御史、御史中丞等多职。其史学和文学造诣极高，有多种著作传世。他一生虽然为官近四十年，但始终廉洁自守，平素乐于助人，以至于在他身后家无余资。69岁那年，他病逝于家乡，逝后被追授"文穆"谥号。

图8-3　张起岩像

（六）明清（鸦片战争前）时期

明朝建立后，明太祖朱元璋确立了"治国以教化为先，教化以学校为本"的政策，并发布兴学令，要求全国各府、州、县及边防卫所普遍设立学校。同时，还在乡村大力推行社学①。同时，进一步重视科举，并加强思想控制，严控教育内容，采取八股取士，屡兴文字狱，实行文化专制。由此，明朝的教育事业虽然得到了较大发展，但同时也使得其学校教育完全沦落为"八股取士"的附庸。

在明初"兴学令"的推动之下，山东的府、州、县学在洪武年间得到了前所未有的发展，不仅几乎所有的府州县学都得以修建、重建或改建，而且各县还基本上都设立了社学。不仅如此，明代在山东还专为驻守卫所的军人子弟设立了成山卫学、大嵩卫学、安东卫学、

---

① 明清时期的社学，即设立于乡村的官立小学。儿童在社学所学内容主要为蒙学识字读本和经、史、历、算等知识，并兼读明清朝廷的律令等。

威海卫学等七处卫学。另外，明代在山东还设立了一种特殊的官学——"四氏学"，即明朝廷为了凸显其"崇儒"，而专门在曲阜为孔、颜、曾、孟四氏子弟设立的地方官学。总之，明代山东府州县学的广泛设立，为明朝的官僚队伍输送了大批人才，同时也在客观上有利于文化的普及。但与此同时，明政府对地方学校的控制也愈益严厉，不仅设立了专门负责地方学校管理事务的提学官，而且还制定学规，颁布禁例，严禁生员过问政治，严加"考校"（考核），等等。

清朝统治者入关定都北京后，亦确立了"兴文教，崇经术"的文教政策，其地方官学制度基本沿袭明代，按照行政区划设立了府、州、县学，并在军队编制卫所，设立卫学；在县级以下的乡村则亦设立社学和义学①。这些地方官学的教学内容都特别重视与科举衔接，专尚"八股文"的僵化习气较为普遍。在此背景下，清代山东地方官学的设置同全国各地一样，也基本上沿用明朝旧制。顺治初年，山东即在各府、州、县普遍建立了官学。由于当时规定只有、州、县学的生员才有资格参加科举考试，因而清代山东各地重建、增建官学的记载明显多于明朝。另外，雍正十三年（1735年）裁卫立县，此后山东原有的各卫学亦相继改为县学，如大嵩卫学裁撤后改立海阳县学，成山卫学裁撤后改立荣成县学，安东卫学则并入了日照县学，等等。清代山东地方官学的教育内容，与全国其他地区一样，主要也是诵习"四书五经"、诵读卧碑文等圣旨学规和讲解大清律法等。总之，清代山东的地方官学教育体系已发展到非常完备的程度。

二、齐鲁私学的兴起与发展

（一）先秦时期

齐鲁之邦素有民间重教兴学的优良历史传统，古代山东民间兴办私立学校的历史可以追溯到两千多年前的春秋战国时期。

齐鲁私学

春秋时期，社会已开始进入一个大变革的时代。周王室势力逐步衰落，地方诸侯势力则逐步强大，形成了礼崩乐坏、诸侯割据的动荡局面。在此情势下，原有的"学在官府"的教育制度受到猛烈冲击，出现了"天子失官，学在四夷"的文化学术下移的局面，由此导致官学教育逐渐走向衰落。另外，这一时期的诸侯王公为了扩张各自的势力，愈益重视广揽人才，招募谋士，竞相养士。由此，便促成了时人竞相为"士"的社会现象，而培养"士"亦成为一种社会性的迫切要求。在此背景下，那些因战乱而逃亡各地的文化官吏及通晓"六艺"的没落贵族子弟等，为适应社会和生活的现实需求，便纷纷开始招徒讲学，私相授业。于是，私学就这样开始出现了。

一般认为，在中国教育史上由"学在官府"转变到"学移民间"的标志，是春秋时期

---

① 义学是明清时期为贫寒子弟设立的救济性质的免费小学，有官办、民办和官民合办等多种形式。义学的教育内容主要是识字、读书、作文、学算等，并兼有伦理教化的功能。

鲁国的孔子创办私学之举。孔子所设的私学虽不是历史上创办最早的私学[①]，却被公认为春秋时期规模和影响最大的私学。这一历史地位的取得，与孔子倡导的"有教无类"办学理念有着密切关系。正是在这一理念的支配下，孔子打破了原有的官学教育对象皆由少数王公贵族子弟所垄断的局面，不分地区、不分年龄、不论出身门第贵贱，只要交少许学费"自行束脩以上"，即收为弟子，对其施教。他的弟子来源分布区域很广，出身更是多种多样，既有富商大贾，也有寒门子弟，甚至还有的出身于大盗等。孔子私学的课程设置、教学内容和教材，主要为"四教"（文、行、忠、信）、"六艺"（礼、乐、射、御、书、数）、"六经"（诗、书、礼、乐、易、春秋）等。

继孔子之后，春秋末年的儒家学派代表人物、鲁国的曾参（今山东平邑县人，一说今山东嘉祥县人）、子思（今山东曲阜市人）等亦都曾先后设立私学，收徒讲学。至春秋末年战国初期，在今山东地区创设私学影响较大的是墨子。墨子一生的活动主要就是"上说下教"，授徒讲学，门下弟子众多，声势很大。

战国时期，私学的发展比春秋时期更为昌盛。当时在齐、鲁两地，民间招徒讲学及士子"从师"风尚表现得尤为典型。这个时期，在山东地区影响最大的兴办私学的代表性人物是儒家学者孟子。孟子于30岁时开始聚徒讲学，后曾在二十多年间率弟子游说于齐、宋、滕、魏等各诸侯国，一度"从者数百人"，声势远超孔子当年周游列国时的情形。晚年他退居家乡，潜心于授徒讲学和著述。孟子私学的教学内容主要是传授、讲习"五经"，以及学习前人总结出来的"规矩准绳"和为政之道等。战国时期，在山东地区授徒讲学的还有淳于髡、田骈、宋钘等众多学者。

> 君子有三乐，……父母俱存，兄弟无故，一乐也；仰不愧于天，俯不怍于人，二乐也；得天下英才而教育之，三乐也。
> ——《孟子·尽心上》

私学的兴起，打破了"学在官府"的旧传统和只是由少数贵族子弟垄断受教育权利的局面，将教育对象扩大到了平民，是中国教育史上的一次重大变革。春秋战国时期山东私学的兴起和发展，更是为此后延绵两千多年的中国私学制度打下了牢固基础。从此，在中国古代教育史上便出现了官学和私学两种教育制度，为推动中国古代文化教育事业的发展发挥了重要作用。

（二）秦汉时期

秦朝统一全国后，加强思想控制，在文化上采取了极端专制高压政策，儒学等私学教育首当其冲，遭到严禁，"有敢偶语《诗》《书》者弃市"（《史记·秦始皇本纪》）。在此情势下，山东的私学教育家只好纷纷辍讲闭门，转入隐匿状态。

[①] 据史籍记载，春秋末年私立学门者并不乏其人，例如，原任周收藏史之职的老聃"见周之衰，乃遂去"，开始私自著书立学；鲁国的师襄和少正卯、夷人郯子、郑国的邓析，以及苌弘等，也都纷纷收徒讲学。所以，学术界一般认为，私学的首创之功并不属于孔子。参见赵承福主编：《山东教育通史·古代卷》，山东人民出版社，2001，第102-103页。

汉朝建立后,从一开始就对私学采取了宽容政策,私学教育遂得以复兴。在此背景下,秦朝时被迫隐匿民间的山东私学教育家们纷纷复出,重又开始聚徒讲学。例如,汉初,济南儒士伏生(今山东邹平市人)将秦时为避焚书之祸而冒险藏匿于壁中得以保存下来的典籍《尚书》29篇(散佚数十篇)悉数取出,"即以教于齐、鲁之间,齐学者由此颇能言《尚书》,山东大师无不法《尚书》以教"(《汉书·儒林传》)。明代杜堇所绘的《伏生授经图》(图8-4),就描绘了伏生讲授经文的情景。据史书记载,汉初著名的私学教育家大都是山东人。西汉中后期,山东的私学

图8-4 伏生授经图(局部)(明·杜堇绘)

教育更加兴盛,声名远播。例如,精通"五经"的鲁人夏侯始昌,弟子颇众,甚至就连汉武帝也"甚重之"。鲁人孔安国以家传《尚书》教授弟子,"而司马迁亦从安国问故"(《汉书·儒林传》)。再如,东海兰陵(今山东兰陵县)人疏广"明《春秋》,家居教授,学者自远方至"(《汉书·疏广传》),等等。这些事例足以说明当时山东私学教育的影响之大。东汉"光武中兴"后,私学教育更为发达,而山东私学的发展尤为突出。据《后汉书》记载,当时山东的名师硕儒无不广收门徒,且规模都比较大,师从者动辄数千百人。例如,北海高密(今山东高密市)人郑玄客耕东莱时,相随学徒多达"数千人";乐安临济(今山东高青县)人牟长"门徒有千余人,著录前后万人",其子牟纡也有门生"千人",[①]等等。

两汉时期的山东私学教育之所以如此兴盛,原因主要在于:一是汉代地方官学尚未得到普遍发展,而当时若要实现通经致仕的目的,士人又必须拜师求学,于是私人讲学之风便日渐盛行;二是由于历史的原因,山东积聚了大批经师大儒,他们中的许多人没能得到从政或出任博士的机会,遂转而从事收徒讲学,由此便促使山东的私学教育日益兴盛起来。

(三) 魏晋南北朝时期

魏晋南北朝时期,由于战乱频仍,政局动荡,致使官学式微。但也正是在这种社会背景下,当时的学术思想却获得了相对自由的发展,私学亦随之获得了多向选择与发展的机会,山东的私学教育也便呈现出兴旺的局面。这一时期,山东的私学教育主要有家馆、乡塾和家学三种形式。

家馆是儒生自行开设、招徒讲学的一种教育形式。家馆中的门徒一般都是离家居于馆中,除听课读书外,还要进行一些自食其力的劳作。在山东地区,这种形式的私学从曹魏时期即已开始出现,至北朝时已极为普遍。例如,曹魏时期,北海营陵(今山东昌乐县)

[①] (南朝宋)范晔编撰:《后汉书·郑玄传》《后汉书·儒林传》。

人王褒"门徒从者千余人"[①];西晋时,济南东平(今山东东平县)人刘兆,安贫乐道,"博学闻洽,温笃善诱,从受业者数千人"(《晋书·儒林·刘兆传》);北齐时,平原(今山东平原县)人张买奴"经义该博,门徒千余人"(《北齐书·儒林传》),等等。这些都反映了当时山东地区的家馆这种教育形式的兴盛。

乡塾是魏晋南北朝时期山东民间较为常见的一种启蒙教育形式。一般是以家族或闾里为单位,延请塾师开馆授徒。山东的乡塾教育一般都注意结合当地的特点,办得比较灵活。譬如,为照顾农家子弟的实际情况,采取"春夏务农,冬乃入学"的举措等。

家学一般是由世家大族所办的针对其本家族子弟进行的家庭教育形式,家族中的父母或其他长辈乃至长兄等学识渊博者皆亲自教授子弟。山东的家学源于两汉时期,至魏晋南北朝时期士族门阀制度盛行,再加上战乱不断,官学衰微,那些具备家庭教育条件的世家大族等便纷纷采用这一私学方式。家学的教育内容主要有两方面:一是启蒙教育与经学教育;二是家风家训及其他知识的综合教育。这一时期,山东的家学相当发达,出现了许多著名的家学世族,如琅邪王氏、东海王氏、清河崔氏、琅邪颜氏等。

(四) 隋唐时期

隋代山东的私学主要有私人讲学、举办私塾和家学等几种形式。其中,私塾是家庭开设的一种启蒙性质的初级学校,一般家庭往往几家联合开设,富裕家庭则往往自家开设,送子弟入读。隋代山东兴办的私塾已经比较多了。此外,隋代山东的家学仍是影响较大的教育形式。

唐代山东的私学主要有私人讲学、私塾、隐居读书和家学等多种形式。不过,唐代由于科举制下的私学教育已渐渐变成以应对科举考试为目的,因而当时山东的私人讲学之风并不盛行。其时,山东比较有名的私人讲学大师除了隋末唐初的祖籍琅邪临沂(今山东临沂市)人颜师古(图8-5)之外,还有濮州鄄城(今山东鄄城县)人王元感、兰陵(今山东兰陵县)人萧颖士(图8-6)等人。唐代,虽然唐高祖、唐玄宗等都曾先后诏令乡里置学,但乡里的学校实际上多为私人设立,此亦即私塾,当时山东的情形亦如此。此外,隐居读书也是唐代私学的一种形式。另外,唐代山东的家学亦有较好传承,琅邪颜氏、清河崔氏等家学依然比较有名。

图8-5 颜师古像

图8-6 萧颖士像

[①] (西晋)陈寿撰:《三国志·魏书·王修传》注引王隐《晋书》,卷十一。

（五） 宋金元时期

宋金元时期是中国古代民族交融进一步加强和社会经济继续发展的时期，宋、金、元等政权基本上都继续奉行"崇儒尊孔"的文教政策，由此就使得山东的教育又有了新发展。这一时期，山东教育发展的主要表现就是私学教育得到了普及。

宋代山东的私学主要有学者所办的家塾和乡塾，另外还有书院等形式。当时，在山东各地影响较大的塾师众多，譬如，密州安丘（今山东安丘市）学者杨光辅在莒县马耆山"聚徒讲授三十余年"，"学者多从受经，州守王博文荐为太学助教"（《续资治通鉴长编》）。此外，泰安学者石介、济南学者王次翁、淄川学者王樵、诸城学者齐得一，以及解官归乡的滨州渤海人刘蒙、淄州邹平人田敏等，都是当时著名的塾师。宋代山东的家塾和乡塾也相当普遍。当时，即便是一般的市井人家也很重视教育，如曹州（今山东菏泽市）人于令仪"市井人也，……君择子侄之秀者，起学室，延名儒以掖之。子汲，侄伃、仿举进士第，今为曹南岭族"（《宋朝事实类苑》）。一个市井之家尚能设家塾以教子弟，更何况那些名门望族了。据记载，北宋时期山东的许多望族大家都曾纷纷设立家塾，传承家学，教授子弟，由此可见当时山东私学得以普遍发展的情形。另外，在宋代山东私学教育的发展中，还有一个引人注目的方面——书院教育。宋代的书院亦属于私学性质，其具体情形我们另作专述。

金、元时期，这两个北方少数民族建立的政权进入中原后，为稳固其统治，也都相继采取了"崇儒尊孔"的文教政策，这就使得山东私学得以继续发展，设置的地域范围比较广泛，形式灵活多样，办学成就也比较高。如山东东平、平阴、临沂、日照、博兴、曲阜等地的私学，都曾培养出了一些著名学者或官员，等等。

（六） 明清时期

明清时期，虽然统治者都比较重视教育，但其文教政策中却贯穿着浓重的文化专制主义色彩，这对山东私学教育的发展影响明显。

明代的私学教育主要集中于蒙学阶段，其办学形式主要是私塾。当时山东地区的私塾主要有三种类型：一是门馆，即塾师在其家中或借祠堂、庙宇、馆阁等招收附近幼童入读就学；二是村塾，即一村或数村联合设馆延聘塾师教授其子弟；三是家塾（家馆）或族塾，即富豪缙绅之家或一个大家族设馆，延聘塾师或直接由自家主人来教授本家或本族子弟。明代山东私塾的学习内容一般为识字、习字和诵读《三字经》《百家姓》《千字文》等蒙学读物，以及"四书五经"等儒家经典。教学方法大多为先教儿童熟读背诵，然后塾师在适当时候再进行讲解。塾师来源多为入仕不第的读书人，靠学生缴纳的学费维持生计，其社会地位较低。

明代山东的私学教育形式，除了以蒙学阶段为主的私塾之外，也有面向成年人的私人聚徒讲学形式。当时，在山东讲学的各家学者中，影响最大的是王守仁的"心学"一派（俗称"王学")。明弘治十七年(1504 年),著名心学家王守仁曾任山东乡试主考官,后又招堂邑(今山东聊城市东昌府区)人穆孔晖为门徒,使之成为"王学"在北方的第一人[①]。后来,穆孔晖等门徒分别在家乡授徒讲学,使得"王学"在山东渐成气候,成为私人讲学中影响最大的一家。

此外,明代社学在山东的设置也很广泛,遍布乡村和城镇,存续时间也较长,对于文化的传播和普及起了很大作用。

清朝统治者对待私学采取了先抑制、后提倡的态度。因此,总体上清代山东的私学教育也比较发达,其形式也主要为私塾和私人讲学两种。清代山东的私塾仍以面向儿童的蒙学教育为主,也包括村塾或族塾、门馆和家塾等类型。私塾一般都只有一位教师,学生不分年级和班级,教材除了《三字经》《千字文》等之外,还有《庄农杂字》《日用俗字》等一批"杂字"识字书,以及根据当时的社会需要而编选的《古文观止》《朱子治家格言》《弟子规》和《声律启蒙》等蒙学教本。由于当时"八股取士"的科举制盛行,导致当时山东地区蒙学阶段的私学教育也大受影响,应试教育色彩比较明显。另外,清代山东也有不少学者自己设帐讲学,传播儒家经学及自己的学术思想,他们汇聚而成的讲学之风,大大促进了理学的传播和山东各学术流派的共同发展。

第三节　稷下学宫与山东书院

> 稷下学宫与山东书院是齐鲁传统教育中值得关注的一道风景线,其优良传统至今仍具有重要的传承和借鉴意义。那么,稷下学宫有何办学特色?古代山东的书院有何教育传统?它们对于我们今天的学校教育又有何重要启示呢?下面我们就来进行学习了解。

一、稷下学宫的办学特色

如前所知[②],稷下学宫是战国时期齐国建立的一所集自由讲学、著书立说、培养人才、咨政议政等于一体的官办高等学府和研究机构。它是齐文化和教育的重要标

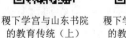
稷下学宫与山东书院　　稷下学宫与山东书院
的教育传统(上)　　　的教育传统(下)

志,不仅在当时促进了齐国文化教育的发展,而且对整个中国古代文化和教育的发展也产

---

① 穆孔晖(1479—1539 年),字伯潜,号玄庵,山东堂邑(今山东聊城市东昌府区)人,明代理学家、心学学者,弘治十八年(1505 年)考中进士,历任翰林院检讨、南京礼部主事、翰林院侍讲学士、南京太常寺卿等官职。他是王守仁的学生,也是继承和传播王守仁心学最早的山东学者。他一生著述颇丰,主要有《读易录》等考据学和史学研究著作。
② 参见本书第三章第二节。

生了深远影响。稷下学宫虽由官方举办，但实际上却是由私家主持的一所特殊形态的学校。作为一所高等学府，它具有以下办学特色。

一是自由论辩，百家争鸣。稷下学宫采取"包容百家"的办学方针，它摒除各家各派的门户之见，广纳天下有识之士，各家各派均可在此设坛讲学，相互自由论辩（包括教师、游士、学生之间），宣传自己的政治思想主张。在这里，学术争鸣成为一种时尚。不仅如此，稷下先生们还时常与齐国的当权者进行争辩。例如，孟子就经常同齐宣王辩论，并且还使得齐宣王常常无言以对，只好"王顾左右而言他"（《孟子·梁惠王下》）。为了促进各家各派思想观点的碰撞与交流，稷下学宫还特意设置了常规性的"期会"活动，即不同思想流派的稷下先生及其弟子定期举行聚会，进行学术讲演、辩论和交流。大家共同围绕所关注的话题，各陈己见，畅所欲言，相互辩难，由此便形成了一种"百家争鸣"的局面。这种各家各派、师生之间在学术上平等、自由争鸣的风尚，既扩大了师生的眼界，也活跃了学生的思想，极大地促进了教学质量的提高。

二是学无常师，来去自由。稷下学宫实行"游学自由"的方针，即齐国统治者对于天下游学之士，来者不拒，去者不阻，并且还欢迎去而复返。前来稷下学宫的各地学者，可随时请求加入，也可随时告退，不受任何限制。例如，孟子即曾先后两度进出稷下学宫，都受到了齐国统治者的尊重和礼遇；荀子也曾两出两进稷下学宫，仍三次被尊为稷下学宫的祭酒[①]。学生在稷下学宫可以自由听讲，并不只限于跟随一个先生，其他先生讲学也可以去听讲、请教。这种宽松、灵活的教学制度就使得学生有机会接触各种学说，从而打破了学术流派的局限。各家各派在稷下学宫相互批评，又相互吸收，从而促进了学术交流与发展。

三是厚待学者，广揽名士。稷下学宫的学者不担任具体官职，但享有齐国君主给予他们的优厚的政治待遇和物质待遇，享受上大夫的俸禄，以备统治者咨询。日常则从事自己的学术研究和讲学活动。齐国统治者所给予稷下先生的这种宽松和优厚的政策，就使得稷下学宫成为天下名士的向往之地，吸引他们纷至沓来游学、讲学。由此，就使稷下学宫成为当时人才云集的场所和教育中心。

四是学则完备，规范管理。稷下学宫的规模之大、人员之众都是前所未有的，所以，建立健全管理规章制度，便成为保障其正常运行的必要前提。为此，稷下学宫制订了学生守则《弟子职》。该守则共分为总则、起居、受业、用餐、洒扫、执烛、就寝、夜读等节，从饮食起居到衣着仪表，从尊敬师长到敬德修业，从课堂授课到课后复习等方方面面的

> 先生施教，弟子是则。温恭自虚，所受是极。见善从之，闻义则服。温柔孝悌，毋骄恃力。志毋虚邪，行必正直。游居有常，必就有德。颜色整齐，中心必式。夙兴夜寐，衣带必饬。朝益暮习，小心翼翼。一此不解，是谓学则。
>
> ——《管子·弟子职》节录

[①] "祭酒"的本义是一种祭祀风俗，但在我国古代也用于官职和称谓，系首席、主管之意。稷下学宫的祭酒，亦即稷下学宫之长，或者说即稷下学宫的首席、主管，其职位相当于今天的大学校长。

日常行为，都做了非常细致的严格规定和要求。《弟子职》是中国教育史上第一个较完备的学生守则，它成为后来历代官学、私学和书院制订学则、学规的范本。其中所蕴含的尊敬师长、讲究礼仪、相互切磋等观念对于今天的学校教育仍具有一定的参考价值。

总之，稷下学宫堪称是中国教育发展史上的一座里程碑，其创办之早、规模之大、历时之长、成果之著，在世界教育史上也是罕见的。它不仅直接促进了先秦教育思想的繁荣，而且也对后世中国古代教育的发展，尤其是对历代书院的管理与教学等均产生了深远的历史影响。它所鲜明体现出来的兼容并包、学术自由的精神，至今仍对我们当下的学校教育具有重要的启迪意义。

二、山东书院的教育传统

书院是唐朝以来我国古代所特有的一种教育组织形式。它以私人创办和组织为主，将图书的收藏与校对、教学与研究融为一体，是相对独立于官学之外的民间学术研究和教育机构，其灵活的办学方式和教学风格历来为后世所推崇。北宋时期，书院教育发展成为宋代教育的重要组成部分。此后，书院又历经元、明、清各代，迄清末改为学堂，其存续时间前后长达千年之久。

我国古代著名的书院大多分布于江南文化荟萃之地，但作为地处北方的山东，却也是设立书院较多的地区。据史籍记载，山东地区最早的书院是位于今临朐县境内、建于唐代的李公书院。此后，在宋元明清时期，山东境内共建有大小书院约300余所。[①]

北宋时期，山东的书院中最为著名的是泰山书院。泰山书院由兖州奉符（今山东泰安市岱岳区）人石介于宋景祐二年（1035年）开始筹建，并邀请考进士不第的晋州平阳（今山西临汾市）人孙复来主持书院的讲学活动，被尊称为"泰山先生"。与孙复、石介同时在泰山书院研读、讲学的还有泰州海陵（今江苏如皋市）人胡瑗，由于三人学术精深，各有成就，被世人尊称为"宋初三先生"。许多士子慕名前来，求教切磋，由此逐渐发展形成了"泰山学派"。庆历二年（1042年），孙复、石介被范仲淹荐为国子监直讲，泰山书院随之停止讲学授业活动。该书院虽只存在了8年时间，但其历史地位却很重要，它在山东地区为复兴儒学、普及教育、培养人才做出了开拓性贡献。

此外，北宋时期山东地区兴建的书院还有济南的泺源书院、青州的松林书院、曲阜的春秋书院和尼山书院、汶上的圣泽书院、益都（今属山东青州市）的白龙洞书院等。至北宋中期以后，受官方三次兴学运动的冲击，山东私学性质的书院走向衰落。

宋金对峙时期，山东地区处在北方金朝统治之下，山东书院的发展受到冷落。这一时期山东地区建立的书院仅有日照的状元书院、单县的鸣琴书院等。

元朝统治者进入中原后，为稳固统治，在文教政策上采取"汉化"政策，对于书院采

---

① 参考赵承福主编：《山东教育通史》（古代卷），山东人民出版社，2001，第429页。

取了保护并大力发展的政策,从而使得山东书院的发展进入了一个空前兴盛期,其数量迅速增加到24所之多,且建筑规模都大于以往。其中,比较著名的是曲阜的尼山书院[①]

图8-7 曲阜现存明代重修的尼山书院

(图8-7)和洙泗书院、邹县(今山东邹城市)的子思书院、滕州的性善书院和位于今鄄城县境内的历山书院,此外还有济南的闵子书院、费县的思圣书院、高唐的静轩书院、乐安(今山东广饶县)的明诚书院、邹平的伏生书院等。其中,位于今山东鄄城县境内的历山书院"聚书万卷,延名师教其乡里子弟"(《元史·千奴传》),除了教授儒学之外,还教授医学和射、御、武等多个科目的内容,是目前所知的我国古代第一所,也是唯一的一所实行医科教学并开办门诊业务的书院。这一时期,由于元政府加强了对书院的控制,致使书院的性质日益呈现出官学化趋向。但尽管如此,山东书院还是大都保留了宋代以来的教学和学术研究风尚。

明清时期,山东的书院建设进一步发展,数量和规模都远远超过了宋金元时期。但是,明清统治者对书院的控制也呈现出不断强化的趋势,书院的官学化程度进一步加深。在此背景之下,山东的书院也深受影响,经历了一个由沉寂到兴盛,然后再由兴盛复陷入沉寂,几经起伏,终归于消亡的历史发展轨迹。

在明代山东的书院中,地位比较重要、影响较大的是明成化五年(1469年)复建的青州的松林书院(图8-8)。该书院曾数度扩建,规模较大,至明嘉靖年间达到鼎盛期。松林书院学术氛围浓郁,治学风气活跃,曾吸引了众多硕儒、士子慕名前来研学、修业。至隆庆、万历年间,松林书院改名为"凝道书院",最后于万历十年(1582年)遭官府禁毁。

图8-8 青州的松林书院

清初顺治年间,清廷曾一度对书院采取了限制政策,这直接导致了山东在整个顺治年间没有出现一所新建书院。直到康熙年间中后期,清廷才解除了对书院的禁令,允许并提倡各地官员设立书院。由此,山东原有的书院才得以修复或重建,如沂水的闵子书院、武城的学道(弦歌)书院、邹平的范公书院和长白书院、蓬莱的瀛洲书院等。同时,还出现

[①] 尼山书院位于今山东曲阜市尼山孔庙以北处。元至元二年(1336年),中书左丞王懋德奏请在尼山创建书院获准,之后由彭璠主持修建,并担任书院山长。元末,尼山书院败落,至明朝永乐十五年(1417年)由曲阜五十九代衍圣公孔彦缙发起重修,后于弘治七年(1494年)再次修建。

了一大批新建书院，如莱芜的正率书院、济宁的讲德书院、东阿的少岱书院、鱼台的马公书院、定陶的唐文书院、淄川的般阳书院、掖县（今山东莱州市）的北海书院、章丘的阳邱书院等。据文献记载，康熙年间，山东的书院已多达近 50 所。到乾隆年间，山东的书院建设达到高潮，仅新建书院就达 40 多处，超过了历史上的任何时期。受此影响，许多社学、义学也纷纷更名为书院。不过，尽管清代山东兴建的书院数量前所未有地达到了 133 所之多[①]，但其中属于官办的却占了约 80%以上。可见，清政府对书院采取严格控制与监督的特征已经变得非常明显了。至晚清时期，由于清政府面临的内忧外患日益严重，再加上西方新式教育机构逐渐在中国出现，山东的书院教育也随之日渐走向了没落。

古代山东的书院教育在总体上大都具有以下基本特点：一是书院的教育经费来源多样化，专职管理人员虽少，但管理体制日趋完备，管理原则具有一定的民主色彩。书院的主持人大都由公众推选，不搞终身制；学者自由讲学，学生自由择师。二是书院虽然在明清时期受到官府的严格控制，但基本上依然奉行的是开放式办学风格。求学者不受地域、学派的限制，均可前来听讲、求教；而"讲会"是书院最为隆重的教研活动。三是书院一般都采用个别研读、相互问答和集众讲解相结合的教学方法，提倡切磋讨论，鼓励质疑辩难，教学风格比较开放、灵活。四是书院的教学和学术研究活动紧密结合，相得益彰等。

总之，古代山东书院所拥有的开放式办学风格，重视学生自学钻研和鼓励学生质疑问难、自由讨论的教学方式，以自由讲学、自由研究为核心特征的书院精神和书院传统，对于今天的学校教育仍具有重要的启迪和借鉴意义。

第四节 齐鲁传统家庭教育风尚

> 强调培育良好的家风，重视对儿童的家庭启蒙教育和行为养成教育，这既是齐鲁传统教育的一个重要组成部分，也是齐鲁文化传统中的一个重要方面。那么，古代的山东人在家庭教育方面都有哪些主要贡献？我们又应当从中汲取、传承和弘扬哪些优良传统呢？下面就让我们进行一番初步的探讨。

古代山东人素有重视教育的优良传统，这种传统不仅体现在以上所介绍的重视兴办学校教育上，而且还体现在对家风、家训等家庭教育的重视上。

一、齐鲁家风、家训教育

山东作为儒学发祥地，历来格外重视对儿童进行以家风、家训传承等做人的道理和良

[①] 关于清代山东兴建的书院数量，各家著述的统计数据并不完全一致，本数据参考赵承福主编：《山东教育通史》（古代卷），山东人民出版社，2001，第 432 页。

好行为规范为重心的家庭教育。早在春秋时期,孔子对于儿童的家庭教育问题就已非常重视。他认为,"性相近也,习相远也"(《论语·阳货》)。因此,从小就要教育孩子向善弃恶,就成为家长必须要高度重视的首要问题。他还认为,孩子的善恶观和行为习惯的养成,与所结交的朋友的影响也有很大关系,所以家长也应当重视教育孩子如何择友。孔子本人还非常注重以诗、礼传家。在他看来,一个人只有学诗、习礼,讲究仪表,待人忠诚,不放纵自己,才能很好地立身处世。孔子的这种家庭教育观对于后世影响很大。

在齐鲁传统家庭教育中,对于培育儿童的诚信品质看得格外重要。这方面,孔子的学生、春秋末年鲁国的儒学思想家曾参(公元前505—前436年)堪称典范。曾参特别注意以身作则,使孩子在一种讲求诚信的家风熏陶下,潜移默化地铸成崇尚诚信的品格。据《韩非子·外储说左上》记载:有一天,曾参之妻要到集市去,儿子哭着也要去。于是,她便哄道:"你回去,我回来后给你杀猪吃。"当她回来时,看见曾参真的正在准备杀猪,

> 曾子曰:"吾日三省吾身,为人谋而不忠乎?与朋友交而不信乎?传不习乎?"
> ——《论语·学而》

赶忙阻拦道:你别当真,我那只不过是"特与婴儿戏耳",哄孩子而已。曾参却正色说道:"婴儿非与戏也。婴儿非有智也,待父母而学者也,听父母之教。今子欺之,是教子欺也。母欺子,子而不信其母,非所以成教也。"说罢,他便恪守妻子对儿子的承诺,把猪给杀了。这个著名的"曾子杀猪"的经典故事便折射出曾参对于树立诚信家风,以及强化对孩童进行诚信品格养育的高度重视。

战国时期的著名思想家孟子之所以能成长为一代儒学大家,也与其母亲仉氏从小就对他进行良好的家庭教育有着重要关系。孟母认为,做母亲的从怀胎时就应当开始训子,她说:"吾怀妊是子,席不正不坐,割不正不食,胎教之也。"(《韩诗外传》)这应当就是我国古代早期的一种胎教思想萌芽。孟母还认识到环境因素对儿童德行成长的影响,世人熟知的"孟母三迁"的故事就清楚地反映了这一点。她还曾以"断机杼"的方式教育孟子不要荒疏学业。不仅如此,孟母也很注意言而有信,以身作则。据史籍记载:有一次,孟轲家的东邻宰猪。他问母亲:"东家杀豚(猪)何为?"孟母随口答道:"欲啖汝。"(意思是:杀猪是为了给你肉吃。)话一出口,她就后悔自己失言了,因为这"是教之不信也"。为此,她"乃买东家豚肉以食之,明不欺也"(《韩诗外传》)。可见,孟母堪称齐鲁古代家庭道德教育的典范。

在齐鲁传统家庭教育中,父辈家长常常以家书的形式诫勉子弟。譬如,西汉山东籍学者孔臧在写给其子孔琳的家书《与子琳书》中,即谆谆告诫他要自觉做到品行端正,脚踏实地,勤勉苦学,并对其"与诸友生讲习书法,滋滋昼夜,衎衎不息"的勤奋学习表现给予肯定和称赞;同时,还语重深长地教导他治学要循序渐进,持之以恒。再如,三国时期的蜀汉名相、琅邪阳都(今山东沂南县)人诸葛亮(181—234年),也特别重视对子弟的家训教育,曾为家人子弟写下了不少家训名篇,尤其是他在临终前写给儿子诸葛瞻的家书《诫子书》,更是成为后世历代学子修身立志的经典名篇。其中,他所推崇的"非澹泊无

以明志，非宁静无以致远""志当存高远"等名句，都成为激励后人修身养性的至理名言。

在齐鲁传统家风、家训教育方面，建树最高、对后世影响最大的，要首推南北朝时期祖籍琅邪临沂的著名学者颜之推，及其经典名作《颜氏家训》。这部著作是他一生关于立身、治家、处事、为学的经验总结，在我国古代家庭教育思想史上占有重要地位，宋代文人陈振孙曾给予"古今家训以此为祖"（《直斋书录解题》）的极高赞誉。对此，我们将在后面另做详述。

> 夫君子之行，静以修身，俭以养德。非澹泊无以明志，非宁静无以致远。夫学须静也，才须学也，非学无以广才，非志无以成学。淫慢则不能励精，险躁则不能治性。年与时驰，意与日去，遂成枯落，多不接世，悲守穷庐，将复何及！
>
> ——诸葛亮《诫子书》节录

二、齐鲁家学传统

自汉代以来，尤其是在魏晋南北朝时期，家学作为私学教育的一种特殊形式，在齐鲁传统家庭教育中日益兴盛起来。如前所知，家学是由世家大族开办的、针对其本族子弟进行的家族式教育。家学不仅传承书本知识或某种技能，而且还格外重视为人处世、待人接物等伦理道德方面的教育。

两汉时期，济南的伏氏家学先后承续16代，绵延400余年，世代传承经书，为两汉典型的家学世家。魏晋南北朝时期，山东世家大族纷纷兴办传世家学，达到了鼎盛时期。当时比较著名的家学有：以经学传世的东海郯县（今山东郯城县）王氏家学、琅邪（今山东临沂市）颜氏家学、清河（今山东武城县）崔氏家学、泰山南城（今山东新泰市）羊氏家学等；以书学传世的琅邪（今山东临沂市兰山区）王氏家学等；以传授史学为主的东莞姑幕（今山东诸城市）徐氏家学等。在这些传世家学的培育和熏陶下，曾造就出了一大批闻名于世的经学家、文学家、书法家等杰出人才，如王羲之、王献之、颜之推、颜延之，以及王粲、王弼等。

隋唐时期，家学依然具有较大影响。例如，隋代齐州临淄房氏家族（所居今属今山东济南市章丘区）即葆有良好的家学传统。其中，后来成为唐朝名相的房玄龄，其父亲房彦谦（547—615年，图8-9）虽幼年早孤，但文辞过人，尤其对"五经"有着精深研究。而他之所以能够成才，就是靠其长兄的亲自教授才成长起来的。由此，房彦谦也非常注重对子侄的家教，他"居家，每子侄定省，常为讲说督勉之，亹亹不倦"。他还乐善好施，虽致家无余财，却依然如故。他曾对房玄龄坦然说道："人皆因禄富，我独以官贫。所遗子孙，在于清白耳。"

图8-9 房彦谦像

(《隋书·房彦谦传》)正是在这样的家学熏陶之下，房玄龄博览经史，精通文墨，18岁即考中进士。后来，他尽心辅佐唐太宗李世民，终成一代名相。在唐代，山东比较著名的家学则有琅邪颜氏、曹州南华（今山东东明县）刘氏、清河崔氏等。其中，琅邪颜氏家族涌现出的颜师古、颜杲卿、颜真卿等杰出人物彪炳史册，影响深远。另外，曹州南华刘氏家族的刘晏（718—780年）则是唐代著名理财家、经济改革家，虽官至宰相高位，却"理家以俭约称"。

宋元明清时期，山东的家学虽然较之以往鼎盛时期有所削弱，但注重家风、家训的家庭教育传统却依然被传承下来，并发展成为山东传统教育中不可忽视的重要组成部分。

总之，山东古代这种源远流长的重视家庭教育的传统风尚，对于塑造儿童的道德人格和良好的行为习惯，均发挥了重要的奠基作用。

第五节　齐鲁传统教育思想

> 在中国古代教育思想的宝库中，齐鲁传统教育思想占据着举足轻重的重要历史地位。那么，齐鲁传统教育思想的代表性人物都有哪些？他们的教育思想主张分别是什么？各有何特点和历史价值？下面我们择其要者加以介绍。

在古代山东的教育发展史上，曾涌现出一大批影响深远的著名教育思想家，其博大精深的教育思想，至今仍具有重要的现实意义。现从中选择比较有代表性的几位，概要介绍如下。

一、孔子的教育思想主张

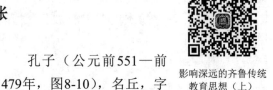

影响深远的齐鲁传统教育思想（上）　　影响深远的齐鲁传统教育思想（下）

图8-10　孔子像

孔子（公元前551—前479年，图8-10），名丘，字仲尼，春秋末年鲁国陬邑（今山东曲阜市）人，中国古代伟大的思想家、教育家，儒家学派创始人，其教育活动始于30岁左右。他为了实现自己的政治抱负、宣传自己的思想主张，而创办私学，大规模地收徒讲学。他在54～68岁时，曾带领弟子周游列国，四处游说其政治主张。在旅途颠沛中，他一直坚持讲学。晚年，他回到鲁国专注于讲学和整理古代文献典籍，直至去世，其言行被编成《论语》一书。孔子的教育思想主张主要体现在如下几个方面。

（一）关于教育的作用

孔子认为，教育对社会和个体发展均具有重要作用。首先，他认为国家在发展生产以满足人民基本物质生活的基础上，一定要重视抓好教育，因为这是国家安定的前提。其次，他认为，人的先天素质原本都相同，而不同的人之所以会有较大差别，是后天的教育和环境影响及个人主观努力的不同所导致的结果，即"性相近也，习相远也"（《论语·阳货》）。可见，教育是一种特殊的环境影响力，在人的成长中起决定作用，所以应当重视教育。

（二）关于教育的对象

孔子极力主张扩大教育的对象，提出了"有教无类"的主张，即不论贫富贵贱及国别、种族，人人都应当有受教育的权利和机会。据史籍记载，孔门弟子之中，既有来自贵族家庭出身的（如孟懿子、南宫敬叔、司马牛等），也有贫贱家庭出身的（如颜渊、曾皙、曾参、闵子骞等）、商人出身的（如子贡），甚至还有"大盗"出身的（如颜涿聚）等，而孔子对他们都一视同仁，尽心予以教诲。孔子这种"有教无类"的思想，打破了过去贵族垄断教育的格局，把受教育的范围扩大到了广大的平民阶层。

（三）关于教育的目的

首先，孔子认为教育的一般目的在于培养德才兼备的政治贤才，即"君子"。他强调"君子喻于义，小人喻于利"（《论语·里仁》），"君子求诸己，小人求诸人"（《论语·卫灵公》）。在修养内容上，君子将道德标准置于首位；在修养方法上，君子强调严于律己。

其次，孔子主张教育的最高理想目的是培养全面和谐发展的人，即"成人"。在他看来，只有使受教育者具备了"仁"（德行）、"智"（智识）、"勇"（体魄）、"艺"（技能）、"礼"（礼仪）、"乐"（审美）等方面的综合素养，才是最理想的育人结果。

（四）关于教育的内容

孔子推崇西周的"六艺"教育传统，并根据现实需要充实和调整了部分教育内容，以文献、品行、忠诚和守信教育学生。其中，道德教育是重心，占据首位。他还对西周文化典籍进行整理、修订，编成"六经"（《诗》《书》《礼》《乐》《易》《春秋》），这也是我国古代历史上的第一套教科书。

（五）关于教学原则与方法

第一，主张启发诱导。孔子是世界上最早提出启发式教学思想的教育家。他强调，"不愤不启，不悱不发，举一隅不以三隅反，则不复也"（《论语·述而》）。即学生通过自我努力进入一定的学习状态，然后教师因势利导，适时点拨，使学生达到举一反三，触类旁通。孔子还提出"叩其两端"的方法，即采用反问的方法引导对方从正反两面进行分析，找出解决问题的方案。

第二，主张因材施教。孔子认为学生在个性和才能方面是有差异的，所以需要有针对性地分别施教。具体方法是"听其言，观其行"，即运用观察法和谈话法充分了解学生的不同特点，然后进行不同的指导。

第三，主张学思结合。孔子提出，"学而不思则罔，思而不学则殆"（《论语·为政》）。只有将"学"和"思"相结合，才能使学生的认识获得深入和提高，从而掌握事物的本质。孔子还强调"学以致用"，即要将学到的知识用于社会实践中去。

第四，主张不耻下问。孔子要求学生"敏而好学，不耻下问"（《论语·公冶长》）。他强调，治学必须要有老老实实的态度，"知之为知之，不知为不知，是知也"（《论语·为政》）。同时，要培养学生乐学、好学，所谓"知之者不如好之者，好之者不如乐之者"（《论语·雍也》），等等。

（六）关于道德教育的原则和方法

第一，立志有恒。孔子认为，立志是进行道德修养的重要起点，但要实现志向，则需要有恒心与百折不挠的精神。为此，他教育学生要"志于仁"和"志于道"，要有安贫乐道的精神，提出"君子谋道不谋食，忧道不忧贫"等。

第二，克己自省。孔子认为，一个人的道德修养要时刻注意从自我做起，要经常对自己的言行进行自我省察，当个人与他人发生冲突时则应该"反求诸己"。他还认为，道

> 见贤思齐焉，见不贤而内自省也。
> ——《论语·里仁》

德准则和规范对个人起着约束作用，因此需要个人克制自我。善于自制才是道德修养的标志。

第三，身体力行。孔子要求弟子不管是治学还是修身都必须做到身体力行。他强调"言必信，行必果"（《论语·子路》），"君子耻其言而过其行"（《论语·宪问》）；主张"君子欲讷于言而敏于行"（《论语·里仁》），等等。

第四，勇于改过。孔子认为，人难免都会有过失，关键是要有正确对待自身错误的态度。所谓"君子之过也，如日月之食焉；过也，人皆见之；更也，人皆仰之"（《论语·子张》）。所以他强调"过，则勿惮改"（《论语·学而》），只有"过而不改，是为过矣"（《论语·卫灵公》）。

（七）关于为师之道

第一，主张"学而不厌，诲人不倦"。孔子认为"学而不厌"是做教师的首要条件，只有如此才能使教师不断增长知识和能力，满足教学需要。"诲人不倦"则是教师最宝贵的品格和崇高的精神境界。作为教师，无论谁来请教，都应当毫无保留地教诲；无论遇到什么困难，也都应当坚守初心，不能放弃。

第二，主张身教重于言教。孔子认为，以身作则是为师之道的根本所在。他强调，"其身正，不令而行；其身不正，虽令不从"，"不能正其身，如正人何？"（《论语·子路》）教师对学生的人格感召力，首先即体现在"身正"上。

第三，主张对待学生要虚怀若谷。孔子认为，学生不仅是教师的弟子，也是教师的一面镜子，教师从学生那里也会得到有益的启迪和提高。为此，他强调"三人行，必有我师焉"（《论语·述而》）。他反对学生对教师的话"无所不悦"，唯命是听，主张"当仁不让于师"，在事关"仁义"这样的大是大非问题面前，对教师也不必迁就谦让，而教师则应当拥有虚怀若谷的胸襟。

总之，孔子的教育思想为中国古代教育奠定了理论基础，是中华民族宝贵的教育遗产，值得我们永远传承下去。

二、墨子的教育思想主张

墨子（图 8-11），名翟，春秋末战国初期鲁国（今山东滕州市）人，墨家学派的创始人。如前所知①，墨子一生的活动主要是"上说下教"，其思想言论后被集成《墨子》一书。墨子的教育思想主张主要有以下几个方面。

（一）关于教育的作用

墨子认为，教育对于构建"兼相爱""交相利"的理想社会起着重要的推动作用。他说："天下匹夫徒步之士少知义，而教天下以义者，功亦多。"（《墨子·鲁问》）即教育是有功于天下的事业，通过教育可以使天下人"知义"，从而实现社会的完善。

图8-11　山东滕州的墨子塑像

墨子还认为，人性是可以教化的。他以待染的素丝为例，指出素丝"染于苍则苍，染于黄则黄，所入者变，其色亦变"。同理，"士亦有染"，所以"染不可不慎也"（《墨子·所染》）。换言之，先天的人性不过如待染的素丝，有什么样的环境与教育，就能造就什么样的人。

（二）关于教育的目的

墨子主张，教育目的在于培养"兼士"（或"贤士"）。所谓"兼士"即具备"厚乎德行，辩乎言谈，博乎道术"（《墨子·尚贤》）素质的人。他认为，只有这样的人，才能真正做到以"兴天下之利，除天下之害"为己任，承担起治国利民的职责。

---

① 参见本书第四章第二节。

（三）关于教育的内容

墨家的教育内容以"兼爱"思想为核心，在强调奉行以"义"为宗旨的道德教育的同时，注重科技知识和思维训练方面的教育。其中，科技教育是其教育内容中最具有特色的方面，包括科学原理和实用技术的教育，目的在于帮助"兼士"获得"各从事其所能"的实际本领。另外，培养思维能力也是其教育内容的特色之一。墨子通过对大量实际问题的论证，提炼出了各种思维的逻辑方法，并应用于分析、论证各种实际问题，堪称中国古代逻辑理论的开拓者。

（四）关于教学思想

一是重视实践磨炼。墨子强调"口言之，身必行之"（《墨子·公孟》），要求弟子树立"强力而行"的刻苦磨砺精神。他认为"志不强者智不达"（《墨子·修身》），如果没有在艰苦实践中磨炼出来的坚定意志，就谈不上智慧的发挥。

二是强调述作结合。墨子批评儒家"述而不作"的保守态度，强调"述而又作"的精神。主张既要继承古代文化中好的东西，又要不断创造新的东西。

三是主张因材量力。墨子主张教学要因人而异，遵循量力与因材施教相结合的原则，以使"能谈辩者谈辩，能说书者说书，能从事者从事"（《墨子·耕柱》）。

总之，墨子的教育思想独树一帜，别具特色，尤为可贵的是他在中国教育史上首先提出并实行了科技知识和技能的专门教育，这就使得墨子的教育思想成为中国教育史上一份独特的宝贵遗产。

三、孟子的教育思想主张

图8-12　孟子像

孟子（约公元前372—前289年，图8-12），名轲，战国中期鲁国邹（今山东邹城市）人，儒家学派重要代表人物，后世尊称"亚圣"。孟子一生的大部分时间从事聚徒讲学活动。他曾两度在齐国的稷下学宫讲学；40岁以后，带领弟子游说诸国，宣传其政治理想主张，度过了二十年的时光。晚年他回到家乡专事教学与著述。其言论被编成《孟子》一书。孟子的教育思想主张主要有以下几个方面。

（一）关于教育的作用

首先，从社会角度来看，孟子认为教育是"得民心"的最有效的手段。他说："善政不如善教之得民也。善政，民畏之；善教，民爱之。"（《孟子·尽心上》）教育对人的感化作用更为有效和长久。

其次，从个体角度来看，孟子认为人性本善，先天拥有四个"善端"（即善的萌芽），即"恻隐之心，仁之端也；羞恶之心，义之端也；辞让之心，礼之端也；是非之心，智之端也"（《孟子·公孙丑上》）。但是，要成为一个道德完善的人，仅有这四个"善端"是不够的，而教育的作用就在于将天赋的"善端"发展成为善德。他强调"人皆可以为尧舜"（《孟子·告子下》），即任何人只要肯受教育、肯学习，就可以将先天的"善端"发展到"圣人"境界。

（二）关于教育的目的

首先，孟子主张教育的一般培养目标是"明人伦"，即"父子有亲，君臣有义，夫妇有别，长幼有叙，朋友有信"（《孟子·滕文公上》），后世称之为"五伦"。他试图以此来维护上下尊卑的社会秩序和道德观念。

其次，孟子主张教育的理想培养目标是培养"大丈夫"。所谓"大丈夫"，其主要特征表现为：一是具有"浩然正气"和"舍生取义"的献身精神；二是具有"富贵不能淫，贫贱不能移，威武不能屈"的自由人格；三是具有"穷则独善其身，达则兼善天下"的博爱救世精神；四是具有"生于忧患，死于安乐"的忧患意识；五是具有"德慧术知"等综合素质。

（三）关于教育的内容

孟子主张"教以人伦"（"五伦"）。他认为，人伦主要承载于儒家经典之中，所以儒家经典应当是主要的教学材料。不过，他又反对盲目迷信书本知识，强调"尽信《书》，则不如无书"等。

（四）关于德育原则与方法

第一，主张"持志养气"。所谓"持志"，即坚持崇高志向；所谓"养气"，则是指养"浩然之气"，即一种"至大至刚"的正义精神。孟子认为，一个人的"浩然之气"要靠平时的日积月累，而且必须要加以培养，才能逐步发展而成。

第二，主张"苦其心志"。孟子非常强调意志锻炼的重要性，尤其主张在逆境中进行磨砺。他认为，一个人的德与才都是在艰难困苦中磨炼出来的，环境越恶劣，对人的造就越大。

> 天将降大任于斯人也，必先苦其心志，劳其筋骨，饿其体肤，空乏其身，行拂乱其所为，所以动心忍性，曾益其所不能。
> ——《孟子·告子下》

第三，主张"养心寡欲"。孟子认为，如果一个人的欲望很少，那么即使其善性有所丧失，也会很少；反之，如果一个人欲望很多，则即便善性有所保存，也会很少。所以，一个人要想实现崇高的道德理想，就应当不计私利、不追逐物欲，修身养性，不受外界诱惑。

第四,主张"反求诸己"。孟子认为,"行有不得者皆反求诸己"(《孟子·离娄上》),即如果自己的行为没有取得预期效果,那就需要反过来检查一下自己,只要自身行为端正,天下人自然就会归服。他还说:"仁者如射:射者正己而后发;发而不中,不怨胜己者,反求诸己而已矣。"(《孟子·公孙丑上》)总之,凡事须严于律己,时时反思,并善于吸取别人的长处,以完善自我道德人格修养。

(五) 关于教学原则与方法

一是强调"深造自得"。孟子强调学习的关键在于"自得",读书应求理解,在读书学习中要有独立思考和勇于质疑的精神。

二是强调"盈科而进"。孟子认为,学习就像流水一样,注满了一个坑洼之后再往下流,只有日积月累到一定程度才能通达目的。所以,学习应打好基础,循序渐进,逐步提高。他还指出,学习如同植物生长,有自己的规律,不能违反规律"揠苗助长",急于求成,否则将会适得其反。

三是强调"专心有恒"。孟子认为,学习必须专心致志,持之以恒,否则任何事情也做不好。他曾告诫弟子:"山径之蹊间,介然用之而成路;为间不用,则茅塞之矣。"(《孟子·尽心下》)学习亦如此,必须要有恒心,要坚持到底,否则将功亏一篑。

四是强调"教亦多术"。孟子认为,教师的教学方法不能千篇一律,而应根据不同情况,因人而异,采取灵活多样的方法。

总之,孟子的教育思想表现出了对人的价值的关注和肯定,他对教育作用的阐发,对教学、德育原则与方法的论述,都体现出对于发挥人的主观作用的倡导,至今仍具有重要的参考价值。

四、郑玄的教育思想主张

图8-13 郑玄像

郑玄(127—200年,图8-13),字康城,北海高密(今山东高密市)人,东汉末年著名儒家学者、经学大师、教育活动家。他一生致力于经学研究和教学活动,是汉代经学集大成者,其博采众长所创立的"郑学"备受后世所推崇。他的教育思想主张主要有以下几个方面。

(一) 关于教育的功能

郑玄认为,人生来就具有向善的道德基础,但若要将其发扬光大,则需要后天的教育培养和发展。他指出,"人之心皆有仁义,教之则进"(《毛诗正义》),即教育的作用就在于"进",在于可促使人性的发展与完善。另外,郑玄也承认,"凡人之性有异"(《郑氏逸书·尚书注》),并非

"皆有仁义"，而教育的一个重要功能在于化民成俗，它在建立良好的社会秩序方面所起的作用远胜于刑罚，所以教育也就更具有必要性了。

> 孔子与人言，必待其人心愤愤，口悱悱，乃后启发为之说也。如此则识思之深也。说则当一隅一语之，其人不见思其类，则不复重教之也。
> ——郑玄《郑氏逸书·论语注》卷四

（二）关于教育的内容

郑玄认为，学校的教育内容应以培养道德行为（即"修德"）和传授知识技能（即"学道"）为重。德行的培养必须融合在整个社会生活中进行。因此，学校的教育活动也就必然以传授知识技能（即"道艺"）为主，同时将道德行为的培养融于"道艺"的传授之中。他强调，教育最重要的内容是学圣人之道，所以学校教育应当以儒家经典的学习为主。

（三）关于教学原则

首先，他强调立志与行动并重。郑玄认为，学习者必须首先树立坚定不移的远大志向，这是他们能否取得学业成就的必备前提。但是，如果树立远大志向只是仅仅停留在口头上，那么其学业和修养道德并不会自然而然地增进，所以必须要把远大志向融入实际行动之中，即所谓"以行为验，虚言无益于善也"（《郑氏逸书·三礼目录》）。

其次，他强调启发与思考相结合。郑玄认为，"思而得之则深"（《礼记正义》），即学习者只有经过自己的认真思考，才能对学习内容有深入的理解，真正掌握它。所以，硬性灌输和死记硬背的教学方式不可取，因为"学不心解，则亡之易"（《礼记正义》）。他还认为，"心解"和"启发"是教学过程中相辅相成的两个方面，学生的思考（即"心解"）有赖于教师的启发，而教师的启发效果如何，则又以学生是否积极思考为前提。

最后，他强调循序渐进与因材施教相结合。郑玄认为，知识的掌握是一个循序渐进的过程，应当"先易后难以渐入"（《礼记正义》）。由于不同年龄段的学生状况不同，所以学习的内容也应当有所不同。同时，教师在教学过程中应注意因材施教，应随着学生知识和能力的增长而逐步深化教学，等等。

（四）关于教师素质

郑玄强调要尊师重道。他认为，"师，教人以道者之称也"（《周礼注疏》）。所以尊师特别重要，因为尊师的实质即在于重道。他强调，在教学过程中，教师必须首先要正身，行正道，即"以正教之"是作为教师素质的第一要义。不仅如此，教师还必须要精通学业，自觉深造，不断提高自己的学识。那些"自不晓经之义，但吟诵其所视简之文，多其难问"（《礼记正义》）的教师是不合格的。另外，教师还应当具有积极施教的教学态度，要尽心竭力地对待学生，等等。

总之，郑玄对儒家经籍中所记载的教育制度和教育观点等内容进行了全面而细致的精辟阐发，并将自己的教育思想以经注的形式糅入其中，这对我国古代教育思想的发展产生了不容忽视的重要影响。

五、颜之推的教育思想主张

颜之推（531—约590年以后，卒年说法不一，图8-14），字介，祖籍琅邪临沂（今山东临沂市），生活在南北朝至隋朝时期，是我国古代著名的文学家、历史学家和教育思想家。颜之推出身于世家士族家庭，其家族世代研习儒学，由于他从小就深受这种传世家学、家风的熏陶，所以他特别重视对子女进行家风、家训等方面的家庭教育，其传世名作为《颜氏家训》。该书在我国古代家庭教育发展史上具有重要影响，是我国古代第一部系统、完整的家庭教育教科书，被后世尊为"家教规范"。颜之推的教育思想主张主要有以下几个方面。

图8-14　颜之推像

第一，强调教育是个人安身立命的基础。颜之推认为，士大夫子弟也并没有什么特别的先天禀赋，只有通过接受教育，掌握知识、具备才能，才是维护其社会地位的根本保障。他指出，父兄的庇荫不足以依赖，但如果自己能明通六经，涉猎百家，虽不能求仕做官，尚可从事教师、文书之类职业而得以生存下去，所以必须要重视教育。

第二，主张对子女的家庭教育要及早进行。颜之推认为，家庭教育应该包括胎教，而出生后的教育也要及早进行，"当及婴稚，识人颜色，知人喜怒，便加教诲"。因为，"人生小幼，精神专利，长成已后，思虑散逸，固须早教，勿失机也"（《颜氏家训·勉学篇》）。他认为，早期教育最重要的，就是培养孩童良好的行为习惯。而这个基础能否打好，将关系着他们长大后能否成器成材。

第三，主张家长对子女的教育要严慈有度。颜之推批评一些父母对子女无度放纵的行为，"饮食云为，恣其所欲，宜诫反奖，应呵反笑"。他认为，这样做会导致孩子是非不分，若等到他们长大后再想管教，就难以改正了。所以，他主张父母对孩子从小就要严格要求，勤于教诲，绝不能溺爱和放任。不过，父母在子女面前虽要庄重严肃，但也不能过于严苛粗暴，而应当做到严慈有度，即所谓"父母威严而有慈，则子女畏慎而生孝矣"（《颜氏家训·教子篇》）。

第四，主张家长要以身作则，为子女树立道德榜样。颜之推认为，对于儿童的人伦道德教育，最有效的方法不是长篇说教，而在于长辈自身的"风化"示范感召。他提醒，家长要教育子弟不能把依附权贵、屈节求官作为生活追求的目标，而是要让他们树立实现尧舜远大政治理想的志向，继承世代的家业家风等。为此，应当教育子弟要勤学、好问，惜时如金，并持之以恒，等等。

第五，主张"德艺周厚"，重视"应世经务"的实学教育。颜之推认为，学习目的在于"行道以利世"。因此，教育内容应当德、艺兼重，使求学者做到德艺兼备，掌握"应世经务"的真实本领。他反对那种只会机械读书,"但能言之,不能行之"的空疏学风。他特别强调要掌握一技之长,作为立身之本,即所谓"积财千万,不如薄技在身"。除了读书之外,应向各行各业学习,"农商工贾,厮役奴隶,钓鱼屠肉,饭牛牧羊,皆有先达,可为师表,博学求之,无不利于事也"(《颜氏家训·勉学篇》)。

> 北齐黄门颜之推《家训》二十篇,篇篇药石,言言龟鉴,凡为人子弟者,可家置一册,奉为明训,不独颜氏。
> ——(清)王钺《读书丛残》

总之,尽管颜之推的教育思想主要体现的是他生活的那个时代的士大夫的教育观,但其关于家庭教育思想的宝贵之处是显而易见的。他的诸多教育观点和主张,至今仍具有一定的实际参考价值。

六、石介的教育思想主张

石介(1005—1045年,图8-15),字守道,兖州奉符(今山东泰安市岱岳区)人,北宋著名学者、教育家,早年读书于徂徕山(位于泰安城东南),世称"徂徕先生";后创办泰山书院,进行讲学与研究,系著名的"宋初三先生"之一。石介虽曾入仕出任多个官职,但其一生的主要活动都与教育有着密切关系,并有诸多教育见解,其教育思想主张主要有以下几个方面。

(一)关于教育的功能和目的

图8-15 石介像

石介认为,教育乃立国之本。他指出,"学为教化之源,仁义之本欤!"① 即立学兴教是对士民进行教化,以修成仁义之道的源泉和根本;同时,这也是维护社会长治久安的根本。在他看来,国家兴办学校、设置学官的目的,就是要教人以"圣人之道""忠孝之道"和"仁义礼智信",通过教育使学子达到"忠于君、孝于亲、恭于其兄、友于其弟、信于朋友"的目的。

(二)关于教学原则与方法

首先,石介非常重视理论联系实际的教学原则。他认为,学习"圣人之道"必须要"守之以诚而持之以笃",只有勤于实践体验,才能战胜"妖惑邪乱之气",成为一位富有道德修养的君子。

其次,石介倡导劳逸结合的学习之道。他强调,"善教者优游而至道,不善教者急速而强人";"岁有田,日有秩,劳有休,息有养,所以息焉、游焉,是一张一弛之道也"②。

---

① (北宋)石介撰,陈植锷校:《徂徕石先生文集》卷九《题郓州学壁》,中华书局,1984,第99页。
② (北宋)石介撰,陈植锷校:《徂徕石先生文集》卷九《题郓州学壁》,中华书局,1984,第225页。

也就是说，他主张学习要有张有弛、劳逸结合，使学生始终能保持充沛的精力投入学习，这样才会取得好的学习效果，否则将适得其反。

再次，石介在学风方面提倡不耻下问和勇于求实的精神。他曾告诫弟子道："古之学者急于求师。……后世耻于求师，学者之大蔽也。"[①]他强调，对于比自己懂得多的人，就要虚心求教，行师生之礼。另外，在学习经籍时，要有大胆质疑的求实精神，不要过于因循教条。他曾举例指出，即便是像郑玄这样"遍注诸经，立言百万"的经学大师，其观点也不乏值得存疑和商榷之处，等等。

石介所倡导的善于思辨和勇于挑战传统定论的治学态度，打破了当时一味崇古信古和重训诂传注的僵化学术空气，开创了对儒学理论的继承与发展持开放态度的求实学风。

七、王筠的教育思想主张

图8-16　王筠像

王筠（1784—1854年，图8-16），字贯山，安丘（今山东安丘市）人，清代著名文字学家、教育家。他于道光元年（1821年）中举人，曾任山西乡宁县知县等官职。王筠一生多数时间从教，曾做过塾师，并出任过国子监学正。在山西为官期间，他时常利用业余时间讲学，颇有名声。王筠一生著述颇丰，其教育思想主要体现在《文字蒙求》《教童子法》两书中。王筠的教育思想主张主要有以下几个方面。

（一）关于学生教育观

王筠针对传统教育中践踏学生人格和摧残学生身心健康、实行棍棒教育等种种流弊，公开提出了"学生是人，不是猪狗"（《教童子法》）的观点。基于此，他主张教育应顺应和发展学生的个性，应当让儿童在欢乐的气氛中学习，使其体验到学习乐趣。同时，教育应充分发挥学生的主观能动性，要重视读思结合，教师的职责则在于"涵养诱掖，待其自化"。此外，他认为培养目标要根据每个学生的实际情况而定，即"不敢望子弟为圣贤，亦当望子弟为鼎甲"（《教童子法》）。他还注重人的全面发展，强调"应对进退，事事教之；孝悌忠信，时时教之"，等等。

（二）关于教育的原则

一是强调循序渐进。王筠认为，学生学习是有规律的，对于识字、读书、作文等都需要按照儿童的认知规律来安排学习次序。若不注意循序渐进，而是急于求成，则结果将会适得其反，"欲其双美，反致两伤矣"（《教童子法》）。

[①]（北宋）石介撰，陈植锷校：《徂徕石先生文集》附录一《师说（片断）》，中华书局，1984，第258-259页。

二是强调因材施教。王筠认为,"人之才不一",学生在客观上有"钝者"和"敏者"之别,因而在制订学习计划时就需要注意有所差别。教学应根据每个学生的实际状况而采取相应的针对性策略,不能"一刀切"。

三是强调启发诱导。王筠认为,单纯让学生死记硬背的教学方式不值得推崇。他强调,教师"遇笨拙执拗之弟子,必多方以诱之"(《教童子法》)。他不赞赏教师采取"一灌到底"的教学方法,主张要给学生留有思考的余地。

四是强调学思结合。王筠非常赞赏孔子倡导的"学而不思则罔,思而不学则殆"的观点,主张"为弟子讲授,必时时诘问之,令其善疑,诱以审问"(《教童子法》)。这样可以激发学生动脑思考问题的主动性。

五是强调寓教于乐。王筠认为,喜欢嬉戏游乐是儿童的天性,所以不能强迫他们读死书,而应当帮助他们在读书中找到乐趣,等等。

(三) 关于教学方法

第一,关于识字教学。王筠主张要先识字,然后再进行阅读,并且要先教纯体字,再教同体字[①]。即儿童识字应当遵循由简到繁,由具体到抽象的认识规律。在识字教学中,要辅以识字卡片,教师逐字讲解。这些方法可以调动儿童学习的积极性,并能取得较好的识字效果。

第二,关于写字教学。王筠根据儿童的骨骼发育特点,主张不要过早开始练习写毛笔字,待到八九岁时再开始练字为宜。他还强调,儿童模仿习字,应选择那些字体"少媚骨"的范本等。

第三,关于读书教学。王筠认为,儿童"能识二千字,即可读书"。他强调读书要注意"多""熟""解",即要博览群书,并对所读之书要做到烂熟于胸,同时还要做到了解、把握文章的精髓。他认为读书应以理解为主,"读书而不讲,是念藏经也,嚼木札(渣)也"(《教童子法》)。[②]

第四,关于作文教学。王筠主张,学生在学写作文时,要经过"放""脱换"和"收"三个阶段。所谓"放",是指儿童初学作文时,要"以放为主,越多越好",不受羁绊,充分发挥其丰富的想象力,大胆尝试去写,尽情挥洒。所谓"脱换",是指在"放"之后,教师要注意"加以衔辔",让学生知道写文章的"规矩"。所谓"收",则是指学生在懂得一定的文法知识后,再引导他们学习名家的技巧、辞藻等,在此基础上要求学生写文章要做到精炼、严谨。

此外,王筠还对教师素质问题发表了诸多独到见解。例如,他认为教师必须要有较高的职业素养,并对那些既不讲教学规律,也不懂得如何选择教学内容的"无知之师"痛加

---

① 所谓纯体字,亦称独体字,是指笔画较少、结构简单的象形或会意字;所谓同体字,则是由偏旁、部首和纯(独)体字所构成。
② 参考李伟、魏永生:《山东教育史》,山东人民出版社,2011,第273页。

斥责，认为他们会误人子弟，等等。

总之，王筠结合自己的教学实践和研究心得，提出了一系列颇有价值的教育教学思想观点，尤其是"学生是人，不是猪狗"这一观点蕴含着提倡个性解放的因素，这在当时的社会历史背景下，无疑具有重要的启蒙意义。

本章小结

综上所述，齐鲁传统教育源远流长，底蕴丰厚，影响深远。概括起来，它具有以下突出特征。

一是以人为本。这既是我国古代以儒学为主体的文化体系的基本特征，也是齐鲁传统教育的基本精神。齐鲁教育先贤普遍重视人的"自我完善"，认为教育就是教授"成人之道"，即教人如何"成人"的学问。

二是育德为重。在以儒学为主体的齐鲁传统教育中，道德教育始终是教育最重要的内容。纵观山东古代教育发展的各个历史时期，齐鲁教育先贤无不秉承和坚守教育就是"明人伦"、育"君子"、重"修身"等传统理念，把培养理想人格作为教育的最高目标追求。

三是学以致用。以儒学为主体的齐鲁传统教育具有世俗性特点，强调"入世"，即倡导关心社会现实的人生态度，强调教育是"立国立民"的根本，要树立"见危授命""济世救民"的政治理想与情怀。为此，以孔子为代表，特别推崇要"学以致用"、学思结合，强调育人的成效最终要落实到"行"上来。

四是全面发展。纵观山东古代传统教育的发展全程，齐鲁教育先贤代代相承的一点就是反对单纯追逐急功近利，提倡孜孜不倦地培养德、智等全面发展的人。例如，在课程内容设置上，孔子等齐鲁古代教育家推崇涵盖礼、乐、射、御、书、数等多个领域的"六艺"；在教学原则上，齐鲁古代教育家强调因材施教、启发诱导、学思结合、知行统一、尚志激趣、教学相长等；在教学方法上，则提倡自学自悟、置疑问难、商讨论辩等。而这一切，都是为了将学生培养成为文才武略、知能兼备、全面发展的人才。

总之，齐鲁传统教育的这些宝贵精华和优良传统，值得今天的教育工作者认真研究、借鉴和汲取，并永远传承下去。

思考与实践

一、思考题

1. 齐鲁先民的教育起源于何时？为什么说"学校是一种历史的产物"？请以齐鲁古代早期学校的出现为例，谈谈你的认识。

2. 什么是官学？西周时期，齐、鲁两国的官学各有何特点？为什么会形成这种特点？

从汉代至明清时期，山东地方官学在各个历史阶段的发展状况如何？

3. 什么是私学？私学的兴起有何重要历史意义？从春秋战国时期到明清时期，山东私学发展的基本脉络如何？你从中获得的历史启示有哪些？

4. 为什么说稷下学宫是中国教育发展史上的一座里程碑？它主要有哪些办学特点？对于我们今天的学校教育有什么借鉴意义？

5. 什么是书院？山东古代书院的共同特点主要有哪些？为什么说它们对于我们今天的学校教育依然具有重要的参考和启迪意义？

6. 在齐鲁传统家庭教育方面，有哪些值得我们发扬光大的优良传统？请结合所学有关内容谈谈你的看法。

7. 请选择一位你印象最深的齐鲁古代教育家，列述他最重要的教育思想主张，并谈谈你对这些思想主张的看法。

二、实践题

1. 请学生们自由组合成专题田野调查小组，开展一次对自己家乡（或学校周边地区）的教育发展历史的田野调查活动，形成专题调研报告，并举行一次调研成果交流活动，与同学们分享一下自己从调研结果中所获得的感悟。

2. 请从本章所学齐鲁传统教育的内容中，选择一个你自己认为最值得今天传承和弘扬的主题，撰写一篇小论文（要求：题目自拟，观点鲜明，史论结合，不少于2500字）。然后以班级为单位出一期专题壁报，或汇编成册，或举行一次专题讨论交流活动，师生共同分享。

参考文献

[1] 毛礼锐，沈灌群. 中国教育通史：第1~3卷[M]. 济南：山东教育出版社，2005.

[2] 孙培青. 中国教育史[M]. 上海：华东师范大学出版社，2009.

[3] 蒋纯焦. 中国私塾史[M]. 太原：山西教育出版社，2017.

[4] 邓洪波. 中国书院史：增订本[M]. 武汉：武汉大学出版社，2012.

[5] 徐少锦，陈延斌. 中国家训史[M]. 西安：陕西人民出版社，2003.

[6] 安作璋. 山东通史：先秦至明清各卷，"典志·教育"部分[M]. 济南：山东人民出版社，1993、1994.

[7] 赵承福. 山东教育通史：古代卷[M]. 济南：山东人民出版社，2001.

[8] 李伟，魏永生. 山东教育史[M]. 济南：山东人民出版社，2011.

[9] 孟庆旭，王玉华. 山东教育史：第1~2卷[M]. 济南：山东教育出版社，2015.

[10] 张良才，修建军. 原始儒学与齐鲁教育[M]. 武汉：湖北教育出版社，2003.

齐鲁名士概览　　齐鲁名士风采（上）　　齐鲁名士风采（下）

 读书笔记

第九章

齐鲁民风民俗

　　本章主要从远古神话、东夷族的传说入手,结合考古学、民俗学等学科,对山东地域文化起源从不同角度进行了解释。通过对先秦时期至近现代社会齐鲁民风民俗的历时性梳理,使大家进一步对以饮食器物、衣着妆饰、生产工具、成年礼仪、婚姻形式等为代表的齐鲁民风民俗有直观的了解。同时,结合历史发展的特点和山东民俗空间分布的学习,从文化地理的角度对山东地域民俗的分布特点做了宏观概括和微观解读。

齐鲁民俗概览　　　　齐鲁民俗与山东人　　　　田野调查与民俗采风

第一节　齐鲁神话传说与区域社会风俗

> 山东是中国古代文明的重要发祥地之一，中华民族的摇篮——黄河从山东入海，五岳之首的泰山雄踞鲁中南。境内既有绵延起伏的群山丘陵，又有坦荡辽阔的平原大川，西部大运河沿湖区穿过山东，东部有3000多千米的海岸线。悠久灿烂的历史文化，复杂多样的地理环境，形成了山东民俗古朴淳厚、丰富多彩的特点。山东是世人公认的"礼仪之邦"，以"礼俗互动"为特征的山东民俗是中国北方汉民族民俗的代表，具有丰富的文化内涵。

一、齐鲁民俗的诞生

（一）齐鲁民俗的萌芽

山东民俗的形成是一个复杂的历史过程。生活在泰沂山区、距今四五十万年前的"沂源猿人"是目前山东地区考古发现最早的居民。[①] 据考证，沂源猿人化石从体质特征上看，同北京猿人相似，而且与沂源猿人化石伴生的哺乳动物群也同北京猿人伴生的动物群基本相同，他们很可能就是这里古人类的祖先。考古发掘证实，山东史前文化主要发源地在鲁中泰沂山区，迄今所见沂源猿人化石及其后继者的旧石器遗址，几乎全都集中在泰沂山脉中段。此后，在山东还发现了多处旧石器时代早、中、晚期的文化遗存，分布于从泰沂山区、鲁中南到山东半岛的广大地区。此后，在长达几十万年的漫长进化过程中，山东地区古人类一代又一代地繁衍，逐渐由地势较高的山岭地带移民至浅山、丘陵、谷地与沿河平原。已出土的细石器遗址成群分布在沂、沭河两岸的平原和低山丘陵谷地上，一直延伸至江苏北部。

有了人类，就有了生活文化，它们就是民俗。但是，由于年代久远，民俗考古资料缺乏，目前无法描述这一时期先民的民俗生活。从新石器时代开始，考古发现已能为我们提供较为丰富的原始先民民俗生活的资料，诸如饮食器物、衣着妆饰、生产工具、成年礼仪、婚姻形式、丧葬类型、图腾崇拜、山川信仰等，都显示出山东民俗萌芽时期的特点。

从源头追溯齐鲁文化，那么"东夷族"是不能忽视的概念。"夷"，据许慎《说文解字》解释为"从大从弓，东方之人也"。有学者认为，东夷人的信仰民俗以"鸟"崇拜为特征。无论文献还是考古材料都证明了鸟崇拜在东夷人中无处不在。《诗经·商颂·玄鸟》云："天命玄鸟，降而生商。"司马迁也在《史记·殷本纪》中记载了流传于商族的简狄

[①] 吕遵谔、黄蕴平、李平生：《山东沂源人化石》，《人类学学报》，1989年第4期。另参见本书绪论部分。

吞玄鸟卵而生契的传说。在大汶口文化遗址中，女性特别是成年女性口中往往含有一个直径为15～20毫米的石球或陶球，而且由于长年累月含球，还导致牙齿变形。有学者认为，这种习俗乃是模仿玄鸟吞卵生子，球象征鸟卵，含球习俗实际上是祈子观念的一种体现。[①] 这种风俗在龙山文化中最显著，而且影响较大。考古发现证明东夷人喜欢戴用羽毛装饰的帽冠。东夷人中还存在拔牙、变头的习俗，这种习俗也是东夷人容貌举止作鸟状的具体表现形式：拔牙是为了使人的嘴像鸟喙；变头是为了使人的头像燕子扁平的头部。东夷人的生活中还有许多与鸟有关的习俗，如东夷人把许多器物如陶鬹铸成鸟状，用鸟来命名各种官吏，说"鸟语"等。可能基于这种原因，典籍所见的东夷人也常被称为"鸟夷"。

在生活民俗中，嗜酒好饮和勇武彪悍是东夷人的两大特征。在山东莒县陵阳河的大汶口文化遗址中，45座墓随葬的高脚杯一类的酒器有663个，占全部出土器物的45%。东夷人的饮酒之风可见一斑。东夷人民风彪悍，勇猛善斗，尤其擅长射箭，以至于弓箭成为东夷人的特征之一。传说中与弓箭有关的人物中，东夷人数量最多，名声最响。蚩尤、般、夷牟都被认为是弓箭的发明人，后羿则是公认的最擅长射箭的人。东夷人也将弓箭视为自己最宝贵的器物之一。考古发现证明东夷人有以石镞、玉镞装饰躯体的习俗。在大汶口文化遗址中，随葬的石镞与玉镞有的戴在头的右侧，有的戴在右肩上，大多数是佩戴在腰部。可以想象，远古时期的东夷人腰间挎着弓矢，在密林中追逐着鹿、猪、羊、兔、鸡等野生动物的情景。

（二）齐鲁民俗的孕育

西周王朝建国后，分封诸侯，山东地区见于文献记载的小国就有三四十个之多，其中尤以齐国和鲁国为首屈一指的大国。齐国风俗以工商贸易为引领，工商立国的政策为齐国的历代统治者所遵循。一直到春秋战国时代，齐国仍旧是雄居东方，以注重工商贸易著称的大国。

齐国生产民俗的工商性，使齐地的民俗价值取向呈现出功利性特征。齐国建国之初，与工商立国相适应，在政治上，唯才是举，有功即赏，鼓励人们奋力进取，博取功名、富贵。可以说，齐国的政治、经济方针都带有很强的功利性和世俗性色彩。文化价值取向的功利性对齐国社会风气的影响深远，其表现一是奢侈成风；二是勇武剽悍；三是豁达、不拘小节。因此，齐国生活民俗中礼教观念淡薄，而追逐商业利益是导致这种现象的原因之一，更重要的原因则是齐国的治国方针。齐国建国之初，太公实行"因其俗，简其礼"的治国政策，对齐地从前的习俗很少触动。其后，历代统治者都灵活地因东夷礼俗施治，像管仲相齐，采取"俗之所欲，因而予之；俗之所否，因而去之"（《史记·管晏列传》卷六十二）的方针。因此，齐国民俗较多地保留了东夷民俗，而周礼在齐国影响相对薄弱，人们受周礼的约束较轻。这里值得一提的是，在齐国还流行着一些竞技游戏，如被视为现

---

① 刘德增：《鸟夷的考古发现》，《文史哲》1997年第6期。

代足球运动前身的最古老的球类竞技游戏——蹴鞠（图9-1），就源自春秋战国时期的齐国故都临淄。

鲁国民俗的主要特征是生产上的农耕民俗和生活中的礼乐民俗。从自然条件来看，鲁国地处内陆，都城在曲阜。它没有齐国发展海上捕捞、煮海为盐的条件，但其地处洙泗之滨，土地比较肥沃，又有洙泗之水可资灌溉。伯禽深受姬周农耕文化的影响，重稼穑、尚耕织。在传统与自然条件的双重驱动下，鲁国走上了农业立国的道路。因此，鲁国的农耕之风远较齐国为胜。

图9-1 齐国流行的"蹴鞠"游戏

与农耕民俗紧密结合的是生活中的礼乐民俗。鲁国建国之初，与经济上发展农耕相适应，在政治上实行"尊尊亲亲"的政策，即以礼治国，子循父道。作为"制礼作乐"的周公之子，伯禽以礼治国，也是一种必然。因此，他采取"变其俗，革其礼"的治国方针，变革鲁国旧有的东夷习俗，全力推行周礼，可以说"周礼尽在鲁矣"。自此，礼乐开始支配鲁国社会，人们生活的各个方面都被纳入礼乐的规范之中。所以，司马迁说："邹、鲁滨洙、泗，犹有周公遗风，俗好儒，备於礼。"（《史记·货殖列传》）

二、齐鲁神话传说

悠久的历史、雄浑的山河，以及渊源深厚的文化，使得齐鲁大地孕育了神奇瑰丽的神话传说。在这里，与全国其他地方共有的神话与传说，主要有盘古开天辟地、女娲炼石补天、共工怒触不周山、鲧禹治水、夸父逐日、羿射十日、嫦娥奔月等。当然，由于流传时间久远，这些神话在具体情节与古文献上记录的有所不同，出现了许多变异。

山东黄河沿岸分布着一系列山峰——右岸有属于泰山山系的梁山、金山、子路山、华山等，左岸有关山、位山、鱼山等。另外，中低山区和冲击平原的接壤处还有些湖泊及洼地，如东平湖、东平洼地。黄河沿岸还有许多独特的风景，如黄河长堤、黄河落日、黄河故道林带风景、黄河干流悬河、艾山卡口等。这些山峰、湖泊不仅具有观赏价值，而且是黄河沿岸居民重要的生活区域，形成了丰富的生活习俗和历史传说。黄河流域的神话传说丰富生动、家喻户晓，既具有传统的儒、释、道文化的深厚内涵，又具有鲜活的地方特色。

这些神话传说主要有三类：一是人物传说；二是地方风物传说；三是风俗传说。例如，黄河三角洲的董永故事、孝妇河的故事、麻姑庙的故事、白龙湾、鹤伴山、青龙山、海丰塔、火把李和朝阳村的故事、秦皇台、蒲姑城的故事、丘贝风云、宋太祖与扳倒井和红喜砖的故事、王薄和唐赛儿的故事、二月二吃蝎豆、七月十五放河灯的故事等。它们既包括创世神话和史前传说,也有历朝历代的名人事迹传说以及地方风物传说,并且由此衍生出生动曲折的传奇故事和民间歌谣。其中许多作品,联想之丰富,想象之奇特,情节之生动,描摹之传神,反映现实方式之巧妙,充分反映了历代山东人民高超的民间智慧,这些神话、传说、故事堪称中华民族民间文化的经典。

值得强调的是,中国古代有四大民间传说,即"孟姜女哭长城""梁山伯与祝英台""牛郎织女"和"白蛇传"。除了"白蛇传",山东是其他三大民间传说的主要传承地。

(一) 孟姜女哭长城的传说

民间流传的孟姜女哭长城的传说,源于齐国对莒国发动战争。齐庄公四年(公元前550年),齐庄公派大将杞梁、华周带领士卒偷袭莒国,结果杞梁被莒兵俘获,并被杀死。战争结束,新婚后的杞梁妻孟姜女思夫心切,决定前往莒国寻找丈夫。孟姜女一路啼哭,不顾疲累来到莒城,看到城墙上悬挂着丈夫的头颅时,不由得心如刀绞,泪如雨下。一声闷雷,山摇地动,悬挂杞梁头颅之处的城墙倒塌,连同孟姜女一并埋没。人们掘开坍塌土石,却不见孟姜女和杞梁的人头。人们说,他俩阳间情未了,阴间续姻缘,又做夫妻去了。这便是鲁中地区广为流传的孟姜女哭长城的传说(图9-2)。

图9-2 《列女传》中的杞梁妻哭长城图

著名历史学家顾颉刚先生早在20世纪30年代就对孟姜女传说进行了系统研究,断定孟姜女哭的是齐国故城。另据《临淄文物志》载,杞梁墓位于今山东淄博市临淄区齐都镇郎家庄村东,其封土于1967年整地夷平,但墓室尚存。孟姜女一哭惊天动地,甚至还改变了齐国之俗,至今淄博一带的中老年妇女在特定场合仍然以孟姜女传统曲调来抒发感情,形成了一种特殊的情感表达方式。

孟姜女的形象体现了古代中国妇女忠贞、善良、勇敢、执着的优良品质,为人们敬佩和传颂,并显现了突出的地域文化特色和民族特色,具有重要的学术价值、思想价值和文化价值。孟姜女哭长城的传说已入选第一批国家级非物质文化遗产名录。

（二） 梁山伯与祝英台的传说

梁山伯与祝英台的传说在民间流传了上千年，被誉为中国式爱情的千古绝唱。相传东晋时期，青年学子梁山伯辞家攻读，途遇女扮男装的学子祝英台，两人一见如故，志趣相投，遂于草桥结拜为兄弟（图9-3），后同到红罗山书院就读。在书院朝夕相处，感情日深。三年后，英台返家，山伯十八里相送，依依惜别。后来，得知真相的梁山伯带上祝英台留下的蝴蝶玉扇坠到祝家求婚，但祝父却将英台许配马家。山伯回家后悲愤交加，一病不起，不治身亡。英台闻山伯为己而死，悲痛欲绝。不久，马家前来迎娶，英台被迫含愤上轿。行至山伯墓前，英台执意下轿，哭拜亡灵，因过度悲痛而死亡，后葬于山伯墓东侧。

图9-3　民间剪纸《梁祝草桥结拜》

根据民间传说和史料记载，梁祝死后合葬在山东邹县（今属山东微山县）马坡泗河西岸，后人在此修有梁祝墓、祠。明正德十一年，皇帝派钦差大臣南京工部右侍郎、前都察院右副御史崔文奎重修梁祝墓碑并有碑记。明代万历年间，邹县县令王自瑾题刻的"梁祝读书洞""梁祝泉"几个大字在峄山石上依然清晰，峄山上的"梁祝读书处"遗址尚存。梁山伯与祝英台的传说在相关地方文献中也有大量记载。清康熙五十年《邹县县志》记载，"梁山伯祝英台墓城西六十里吴桥地方，有碑"。同治三年《峄山志》则记录了"梁祝读书洞""梁祝墓""梁祝泉"等多处梁祝遗址。微山县马坡一带也一直有梁、祝、马三家不通婚的习俗。

梁祝传说取材于现实生活，又有传奇色彩，它揭露了封建包办婚姻的罪恶，歌颂了纯洁、自由的爱情，受到人民喜爱。早在宋元之际，就将广为流传的梁祝故事改编为戏文、元曲，以至明清发展为山东琴书、坠子鼓、八角鼓、渔鼓、山东梆子等各种民间文艺形式，至今已涵盖口头故事、小说、剧本、曲艺、戏曲、交响乐、芭蕾舞剧、歌剧、电视剧、电影等艺术领域中的众多形式。

（三） 牛郎织女的传说

"天街夜色凉如水，坐看牵牛织女星。"牛郎织女的爱情故事已经流传了两千多年。相传，牛郎父母早逝，他常受哥嫂虐待，只有一头老牛相伴，老牛给他出计谋娶织女做妻子。一天，美丽的仙女们到银河沐浴嬉戏，藏在芦苇中的牛郎突然跑出拿走了织女的衣裳。惊慌失措的仙女们急忙上岸飞走了，唯独剩下织女。在牛郎恳求下，织女答应做他的妻子。婚后，男耕女织，相亲相爱，生下一儿一女。后来，老牛要死去的时候，叮嘱牛郎把它的皮留下来,到急难时披上以求帮助。天庭的玉帝和王母娘娘知道织女和牛郎成亲之事后勃然大怒,命令天神下界抓回织女。牛郎回家不见织女,急忙披上牛皮,担了两个小孩追去。王母娘娘一急,拔下头上的金簪向银河一划,昔日清浅的银河一霎间浊浪滔天,从此,牛郎织女只能泪眼盈盈,隔河相望。天长地久,玉皇大帝和王母娘娘拗不过他们之间的真挚情感,准许他们每年七月七日相会一次。相传,每逢这天,人间的喜鹊就要飞上天去,在银河为牛郎织女搭鹊桥相会。

山东沂源县是牛郎织女传说的发源地。在历史传承过程中,早在唐代,沂源县境内就形成了织女洞和牛郎庙,较完整地记录了织女洞修建后1000多年的历史。洞外依山建有迎仙观、三王庙、玉帝行祠等,直达织女洞(图9-4)崖顶。牛郎庙位于沂河对岸,与织女洞隔河相望,从而形成了传说中的牛郎和织女隔河相对的人间仙境。时至今日,牛郎织女的传说经过长期历史积淀,已成为当地村民信仰和生活的一部分。牛郎庙所在的村叫牛郎官村,传说中的牛郎姓孙,名守义,而牛郎官村是个姓孙的单姓村,牛郎庙被村民当作家庙,每逢春节等重大节日,村民都要到庙里进行祭拜,养蚕、耕织、"乞巧"取"双七水"等习俗也沿袭至今。

图9-4 位于山东沂源县燕崖乡的织女洞

除了在全国范围内都有分布、传播和影响的神话故事,那些具有齐鲁文化独特地域性特点的风俗传说故事尤其引人入胜,主要包括岁时节日传说、神仙传说、英雄或匠人故事等。其中,尤以八仙过海的传说、秃尾巴老李的传说等最具山东地方特色。

(四) 八仙过海的传说

"八仙"是指铁拐李、汉钟离、吕洞宾、蓝采和、何仙姑、韩湘子、张果老、曹国舅这八位仙人,他们原先都是普通人,每个人在成仙之前都有一段曲折离奇的人生经历,最后各以自己最常用的法宝为舟,过海成仙(图9-5)。

据说,八仙使用的法宝又称"暗八仙"。这八种法宝分别是葫芦(铁拐李)、扇子(汉钟离)、玉版或称拍板(曹国舅)、荷花(何仙姑)、宝剑(吕洞

图9-5 绘本《八仙过海》(李建绘)

宾)、洞箫(韩湘子)、花篮(蓝采和)、鱼鼓(张果老)等。传说暗八仙作为"神器"法力无边,因此常在民间艺术,特别是山东民居建筑构件和民间工艺美术作品中广泛应用,成为著名的吉祥图案。

(五) 秃尾巴老李的传说

秃尾巴老李的民间故事在山东广为流传(图9-6)。进入农历六月,秃尾巴老李的名字便时常有人提及,旧时遭遇冰雹天气时,人们甚至要向天井院里"扔菜刀",所有这些都与秃尾巴老李的传说有关。

图9-6 表现秃尾巴老李的白描绘画作品

与现在流传故事相似的文字记载,见于清朝袁枚的《子不语》:"山东文登县毕氏妇,三月间浣衣池上,见树上有李,大如鸡卵。心异之,以为暮春时不应有李,采而食焉,甘美异常。自此腹中拳然,遂有孕。十四月产一小龙,长二尺许,坠地即飞去。到清晨必来饮其母之乳。父恶而持刀逐之,断其尾……"[①]这段描述是秃尾巴老李起源的一个版本,还有许多其他的演绎与版本。大批山东人闯关东后,秃尾巴老李的传说与东北当地风土民情相结合,发展出新的情节和内容。小黑龙被砍掉尾巴后,负痛逃到东北黑龙江。黑龙江原为一条白龙镇守,名曰白龙江。小黑龙来到后,在当地闯关东的山东人的帮助下,打败了白龙,白龙江从此改名黑龙江。在黑龙江上,凡载有山东人的过往船只到了江心,秃尾巴老李就送上一条大鲤鱼。船家在开船前总是先问问乘客中有没有山东人,有山东人就风平浪静。那跳上船板的大鲤鱼,船家会双手捧起向乘客喊道:"秃尾巴老李给山东老乡送礼了!"然后再放回江里,这种风俗直到民国时还保持着。传说,如果山东大旱,秃尾巴老李总会想办法给老家行云布雨。

秃尾巴老李是山东人自己创造出来的神灵,同时又掺杂着山东人移民东北地区的内容。秃尾巴老李性格里明显带有山东人的特点:忠厚、老实、本分、仗义、豪爽、吃苦耐劳。

---

① (清)袁枚撰著:《子不语》卷二《搜神》,中国致公出版社,2019,第76页。

第二节　秦汉以降的齐风鲁韵

> 秦朝建立后，推行的是重农抑商的基本国策。这一传统来自商鞅变法以来的以农战立国的一贯方针。重农抑商不仅在经济上为争霸战争提供更多的物质储备，更为重要的在于使民返璞归真，形成淳厚民风，利于统治。因此秦统一全国后，工商业最为发达的齐国，因其"虚诈不情"、好勇斗狠、浮奢成风成为秦始皇重点打击的对象。他在琅琊台刻石上大书特书的"上农除末"就是针对齐国的这种风气。

一、齐鲁民俗的历史形态

秦汉时期，齐鲁文化逐渐由地域文化上升为主流文化，获得在政治文化上的支配地位，成为一种在政治大一统背景下的官方文化。在民俗文化上，以礼俗文化为代表的鲁国的民风民俗日益成为国家推崇的范本，那些不符合礼俗文化的习俗逐渐被纳入整合过程，向主流民俗靠拢。齐国也包括在内，一场"易青齐为邹鲁"的齐鲁民俗整合的大幕就此拉开。

不过，秦朝和实行"无为而治"的西汉前期，都未能给齐地民俗带来多大的冲击。直到一心建立"大一统"王朝的汉武帝时，"罢黜百家，独尊儒术"确立了以礼教为核心的儒学在国家生活中的地位，"重农抑商"也成为基本国策。农耕与儒学是匡正山东民俗的两把"宝剑"。一个从经济上，一个从思想行为上，将不合于时的风习切割掉，塑成一种重农、节俭、尊崇礼教的风俗。自此以后的"移风易俗"者莫不高举这两把"宝剑"。鲁地本有重农、尚俭、尚礼的传统，因此，山东地区移风易俗的主要目标是齐地。在汉代，出任齐地郡县守令者，无不以重农抑商为要务，力图匡正齐人的行为。但是几经整合，齐地风俗并没有见到很大的变化。班固作《汉书》时依然称其"故其俗弥侈，织作冰纨绮绣纯丽之物，号为冠带衣履天下"。（《汉书·地理志下》）北魏时的齐地依然"虚谈高论，专在荣利"。隋开皇年间，"山东尚承齐俗"。至迟到隋末唐初，山东民俗依然秉承了当年齐国民俗的许多内容。

这种情况在唐代初年发生了巨大的改变。据《隋书·地理志》记载："大抵数郡风俗，与古不殊，男子多务农桑，崇尚学业，其归于俭约，则颇变旧风。东莱人尤朴鲁，故特少文义。"这是第一次以务农为先、崇尚儒学、归于节俭来描述齐民俗，也是第一次这样描述山东民俗。《隋书》成书于唐初，书中记载应是唐初情形。可见这时齐民俗已经在强大的皇权的引导下认同于鲁民俗，山东风俗一改旧貌，其整合大体完成。因此，宋明以后关于山东地方风俗的记述中，许多都会追溯到隋唐时期。

隋唐时期形成的重农、俭约、崇尚礼仪的正统山东民俗，其特质一直延续到清末。《宋史·地理志》记述京东路之民风道："大率东人皆朴鲁纯直，甚者失之滞固，然专经之士为多。"这些记载大体上反映了宋元时期山东地区浓郁的忠厚质朴的社会风尚。重礼义、尚读书的民风是当时所公认的山东地方民俗的重要特征。明清时期的地方志记载大多认为家乡风俗淳厚，带有山东正统民俗的特质，可与邹鲁比肩，这与《隋书·地理志》的记载相去不远。

隋唐至清末，随着民俗整合的完成，山东民俗进入其发展史上的相对凝固时期。这一时期山东民俗的特点是在整体性中呈现出地区性，也就是说，山东的各个地区不仅带有山东民俗的普遍特质，又因地域与传承不同而呈现出富有特色的地域性民俗；不仅原有民俗在某些方面发生了改变，又有许多新民俗的加入，使这一时期的民俗史呈现出不断变化的特色。

少数民族民俗的加入是山东民俗变化的重要内容，这种变化可上溯到魏晋北朝时期。山东北接燕代，南控江淮，在历史上是北方少数民族与汉族政权的必争之地，数度为少数民族政权占有。从魏晋到清代，山东地区相继有匈奴、鲜卑、契丹、女真、蒙古、满等少数民族政权的统治。少数民族民俗对山东民俗的影响也是秦汉到隋唐时期，山东民俗整合的一大内容。可以说，在中国古代社会，对抗与融合是魏晋北朝以来山东民俗史发展的一大主题。

由商品经济与城市的发展所带来的民俗变化是这一时期山东民俗史的又一大主题。虽然由于经济重心的南移，包括山东地区在内的北方地区商品经济不如南方发达。但宋明城市经济发展所带来的市井民俗兴起，也不同程度地影响了山东地区。尤其是济南、临清、济宁等大中城市。像济宁、临清，由于是水陆交通咽喉之地，吸引了各地工商业者在此从事各种经济活动，对社会生活的各个方面影响十分巨大。

其他诸如人口的迁徙、交通带来的民俗变化也为这一时期的山东民俗史增添了许多内容，如明初从山西等地向山东的大移民带来的洪洞大槐树传说，元代通航的京杭大运河带来的江南民俗等。

二、近现代以来的齐鲁风俗

1840年鸦片战争后，中国的大门被打开。随着西方列强的入侵，西方的一些生活方式和观念不断向中国渗透，西方民俗开始大规模传入中国，渗透到人们的日常生活，改变着传统的风情民俗。这次"西俗东渐"是多渠道、全方位的，举凡生活生产、人生礼仪、岁时节令等，都或多或少地楔入了西方民俗的内容。从全国范围来看，西方民俗向山东渗透的时间较早。第二次鸦片战争后，清政府与英国、法国于1858年签订《天津条约》，登州成为北方地区最早开埠的城市之一，其后又改为烟台。青岛、威海等城市也较早地成为通商口岸，它们成为西方民俗进入山东的入口。通过经贸活动，西方的物质民俗不断向山东内地涌入，在饮食、服装、居住等方面，山东人都在一定程度上发生了一些变化。近代的大城市中，如济南、烟台、青岛等由于受西洋建筑的影响，除了旧式的砖木结构的建筑外，还出现了水泥钢筋结构的楼房。1902年，青岛有"洋楼大小几百座"，电灯、自来水一应俱全，马路平整。济南也出现了以胶济铁路济南站为代表的一系列西式建筑。在山东的地方史志文献中，有许多关于山东商埠的记载（图9-7）。

在服饰习俗方面，洋布慢慢代替了土布。进入民国以后，由于政府提倡放足、剪辫，女子缠脚的陋习逐渐被抛弃，男子也剪掉了脑后长长的辫子；西服革履、身着旗袍的时髦男女在城市的人群中时有所

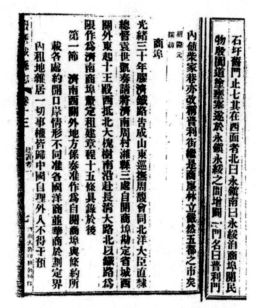

图9-7　《历城县志》关于山东商埠的记录

见。虽然大众依然保留着传统的饮食习俗，但西餐也逐渐被人们所熟悉。1904年，一个名叫石泰岩的德国人在济南经一纬二路开办了第一家西餐馆"石泰岩饭店"，它成为济南西餐业的开端。西餐的特殊风味很快吸引了济南的达官贵人，一时间，石泰岩饭店成为省城重要的社会交际场所。随着来济洋商增多，加之济南成为南北交通枢纽，对西餐的需求大增。济南许多餐厅纷纷从上海、天津和青岛聘请西餐厨师。到民国初年，整个济南已经有将近三十家餐厅经营西餐。

大众娱乐习俗也在发生着潜移默化的改变。1904年秋，济南闻善茶园第一次贴出了放映电影的海报，到20世纪30年代，银光、开明和华北等影院相继落成，电影终于和传统曲艺一样成为济南人文化生活中的重要部分。

西方传教士在山东的传经布道则带来基督教与天主教信仰，光绪二十七年（1901年）开工建设，历经3年多时间建成的洪家楼天主教堂，今天已经成为济南近代城市变迁的标志性建筑。

然而，山东地处国家政权统治的腹心地带，传统文化势力强大，因此，山东受西方民俗影响的程度远比不上上海、江浙和广东沿海。尤其在广大的农村地区，在婚丧嫁娶方面，人们依然保持着传统习俗。"五四"新文化运动为山东民俗的发展带来了新的元素。抗日战争开始后，随着山东根据地的建立，用新民主主义文化思想武装和造就的根据地和解放区的广大群众，成为新型文化的创造者。"五四"新文化在山东的普及，传播了科学和民主的观念，在反对封建道德、解放妇女、移风易俗方面取得了显著的成绩，一代新风俗得以生成、发展。根据地军民的新思想、新风尚在当时如春风吹遍山东大地，至今仍深深影响着人们思想的各个方面。

第三节　山东民俗的空间分布

> 当代山东大地的民俗新风,真正肇始于20世纪70年代末以来的改革开放。适应社会主义市场经济的新风新俗与古老的优秀传统文化相结合,使山东的社会生活产生了日新月异的变化,新的民俗事象层出不穷,使人有应接不暇的感觉,即使是专业的研究者一时也难以理出端绪。大家都以极高的热情欢迎这些新风新俗,但冷静地、深刻地对其进行审视与研究,显然需要经过时间的沉淀之后才能完成。

一、山东地方民俗的空间特点

山东因位于太行山麓以东而得名。唐宋以前,"山东"是指冀、鲁一带的广大地区,南宋以后才逐渐成为政区的名称。直到清代时期,"山东"的行政区划范围才和现在的地理轮廓大致相同。作为一个沿海省区,山东的东部突出于渤海、黄海之间成为半岛,西部内陆为华北平原所包围,半岛与内陆连接的地方,称作胶莱平原。在地理地貌上,山东可以划分为鲁西、鲁北平原,鲁中南山地丘陵,胶莱平原和胶东丘陵等四个地形区。俗话说:一方水土养育一方人。自然条件制约着人们的生产和生活,因而在大一统的山东特色中又分别有着各自不同的地域特色风俗,大体有如下几类。

山东的腹地济南、青州、泰安、兖州一带,一向是本省政治、经济、文化的中心,自古四民有常业,六礼有常仪,岁时有常节,衣食住行有常制,其民俗传承对周围各地有典型意义,可以作为山东民俗的代表。这一地区中的曲阜、邹城为孔孟故里,泰安有五岳之首的泰山,民俗特色尤为显著。孔氏、孟氏的家族习俗不仅影响当地,而且远及于国内外。孔府的家族亲族俗制、祖神祭祀、婚礼丧礼、年节习俗、衣食住行都可以作为大家望族生活习俗的典型。泰山是历代皇帝封禅之地,也是百姓朝山拜神之所,俗称"济南府人全,泰安府神全",是研究民间信仰的一座活的标本库,也是开发民俗旅游资源的一个热点。

东部沿海地区,以渔民习俗和外出经商的习俗为特色。渔民以日照、荣成、蓬莱、长岛等地最具典型性。以成山头为界,半岛南部的海域,渔民习惯上称为"南海",其渔业生产习俗受长江口一带的影响较多,渔船以鸟高、排子为代表,又善用罐子网、架子网等定置渔具;半岛北部海域,渔民习惯上称为"北海",典型的渔村集中于荣成龙须岛、蓬莱大季家、刘家旺、长岛砣矶岛、莱州三山岛等处,渔业生产习俗以驾"大瓜篓"、打风网(围网)为特色,并且可以作为渤海湾的代表。南北渔村的海带草房、玉米面饼子、海产食品、天后崇拜、行船禁忌等习俗,都为别处所不多见。沿海渔民沿袭"齐人好逐利"

的传统，外出经商的习俗历数十代而不衰。这方面突出的代表是蓬莱、龙口（黄县）、莱州（掖县）的沿海地带，蓬、黄、掖的买卖人不仅在东北有很大影响，在京、津、沪等地也多见他们的足迹。

鲁东南的沂蒙山区，古代文明发祥较早，但现代经济发展缓慢，它既有山地特点，又较多地保留着传统的民俗事象，诸如居住方面的石草顶房屋，饮食方面的煎饼卷大葱，衣着方面的大红大绿，以及巫觋信仰、口头文学的丰富等。特别值得注意的是抗日战争、解放战争对这一带根据地、解放区的影响，并形成一些流传至今的优良习俗。

鲁西南、鲁西北地区为黄河冲积平原，直接与黄河有关的民俗独具特色，如筑堤防汛的民俗、黄河航运的民俗、渡口渡船的民俗、黄河水神信仰民俗、滩区的台房村落民俗、滩地的耕作习俗等。沿黄居民的平顶房、蓑鏊房，衣着方面的土机织布、紫花布、蓝印花布、彩印花布，特有的地方戏曲曲艺、音乐舞蹈、民间工艺（如剪纸、刺绣）等，都有走向全国、走向世界的资格。

二、齐鲁民俗与地方特产

一方土产与特别技艺，往往造成地方的特有风俗，山东在这方面有不少例证。因特产而形成特别风俗的，如烟台被称为"苹果之乡"，莱阳为"梨乡"，肥城为"桃乡"，德州、昌乐为"西瓜之乡"，乐陵、无棣为"枣乡"，章丘为"大葱之乡"，苍山为"大蒜之乡"，菏泽为"牡丹之乡"，平阴为"玫瑰之乡"等，各地都有与自己的地方特产相关的一些民俗事象、民俗活动。

因为特别的技艺而形成风俗的，如苍山的兰陵镇、安丘的景芝镇、即墨城的酿酒、卖酒、饮酒习俗，东阿、阳谷、平阴制作阿胶的古俗，栖霞、牟平、乳山等地放养柞蚕、织蚕绸、吃蚕蛹和蚕蛾的风俗，昌邑、博兴、临沂等地印制、穿着蓝印花布的风俗，嘉祥等地印制、穿着、使用彩色印花布的风俗，潍坊、平度、高密、阳谷张秋镇、聊城、惠民清河镇印制、销售和张贴木版年画的习俗，高密聂家庄、临沂褚庄、苍山小郭、惠民河南张与火把李、莘县等地泥玩具艺人的从艺风俗，郯城樊埝、鄄城刘家旋木玩具艺人的从艺风俗，曲阜楷雕艺人的从艺风俗，菏泽面塑艺人的从艺风俗，即墨、胶南、福山等地雕果模和果模流行的风俗等等。

山东民俗文化由古及今，因移民和外出谋职等原因，发生地域的交流，因此，外地影响山东、山东影响外地的情况不断发生，民俗演变形成了吸收与开放的态势。因移民而带来民俗文化新成分的情况，以明朝初年山西洪洞大槐树移民在山东人心理上产生的影响最为深刻。明初推行"移民就宽乡"的民垦政策，当时山东许多县份被列为"宽乡"。从洪武二年（1369年）到永乐年间（1403—1424年），大批移民由山西洪洞县迁来山东西部的今德州、滨州、聊城、泰安、菏泽、济宁一带。其中一部分又先后由滨州一带东迁，东部原住民与先移过去的移民自称"占山户"，后移过去的被称为"买山户"。这样，明初山西移民几乎遍及山东各地。"问我祖先在何处?山西洪洞大槐树"这首歌谣,在山东20多代人中一直流行不衰。山西风俗影响山东居民的痕迹历历可数,如寒食节不火食,相传是因为纪念春秋战国时期的晋国忠臣介子推,寒食节民间所制面燕也被称为"子推燕"。另外,今鲁西北数县居民中多有明代初年由直隶(今河北省)枣强县移民而来的,他们当中也有歌谣流行:"要问老家在哪里?直隶省的枣强县。"他们居住的地方的年画、泥玩具等民间工艺品,至今与枣强风格相近。明初由四川移到山东的移民多集中在莱州,因此莱州风俗多有与其东邻不相同的地方,连称"院子"为"天井"这样的细节也一直保存到今天。黄河口附近的利津县和垦利县,近代经历过几次官方安排和民间自动进行的移民,在这里可以看到移民使民俗文化有所融会但还没有完全融会的各种现象。垦利本为利津析地设置,其土地几乎全部为黄河在近百年携来泥沙淤积而成。利津人的垦荒者称这里为"大洼",垦荒之后称为"垦利洼",风俗与利津相同;县城东北一带,垦荒者多来自寿光与广饶,而以寿光为主,风俗近似寿光;近黄河口处,1935年由官方安排从东平、梁山、平阴、阳谷等地迁来水灾后的灾民,他们基本保存着鲁西南地方的风俗。20世纪60年代,开发胜利油田时,数万工人携家带口来到黄河口,在原来东营村的地方建设成一座东营市,石油工人中以四川籍、陕西籍、东北籍的工人为最多,于是,东营又成为四川、陕西、东北风俗与当地风俗杂处的地方。这种暂时"各据一方"的现象正好使我们看到风俗融会的初级阶段。

因交通影响山东风俗的典型,首推京杭大运河两岸。元明清三代曾繁盛一时的京杭大运河,山东地段北起德州,南至台儿庄,沿河造就了不少码头城镇,如德州、临清、东昌、张秋、大安山、济宁、南阳、台儿庄等处,这些城镇因受南北漕运船只(俗称"运粮船")船员的影响,地方风俗与山东其他地方多有不同。例如,城镇中大多有一个竹竿巷,集中了中国东南各省才常见的竹编店铺;街面上开设茶馆,其铺面格局及卖茶、饮茶风俗与江南茶馆大致相同。济宁的玉堂酱园由苏州沿运河迁入,至今保持江南风味,并仍用"姑苏老店"的招牌。临清的哈达织造因喇嘛沿运河进京而兴旺。江南以马桶陪嫁的习俗在东昌(今聊城)沿运河的部分村庄流行。凡此种种,都可以作为商品经济发达、交通便利、民俗文化交融,最终必然走向大统一的先声。

山东作为"孔孟之乡、礼仪之邦",向来以历史悠久灿烂、经济繁荣兴旺、人民生活富裕、生态环境优美、地域文化突出、社会安定和谐而著称。"十里不同风,百里不同俗",在齐鲁文化体现出宏观整体性、统一性的同时,山东民俗还表现出鲜明的地域性、多样性和微观复杂性。近代以来,"五四"新文化运动的洗礼,特别是革命战争的锻造和新中国伟大实践的创造,传统民俗与现代民俗的融合,积淀形成了崭新的齐鲁民俗,塑造了山东民俗与时俱进的文化个性。但无论时代如何变迁,山东民俗在流变中又保持着稳定的精神特质,那就是——尊师、重道、敬老、诚实、尚义、节俭、好客、向学、勇敢、豪放、奉献等美德品格。这种具备民俗生活文化基因的精神要素在一代又一代山东人身上沉潜,使得山东大地散发着永恒的精神之光和文化魅力。

本章小结

综上所述,山东地理条件优越,生产生活富足,文化积淀深厚,日常生活民俗绵长而规整,大气而典范,既体现了历史的传承和悠久的文明,又体现了时代的特色和发展的成果,构成了山东丰富多彩的生活文化内涵,也表现了山东民众生活的智慧、对美好生活的热爱和执着的追求。概括起来,山东民俗具有以下基本特点。

一是具有鲜明的文化地域性特点。山东民俗就其本质而言,是为满足该地区人们对物质生活和精神生活的需要而产生、存在的,随着人们需求的变化而变化,并在变化中受到区域、族群的文化积淀和现实需求的影响,从而不可避免地打上了山东区域社会的文化烙印,由此也体现出了总体性的区域文化精神和地方性文化色彩。

二是具有底层文化和精英文化、上层文化的礼俗互动特征。人类生活在社会之中,民俗,尤其是乡野民俗,自然也存在于社会环境之中。山东地区的民俗活动既受制于社会生产力的发展水平,又在精神层面与不同历史时期整个社会的政治制度、精神风气、审美趣味相互激荡,共同塑造了每一个历史阶段社会生活方方面面的不同表现。

三是当代民俗的演变发展逐渐出现了商业化、城市化等现象,山东民俗面临着传统与现代、坚守与创新的接续问题。21世纪以来,在全球经济浪潮的冲击下,以乡土社会为代表的地方性知识出于适应经济社会的策略,凸显为一种文化资源。许多乡土社会民俗也呈现出商业性、城市化、娱乐化的特点。在从乡土社会向城市社会的语境转换中,诞生于乡土社会的民俗传统应该何去何从,这是当代民俗学领域亟需研究和回答的新课题。同时,也是同学们关注身边优秀的民俗文化,以"抢救性"的眼光关注山东大地非物质文化遗产的意义之所在。

思考与实践

一、思考题

1. 从山东民俗的特点来看,今天的旅游口号"好客山东"有哪些文化内涵?
2. 从"齐文化""鲁文化"的分野出发,结合司马迁在《史记·货殖列传》中的记载,看看秦汉时期记录的山东大地的风俗差异,今天发生了哪些变化?
3. 想一想,山东人的"热情好客""淳朴厚道"体现在哪些生活细节上?
4. 山东人的性格特点有哪些长处?有哪些短处?
5. 你认为晚清以来的"西俗东渐"现象对近代山东造成了哪些影响?
6. 大运河曾经途经山东哪些城市?这些城市民俗在明清时期有什么特点?
7. 为什么在中国古代社会,我国很多地方以"风近邹鲁"为荣?

二、实践题

1. 俗话说,"一方水土养育一方人"。观察身边的同学,成长在内陆农耕地带的同学,是否与在沿海地带长大的同学在生活习惯(例如饮食习惯)上有许多不同?这些不同主要体现在哪些方面?

2. 在华北地区,旧时广泛流传着一则童谣:"若问老家在何处,山西洪洞大槐树。祖先故居叫什么?大槐树下老鸹窝。"学者们认为这反映了明清时期北方族群移民的历史。那么,你的祖先是不是从外地迁徙来的呢?如果是,那又是从哪里迁徙而来呢?请在假日时间,围绕"家族记忆"做一次简短的田野调查,以口述历史访谈的方式,找寻家族迁徙的传说或故事,并试着写一则短文记叙下来。

参考文献

[1] 刘德龙. 山东省志:民俗志[M]. 济南:山东人民出版社,2017.

[2] 山曼,李万鹏,等. 山东民俗[M]. 济南:山东友谊书社,1988.

[3] 山曼. 流动的传统:一条大河的文化印记[M]. 杭州:浙江人民出版社,1999.

[4] 张士闪. 乡民艺术的文化解读[M]. 济南:山东人民出版社,2006.

[5] 刘德增. 闯关东[M]. 济南:山东人民出版社,2008.

[6] 张士闪. 艺术民俗学[M]. 济南:泰山出版社,2006.

[7] 钟敬文. 钟敬文文集:民俗学卷[M]. 合肥:安徽教育出版社,1999.

[8] 王修智. 齐鲁文化与山东人[M]. 济南:山东人民出版社,2008.

[9] 刘德增. 图说山东[M]. 济南:山东美术出版社,2013.

[10] 潘鲁生. 中国手艺传承人丛书[M]. 深圳:海天出版社,2017.

[11] 叶涛. 山东民俗论纲[J]. 山东社会科学,2000(3).